고객상담과 심리상담의
길잡이

고객상담과 심리상담의
길잡이

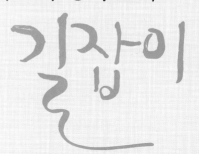

김 환 지음

교문사

만약 당신이 상담에 관심을 갖고 공부하려고 한다면, 1번의 만남으로 문제를 해결하는 상담과 100번의 만남으로 문제를 해결하는 상담 중 어떤 것을 해보고 싶은가?

최근 상담(相談)을 공부하려는 사람이 많아졌다. 상담이라는 용어도 대중적이 되어 일상에서 많이 쓰이게 되었다. 상담은 대화를 통해 마음을 어루만지고 문제를 해결하는 활동을 말한다. 그런데 상담에도 고객상담, 자문상담, 치료적 상담, 위기상담, 조정상담 등 분야가 천차만별인데, 분야마다 특징이 전혀 달라서 어떤 분야를 공부할 것인지 방향을 잘 설정할 필요가 있다. 예를 들어 치료적 상담의 경우 1번의 만남보다 100번의 만남으로 문제를 해결하는 것이 훨씬 좋으며, 따라서 100번 정도의 장기상담을 할 수 있는 지식과 능력을 갖추어야 한다. 필자는 이 책에서 다양한 상담 분야의 특징과 핵심을 간략하게 소개하였는데, 이 책이 상담 분야에 관심을 가진 사람들에게 나침반이 되고 길잡이가 되어주기 바란다.

앞으로의 시대에는 전문적이고 창의적인 상담 인력이 많이 필요하게 될 것이다. 인간이 겪는 다양한 문제들에는 물질적 원인과 심리적 원인이 함께 개입되는데, 산업화가 완료된 시점에서는 물질적인 원인보다 심리적인 원인이 더 중요하게 다루어질 수 있다. 삶은 물질적으로는 풍요롭지만 정신적으로는 더 피폐해지고 있다. 경쟁적인 사회 분위기 속에서 사람들은 오히려 조급해지고 쫓기는 느낌을 받으며 여유롭게 살지 못하게 되었다. 상담은 사람들과 1:1로 접촉하며, 단순한 접촉이 아니라 마음 깊은 접촉을 통해 상처를 치유하고 정신적 여유를 회복시켜준다.

그런데 한편으로 상담의 영역이 확장되면서 부작용도 생기는데, 공감과 이해를 바탕으로 마음을 어루만지는 것이 아니라 형식적인 질문-답변이나 억지 친절응대로 상담이 변질되는 것이다. 마음을 교류하고 이해하여 문제의 원인과 해결책을 찾아내는 것이 중요한데, 만일 이 핵심이 없다면 상담은 단조롭고 보람없는 업무가 되고 상담자는 자부심을 잃게 될 것이다. 심하면 감정노동으로 소진되고 상담자라는 직업을 그만둘 수 있다.

이 책은 다양한 상담장면과 직업세계를 소개하고 상담자가 갖추어야 할 핵심역량을 소개하였다. 상담자가 되려는 사람은 단순한 질문-답변이나 친절한 응대만이 아니라 1:1 상황에서 마음을 파악하고 어루만지는 실제 기술을 습득해야 한다. 그래야 상담이 전문직이 되고 전문가로서 인정받을 수 있을 것이다. 또한 감정노동으로부터 자신을 보호하고 상담에서 보람을 얻을 수 있을 것이다.

이 책이 상담자가 되고 싶은 모두에게 길잡이가 되었으면 좋겠다. 이 책이 나오기까지 지속적인 관심을 보여주신 서울사이버대 상담심리학과 교수님들과, 원고를 읽고 귀중한 피드백을 해 주신 김기월 님, 박남훈 님, 이아롱 님, 수고로운 작업을 마다 않은 교문사 선생님들, 그리고 항상 사랑으로 응원해주는 가족에게 깊은 감사의 마음을 전합니다.

미아동 연구실에서
김환

Contents 차 례

상담의
다양한 의미

CHAP
TER 01

상담의
다양한 의미

상담만능 시대의 도래와 혼란

최근 많은 사람들이 '상담(相談)'에 관심을 가지기 시작했다. 가히 상담 만능의 시대가 도래하였다고 말할 수 있을 정도로 상담이란 용어가 일상에서 매우 흔하게 사용되고 있다. 고객상담, 진로상담, 직업상담, 영양상담, 법률상담, 부동산상담, 여행상담, 결혼상담, 학부모상담, 부하직원상담, 인생상담, 자살예방상담, 우울증상담, 심리상담 등등 … 상담을 직업으로 하는 사람으로서 이런 현상은 일단 반갑다. 생활 속의 다양한 문제들에는 물질적 원인 외에도 심리적 원인이 개입되어 있다. 이런 문제들은 대화를 통해 심리적인 측면을 어루만져 주어야만 해결이 가능하다.

그런데 상담(相談)이란 용어가 '대화' 또는 '대화를 통한 상호작용'을 의미한다 해도 고민을 나누고 해결책을 찾는 대화를 모조리 상담(相談)으로 부른다면 다소 혼란스럽다. 같은 상담이라고 해도 실제로는 전혀 다른 것을 의미하기도 한다. 아래의 예를 보자.

- 자동차 보험 가입 권유 상황 : "고객님, 상담 한 번 받아보세요."
- 자녀에게 맞는 영어학원을 선택하려는 부모 : "우리 아이를 영어학원에 보내고 싶은데요, 상담할 수 있을까요?"
- 최근 자주 지각하는 직원이 염려되는 부장님 : "4시쯤에 시간 돼? 나랑 상담 좀 할까?"
- 우울증을 겪지만 약 먹기가 선뜻 두려운 환자 : "아무래도 약보다는 상담을 하는 게 좋지 않을까?"

첫 번째 예의 상담은 영업사원 입장에서 고객에 대한 구매 권유 활동을 의미한다. 두 번째의 경우 소비자 입장에서 서비스를 구매하기 위해 정보를 얻으려는 것이다. 세 번째는 부하직원에 대한 관리 활동을 의미한다. 네 번째는 약물치료와 상응하는 심리치료에 대한 의미이다. 이처럼 의미가 다른데도 실제 현장에서는 '상담'이란 용어가 광범위하게 사용되고 있다.

또 다른 예를 들어보자. 최근에 많은 사람들이 상담을 공부하고 싶어한다. 대학에서는 상담학을 가르치는 학과가 인기이며, 미래사회에서는 사람의 마음을 어루만지는 상담 관련 직업이 인기를 끌 것으로 예상된다. 그런데 상담 공부를 원하는 사람들은 저마다 다른 기대와 목표를 가지고 있어서, 만일 상담 개념을 명료화하지 않으면 상담을 직업으로 삼거나 또는 공부하려는 사람들에게 혼란을 초래할 수 있다. 다음의 상담 공부를 시작한 사람들의 동기를 살펴보자.

- 〈A〉는 홈쇼핑 콜센터에 근무하면서 고객들과의 상담을 더 원활하게 하고 싶다. 특히 고객불만이나 민원을 응대할 때 센스 있게 불만을 처리하고 싶어서 공부를 시작하려고 한다.
- 〈B〉는 보험설계사가 직업이다. 기존 고객관리에서 도움을 얻고 싶을 뿐만 아니라, 새로 고객을 유치할 때 고객의 욕구를 잘 파악하고 상품에 가입하도록 설득하는 것을 배우고 싶어서 상담학을 공부하고자 한다.
- 〈C〉는 군대의 장교로, 부하병사 관리를 위해 상담을 공부하려고 한다. 즉 병사들의 고충을 어루만지고, 혹시 있을지 모를 사고를 예방하며, 병사들의 멘토가 되어 잠재력을 끌어내려고 하는 것이다.
- 〈D〉는 평범한 주부로, 교회 청소년들의 마음을 어루만져주고 싶다. 자신도 청소년 시기에 힘들었기에 청소년들에게 인생의 진로와 가치에 대해 이야기하며 청소년들을 이끌어주고 싶은 마음에 상담을 공부하려고 한다.
- 〈E〉는 우울증이나 대인공포증을 겪는 사람들을 도와주고 싶다. 어린 시절 성장 과정에서의 상처나 내면의 갈등이 현재의 대인관계 적응이나 증상에 영향을 미칠 수 있으므로, 과거의 상처나 내면의 갈등을 다루는 법을 배우고 싶어 상담 공부를 시작하였다.

고객상담과 심리상담의 구분

흔히 사람들은 상담을 일상생활 속에서 수다 떠는 것과는 구분하며, 목적이 있는 대화로 본다. 또 상담자는 상담할 때 단순히 정보를 제공하는 수준이 아니라 내담자(고객)[1]client 의 마음을 어루만져 주거나, 또는 내담자의 심리적 특성을 고려한 맞춤 해결책을 찾아내는 것으로 생각한다. 그런데 앞의 예에서 보듯이 상담이란 용어는 매우 다양하게 쓰여 혼란스럽다. 필자는 혼란을 정리하기 위해 상담을 고객상담과 심리상담으로 구분하는 것부터 시작하려고 한다. 고객상담과 심리상담은, 사람의 마음을 어루만져주는 활동이 부수적인 활동이냐 아니면 그 자체가 주요 활동이냐로 구분될 수 있다.

고객상담

먼저 고객상담customer counseling을 살펴보자. 고객customer은 제품이나 서비스를 구매한 사람으로, 고객상담은 제품이나 서비스를 판매하는 기업 측에서 마케팅이나 영업 또는 사후서비스의 일환으로 제공하는 상담을 말한다. 고객상담자의 주요 업무는 크게 두 가지로, 첫째는 신규 고객을 유치하기 위해 제품과 서비스를 홍보하고 정보를 제공하거나 설득하는 작업이다. 보험판매상담, 여행상품상담, 부동산상담, 유학상담, 학원등록상담 등이 여기에 해당한다. 두 번째는 제품이나 서비스를 구매한 고객의 불만을 응대하는 것이다. 백화점이나 홈쇼핑, 여행사 등의 고객불만응대가 여기에 해당한다. 상담을 고객상담과 심리상담으로 구분할 때, 고객상담은 본질적으로 기업의 마케팅 및 영업 활동의 일환이다. 물론 고객상담에서도 고객의 마음을 어루만져주고 해결책을 찾아주는 활동이 이루어지긴 하지만 이것은 어디까지나 마케팅이나 영업에 부수적인 활동이다.

---

1 내담자(client) : 심리상담의 고객을 흔히 내담자라고 부른다. 기업이나 회사의 고객을 의미하는 영어 표현은 customer이다.

심리상담

심리상담psychological counseling은 개인적인 고민이나 적응 문제에 대한 해결이 주요 활동인 상담을 의미한다. 상담자는 고민에 대해 조언해 주거나, 또는 직접적으로 조언하지 않더라도 내담자가 문제에 대한 해답을 스스로 찾도록 유도하면서 고민이나 심리적 문제에서 벗어나도록 도와준다. 직장동료나 친구의 고민상담, 학생이나 병사의 적응문제 상담, 전화로 진행되는 자살예방상담, 정신과 병원이나 심리상담센터에서 이루어지는 치료적 상담 등이 여기에 해당한다.

고객상담과 심리상담의 구분은 상담 용어 사용에서의 혼란을 정리하는데 도움이 될 것이다. 고객상담과 심리상담은 상담이 진행되는 형식이나 사용하는 기법 면에서 많이 다르다. 따라서 상담을 공부하려는 사람은 자신이 배우려는 분야가 어떤 분야인지 또는 무엇을 배우고 싶은지 목표를 분명히 세워서 공부를 시작해야 할 것이다.

애매한 영역

상담을 크게 고객상담과 심리상담의 영역으로 분류할 때 어느 쪽으로도 분류되지 않는 애매한 영역도 있다. 대표적인 것으로 상담자에게 장난을 치거나 희롱하거나 의도적으로 괴롭히는 사람을 상담하는 것이다. 상담은 도움을 주는 작업 또는 문제해결의 과정으로 볼 수 있는데, 상담자를 희롱하거나 괴롭히는 것은 상담이라 보기 어렵다. 그러나 현실적으로 많은 장면에서 이런 일이 벌어지고 있으며, 희롱과 괴롭힘에도 친절하게 응대해야 하는 것이 상담으로 인식되고 있다.

한편 상담 활동을 크게 고객상담과 심리상담으로 구분할 수는 있지만, 실제 상담자의 업무는 양쪽 모두를 담당하는 경우도 많다. 예를 들어 보습학원에 다니는 학생의 부모와 전화 '상담'하는 학원 선생님을 생각해보자. 이것은 고객상담인가 심리상담인가? 먼저 고객상담의 측면이 있을 것이다. 학원은 교육 서비스를 제공하는 입장이고 부모는 서비스를 구매하는 입장이다. 학원선생님은 학생의 수업태도에 대해 부모에게 알려주며 부

모가 계속 서비스를 이용하도록 유도한다. 일종의 고객관리, 회원관리인 셈이다. 한편 심리상담의 측면도 있을 수 있다. 예를 들어 학생의 수업 태도로 대화를 나눌 때 부모는 학생의 주의력 부족과 산만함을 호소할 수 있다. 선생님은 학생들을 많이 다루어 본 경험이 있기 때문에 이 부분에 대해 조언해줄 수 있는데, 이 경우는 고객상담의 경계를 넘어선다.

이상에서 고객상담과 심리상담의 구분, 그리고 애매한 영역에 대해 소개하였는데, 이를 도식으로 나타내면 다음과 같다.

고객상담과 심리상담의 구분

고객상담

- 마케팅이나 영업 활동에 부수적인 상담
- 보험판매상담, 여행상품상담, 부동산상담, 유학상담, 학원등록상담 …
- 백화점이나 홈쇼핑, 여행사 등의 고객불만응대 …

심리상담

- 개인적 고민이나 적응문제를 직접 다루는 상담
- 직장동료나 친구의 고민상담, 학생이나 병사의 적응문제 상담, 전화로 진행되는 자살예방상담, 정신과 병원이나 심리상담센터에서 이루어지는 치료적 상담 …

애매한 영역

도움을 주거나 문제를 해결하는 과정이 배제된 상담

■

자 문 식 상 담 과 치 료 적 상 담 의 구 분

■

고객상담과 심리상담의 구분은 비교적 명료해졌을 것이다. 그런데 심리상담 내에서도 추가적인 구분이 필요하다. 심리를 다루는 것을 포괄적으로 심리상담이라고 부를 수 있겠지만, 심리적인 측면을 다루는 방법에 따라 자문식 상담과 치료적 상담으로 구분해야 한다.

자문식 상담

먼저 자문consulting은 어떤 분야의 전문지식과 경험을 갖춘 사람이 해당 분야의 전문적 조언을 해주는 것을 말하는데, 예를 들어 법률이나 세무 분야의 전문가가 개인의 고민에 대한 조언을 해주는 것을 자문활동[2]이라 할 수 있다. 심리상담의 경우는 당연히 법률이나 세무 분야가 아닐 것이며 인생에 대한 고민, 대인관계에 대한 고민이나 갈등에 대한 전문적 조언이 주가 될 것이다. 따라서 인생이나 대인관계 경험이 풍부한 사람이 개인의 고민이나 갈등에 대해 조언해주는 것이 자문식 상담일 것이며, 실제로 많은 사람들이 심리상담을 자문의 개념으로 이해하고 있다.

그런데 여기에는 심각한 두 가지 문제가 있다. 첫째, 어느 누가 인생의 전문가라 자신할 수 있겠는가? 인생 경험이 풍부하고 오래 산 사람이 인생의 전문가일까? 결코 그렇지 않다. 사람은 저마다 다 다르며, 한 사람에게 적용되는 해결책이 다른 사람에게는 적용되지 않을 수 있다. 사람은 자신의 인생에 대해서는 전문가이겠지만 타인의 인생에 대해서는 전문가가 아니라 오히려 초보자이다. 둘째, 심리적인 문제는 대개 머리의 문제가 아니라 가슴의 문제이다. 방법을 몰라서 해결을 못하는 것이 아니다. 조언이나 자문을 받았다고 해도 용기가 나지 않아 차마 그것을 실천에 옮기지 못하는 경우를 생각해보라!

따라서 심리적인 측면을 다루는 상담이라면 문제가 생긴 원인을 설명하거나 해법에 대해 조언해주는 식에 그쳐서는 안 된다. 그렇다면 어떻게 해야 하는가? 심리상담은 복잡한 기술이기 때문에 원리나 과정을 한 번에 말하기는 쉽지 않다. 다만 공부를 시작하는 단계에서 알아두어야 할 것은 있다. 심리상담에서는 상담의 초점이 문제에 있지 않고 인간에게 있다는 것이다. 문제를 해결해도 인간이 변하지 않으면 나중에 비슷한 문제가 또 발생할 것이다. 즉 심리상담은 당장의 고민을 해결하는 방향이 아니라 궁극적으로 인간을 변화시키는 방향으로 진행되어야 한다. 일단 이 정도로 이해하고 넘어가기로 하며, 이번에는 치료적 상담에 대해 살펴보자.

---

2 자문(컨설팅) 중에서는 조직이나 시스템에 대한 자문도 있으나 그 경우에는 개인을 대상으로 하는 것이 아니기 때문에 배제하고, 여기서는 개인의 고민에 대한 자문 활동에 대해서 초점을 맞추겠다.

8

치료적 상담

흔히 치료적 상담therapeutic counseling의 경우, 우울증, 불안증, 공포증, 공황증, 피해의식과 같은 심리적 증상을 치료하는 상담으로 여겨진다. 그런데 증상의 치료가 전부는 아니다. 치료적 상담은 심리치료의 이론에 따른 상담인데, 심리치료 이론에서는 증상의 치료를 위해 반드시 과거의 상처나 내면의 감정 및 갈등을 어루만져야 한다고 본다. 이 점에서 치료적 상담은 자문식 상담과 큰 차이가 있다. 즉 인생경험이나 지식으로 상담하는 것이 아니라 인간이론에 근거하여 상담을 한다. 치료적 상담의 주요 목표는 우울증과 같은 심리적 증상을 제거하는 데 그치지 않고 개인의 깊은 내면을 만나는 데 있다. 이상의 구분을 도식으로 표현하면 다음과 같다.

심리상담의 하위 유형

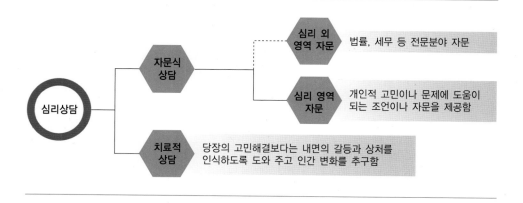

진행 형식의 차이

치료적 상담에 대한 자세한 내용은 추후에 더 설명하기로 하고, 여기서는 자문식 상담과 치료적 상담의 형식적 차이 한 가지만 더 언급하도록 하자. 자문식 상담과 달리 치료적 상담은 진행 형식이 정해져 있는데, 대개는 1회 만남에 대화는 1시간 정도이다. 10분이나 15분 정도로 짧게 상담하는 것은 치료적 상담의 형식에서 어긋난다. 3~4시간씩 연장해서 상담하는 것도 마찬가지다. 그리고 상담 횟수의 경우, 주

1회씩 만남을 수십 회 만나면서 상담이 이루어진다. 한 번의 상담이 아니라 수십 회기로 이루어진 것은 심리적 증상의 치료가 어렵기 때문이기도 하지만, 개인이 자신의 내면을 만나고 자신을 성찰하는데 시간이 필요하기 때문이다. 따라서 1~2회의 상담을 치료적 상담으로 보지 않는다. 치료적 상담에서는 인간이 성장하면서 감추거나 위장한 내면의 상처를 덜 위협적인 방식으로 차근차근 찾아 들어간다. 이것은 결코 한 번으로 되지 않으며 정해진 형식 없이 아무렇게나 진행하면 안 된다.

■
상담이 의미하는 활동
■

앞에서도 언급했듯이 다양한 현장에서 고민을 나누고 해결책을 찾는 대화를 모조리 상담으로 부르는 경향이 있지만, 그 대화를 자세히 분석해보면 크게 다음과 같은 활동들을 의미하고 있다.

상담이 의미하는 활동

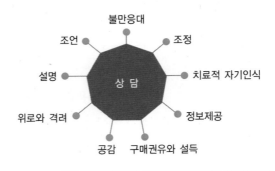

정보제공

상담이란 용어의 의미 중 정보제공giving information부터 시작하자. 이것은 회사가 고객을 유치하는 과정에서 제품 및 서비스에 대한 정보를 제공하는 것이다. 예를 들면, 보험회사나 은행에서 고객을 유치하는 과정에서 상품을 소개하거나 비교해주는 활동, 성형외과에서 얼굴 성형의 필요성이나 부위, 비용 등을 안내하는 활동, 영어학원에서 수강비용이나 원어민 선생님의 숫자, 수업형태 등에 대해 알려주는 활동 등이 그것이다. 이런 정보제공 또는 정보안내 활동에 언제부터인가 상담이란 용어가 쓰이게 되었고, 이제는 일상적으로 많은 사람들이 어떤 제품이나 서비스에 대해 알고 싶으면 '~에 대해 상담 한 번 받아볼까?'라고 자연스럽게 이야기하게 되었다.

단순한 것 같은 정보제공 활동에 왜 상담이란 용어가 쓰이게 되었을까? 가장 우선적인 이유는 제공해야 할 정보가 복잡해졌기 때문이다. 보험회사에서 상품을 소개하거나 비교해주는 활동을 예로 들어보면, 고객의 성별, 연령, 건강상태, 운전경력, 직업 등에 따라 보험요율이 천차만별로 달라지고 옵션(선택사항)에 따라 상품이 매우 복잡해진다. 이것은 현대 사회 상품의 특징이다. 상품과 서비스가 다양해지고 복잡해져서 고객 혼자서 정보를 찾고 결정하는 것이 더 어려워지고 있다. 선택사항이 많아지고 정교화되면서 개인은 오히려 자신에게 맞는 상품을 스스로 선택할 수 없게 되었고, 따라서 구매결정을 전문적으로 도와주는 상담자가 등장하게 된 것이다.

정보제공이 꼭 기업의 고객상담 현장에서만 이루어지는 것은 아니다. 공공기관의 정보제공 상담도 많은데, 예를 들어 지방자치단체에서 운영하는 콜센터는 지역 주민이 필요한 정보를 신속하고 친절하게 제공하고 있다. 필자도 휴일에 문 여는 약국을 찾기 위해 콜센터를 이용해 보았는데 만족도가 높았고 상담원에게 감사한 마음이 들었다. 또다른 예를 들어보면, 이민자들의 지역적응을 돕기 위한 지원기관에서는 지역의 공공기관, 의료기관, 대중교통 이용 방법, 취업 정보 등에 대해 1:1로 친절하게 상담하며 도와준다. 사회가 복지를 지향해감에 따라 점점 이런 서비스가 증가하는 추세이다.

정보제공을 넘어서는 상담　　상담의 의미를 정보제공으로 볼 때 한 가지 명심해야 할 점이 있다. 흔히 고객상담에서는 정보제공 활동이 상담 활동의 90% 이상을 차지한다고 여기며, 따라서 신입 상담자 교육에서 담당 분야의 내용을 암기하는데 시간의 대부분을 할애한다. 그런데 실제 상담에선 암기한 정보를 기계적으로 전달하는 것은 아니다. 상담자는 고객이 궁금해하는 것을 고객이 이해할 수 있는 방식으로 전달해야 한다. 또 고객의 긴장, 의구심, 망설임 등을 어루만져야 한다. 즉 상담은 단순한 정보제공 활동이 아니라 상담자와 고객 간 역동적인 상호작용이 된다.

구매권유

앞에서 소개한 정보제공과 관련하여, 상담이란 용어가 구매권유purchasing suggestion의 의미로 사용되기도 한다. 기업에서 잠재고객에게 제품이나 서비스에 대한 정보를 제공하는 것은 궁극적으로 그 제품을 구매하도록 유도하기 위해서이다. 기업의 상담사[3]는 고객에게 제품이나 서비스에 대한 정보를 제공한 후 그것을 구매하도록 권유한다. 즉 이 활동은 앞에서 언급한 정보제공과는 동전의 양면이라 할 수 있다.

구매권유 상담의 예는 무궁무진할 것이다. 요즘은 무한경쟁시대이다 보니 어떤 기업이든 예외가 아니다. 심지어 대학에서도 이런 상담 활동을 많이 하는 추세인데, 신입생 모집을 위해 학교의 특장점을 설명하고 입학을 권유하는 작업을 한다. 그러나 고객의 마음을 사로잡는 것은 결코 쉽지 않다. 기계적인 권유로는 성공할 수 없으며, 고객의 가려운 곳을 긁어주는 센스가 필요할 것이다.

설득의 기회 잡기　　누구에게든지 일단 말을 붙여야 구매권유 활동을 전개할 수 있을 것이다. 통신기술이 발달한 요즘은 상담자들이 전화나 메신저, 이메일을 통해 고객에게 먼저 연락하여 제품이나 서비스에 대해 상담을 받아보라고 권유하고 있다. 이들은

3　상담 공급자를 가리키는 말로 상담사, 상담원, 상담자 등 다양한 용어가 혼용된다. '상담사'라는 용어는 기업의 고객상담 장면에서 흔히 사용되지만 심리상담장면에서는 일반적으로 잘 쓰이지 않는다.

회사에서 고용한 아웃바운드outbound 상담자이다.[4] 그런데 고객의 입장에서 보면 불필요한 제품에 대한 구매권유는 짜증스럽거나 불쾌한 것이 된다. 게다가 요즘은 구매를 권유하는 아웃바운드 전화가 너무나 많아 전화를 받는 것조차 스트레스다. 상황이 이렇다 보니 사람들은 어떠한 구매권유에도 일단 거부적인 태도를 보이며 전화를 끊으려고 한다. 아웃바운드 상담자가 정작 말을 붙일 기회조차 주지 않는 것이다.

이것은 현대사회의 경쟁이 낳은 안타까운 현실이라 생각한다. 불필요하고 반복적인 구매권유 전화로 인해 잠재고객은 스트레스를 받는다. 그리고 동시에 고객으로부터 반복적인 거부와 거절을 받아서 아웃바운드 상담자도 상처를 입고 지친다. 상담자 입장에서 보면 좀 더 효율적인 방법을 터득해야 하며, 거부와 거절에 상처받지 않도록 자신의 마음을 잘 다스려야 할 것이다. 아무래도 아웃바운드 구매권유 상담에는 좀 더 외향적이고 적극적인 성격의 소유자가 어울리는 것 같다.

공 감

흔히 상담은 불만, 슬픔, 두려움, 우울한 마음 등을 경청하고 공감empathy해준다는 의미로 사용된다. 이때 경청과 공감을 세부적으로 구분하면, 경청은 잘 듣는 것을 의미하며, 공감은 감정에 조율하는 것을 의미한다. 공감적 경청이라 하면 감정에 조율하면서 잘 듣는 것이라고 보면 될 것이다.

공감은 문제해결에서 빼놓을 수 없는 중요한 부분이다. 인간은 감정의 동물이라서, 감정을 다루지 않은 채 문제만 해결하는 것은 어렵기 때문에 반드시 감정을 먼저 돌봐주고 풀어주어야 한다. 예를 들어 시험에 10번이나 연속으로 실패해 좌절해있는 사람에게 무조건 '힘을 내라, 할 수 있다!'고 격려하는 것은 효과가 약할 수 있는데, 그것은 그 사람의 실망과 좌절에 대한 충분한 공감이 부족했기 때문이다.

4　고객이 상담자를 찾아오거나 전화를 거는 경우를 인바운드(inbound), 그 반대의 경우를 아웃바운드(outbound)라고 한다.

한편 공감은 공감하고 있음을 상대방에게 전달해야 효과가 있다. 아무 말 없이 이심전심으로 공감하는 것도 가능하겠지만, 대개 상담에서는 공감을 상대방에게 언어로 표현해서 전달해주는데, 이것을 반영reflection이라고 한다. 반영 기법을 통해 공감을 전달하면 그 자체로 문제가 해결되기도 하는데, 예를 들어 시험을 앞두고 잠을 잘 이루지 못한 학생에게 상담자가 '시험을 잘 봐야 하니까 많이 긴장되나 보구나.'라고 공감을 전달하니 그날부터 잠을 잘 자기 시작한 것이다. 이것은 학생이 내적 긴장감을 인식하고 받아들여 마음이 편안해졌기 때문이다.

공감적 대화 예

내담자 : "어제도 잠을 거의 못 잤어요. 새벽에 복도에 지나가는 사람들 발자국 소리를 듣고 깬 후에 다시 잠들지 못했지요. 꿈도 너무 많이 꾸었어요."

상담자 : "다시 잠들지 못할 때 어떤 감정이었나요?"

내담자 : "어서 빨리 잠들어야 하는데… 마음이 불안했어요."

상담자 : "걱정이 있나 보네요."

내담자 : "네, 조만간 2차 시험이에요. 제시간에 잠들고 제시간에 깨어야 마지막 총정리 하는데 지장이 없거든요."

상담자 : "꼭 합격하고 싶은가 보네요."

내담자 : "네, 그래요. 이번에 꼭 합격하고 싶어요. 그런데 시험일이 다가올수록 점점 더 불안해지고, 혹시 떨어지면 어떡하나 문득 겁이 나요."

상담자 : "꼭 합격해야 하니 긴장될 수밖에 없겠군요."

그런데 공감은 결코 만만한 작업이 아니다. 단순히 맞장구 치는 것이 아니기 때문이다. 물론 타인의 감정을 살펴서 '속상했구나', '섭섭했구나' 등 '~했구나'라는 식의 대사를 해주는 것은 어렵지 않다. 그러나 인간에게는 표면적으로 느끼는 표층감정 외에도 심층감정이 있는데, 이것은 본인도 쉽게 인식하기 어렵고 따라서 타인도 공감하기 어렵다. 즉 공감이 어려운 것은 사람들이 속마음이나 느낌을 감추기 때문이 아니라 속마음

이나 느낌을 잘 인식하지 못하거나 표현하지 못하기 때문이다. 그래서 제대로 공감하기 위해서는 많은 시간과 노력이 필요할 수 있다.

섣부른 동조와 동정

공감은 상대방이 느끼는 것을 함께 느낀다는 뜻인데, 어떤 사람들은 공감을 상대방에게 무조건 동조한다는 뜻으로 잘못 이해하고 있다. 이들은 상대방의 말이 무조건 옳다고 맞장구를 치는데, 예를 들면 '맞아 맞아', '나 너 마음 알아'라고 이야기한다. 물론 이렇게 말하는 것이 상대의 기분을 좋게 해주는 효과는 있다. 그러나 진정으로 감정을 함께 느끼지 못한 채 말로만 맞장구를 친다면 상대에게 건성으로 들릴 뿐이다. '너 마음 안다'는 말보다는 상대가 느끼는 감정을 직접 표현해서 '섭섭하다는 말이구나', '억울하다는 거구나', '부럽다는 거구나' 식으로 말하는 것이 더 낫다.

섣부른 동조와 관련해서 섣부른 동정에 대해서도 알아둘 필요가 있다. 동정sympathy은 공감empathy과 다른 것으로, 상대방의 이야기를 듣고 자기감정에 빠지는 것이다. 예를 들어 부모님이 돌아가셨다고 상대방이 말할 때, 자기 부모님이 돌아가신 것을 떠올리며 그때의 감정에 빠지는 것이다. 동정은 인간의 기본적인 감정교류의 한 형태로, 건성으로 맞장구치는 것보다는 훨씬 낫다. 그러나 동정에는 약점이 있을 수 있는데, 자기감정에 빠져서 상대의 감정을 정확하게 공감하지 못할 가능성이 있다는 것이다. 부모님이 돌아가신 예로 설명해보면, 상대방이 매우 슬플 거라 여겼는데, 상대방은 부모님 병간호의 부담을 벗어서 안도감을 전달하려고 했을 수도 있다.

공감 훈련

공감을 잘 하기 위해서는 어떻게 해야 할까? 부정확한 공감은 부정확한 상황 지각과도 관련이 있다. 상황을 정확하게 지각할 수 없을 때 인간은 자신의 욕구나 감정, 환상을 상대방에게 투사[5]하여 상황을 지각한다. 예를 들어 죄의식이 있는 사람은 무표정한 얼굴을 화가 난 것으로 지각하기 쉽다. 실은 상대방이 화난게 아니라 자신이

---

5 투사(projection)란 자기 감정이나 욕구를 무의식적으로 부끄러워하거나 부담스러워하여 이를 외부 대상이나 타인에게 옮기는 과정을 뜻한다.

겁먹고 있는데도 말이다. 또 마음이 불안할 때는 상황을 불리하게 지각하고 마음이 여유로운 때는 상황을 유리하게 지각한다. 객관적인 상황이 똑같은데도 말이다.

공감을 잘 하기 위해서는 먼저 자기 마음을 안정시킨 후 상황을 정확하게 지각해야 한다. 마음의 안정과 정확한 상황지각을 위해서는 섣불리 판단하지 말고 상대방의 말을 충분히 듣는 것이 필요하다. 그래서 상담자에게 경청은 핵심 덕목이다. 그리고 이때 표층감정 뿐 아니라 심층감정을 듣고 파악할 수 있도록 훈련해야 할 것이다. 인간의 마음은 너무나 고통스럽거나 부끄러운 부분을 자신도 모르게 위장, 왜곡, 억압할 수 있다. 그러므로 말로 표현되는 감정이 다가 아니며 말과 행동에 묻어 있는 핵심감정의 냄새를 맡을 수 있어야 한다.

이런 작업들은 결코 쉽지 않다. 사람들은 자기가 잘 듣는 편이라고 생각하고 충분히 경청한다고 여기지만 실은 자기 생각대로 듣고 있는 경우가 많다. 이것은 모든 인간이 기본적으로 '자기중심적egocentric'이기 때문에 자주 나타나는 현상이다. 예를 들어 설명하면, 연애 후 헤어진 사람이 자기만 괴롭고 상대방은 잘 지낼 것으로 여기며 괴로워하는 것은 바로 자기중심성 때문이다. 이별 후에 슬프지 않은 사람이 어디 있겠는가? 그런데 자기중심성 때문에 자신이 상대방보다 더 괴로울 거라 여긴다. 또 다른 예를 들어보면, 경제적으로 어려운 사람은 친구가 남편의 무뚝뚝함에 대해 불평할 때 경제적인 관점에서만 파악할 뿐 다정하지 않은 것을 과소평가할 수 있다. 이런 식으로 대화가 진행되는 것을 막고 제대로 공감하기 위해서는 자기중심성에서 벗어나는 훈련이 필요하다.

> **자기중심적인 대화의 예**
>
> 친구 A : "남편은 전혀 자상하지 않아. 너무 무뚝뚝하단 말야."
> 친구 B : "그래도 너희 남편은 돈은 잘 벌어주잖아."

공감의 목적　사람들은 흔히 공감의 목적을 상대의 기분을 풀어주기 위한 것으로 생각한다. 자신의 감정을 알아주고 받아주면 사람들은 위로를 얻고 힘을 회복한다. 그런데 공감은 마음을 위로해주고 힘을 주는 것 외에 다른 목적으로 사용되기도 한다. 그것은 인식을 키워주는 목적이다.

앞에서 긴장감을 인식하고 받아들여 잠을 잘 자게 된 학생 사례를 언급하였는데, 사람들은 때로는 자신의 내면을 잘 인식하지 못하기 때문에 상담자가 공감을 통해 그것을 차분하게 인식시켜줄 필요가 있다. 모든 사람이 그러는 것은 아니지만, 어떤 사람들은 자신의 마음을 알아차리지 못하도록 스스로 마법을 건다. 이들은 좋아하는 것을 물어봐도 잘 모르겠다고 하고, 자기가 하고 싶은 일을 상대가 원하니까 한다고 하며, 선택과 결정 상황에서 주저하고 미룬다. 이렇게 자신의 마음을 잘 모르는 경우 내면의 인식을 키워주기 위한 목적으로 상담자는 공감을 사용할 수 있다.

위로와 격려

위로consolation란 따뜻한 말이나 행동으로 괴로움을 덜어주거나 달래주는 것을 의미한다. 또 격려encouraging는 용기나 의욕이 솟아나도록 북돋아 주는 것이다. 우리는 슬프거나 좌절한 사람을 볼 때 따뜻한 위로의 말 한 마디를 건네며 마음을 나눈다. 또 불안하거나 안절부절못하는 사람을 보면 '잘될 거야! 너무 염려하지마.'라는 말로 그를 안심시킨다. 진심이 담긴 따뜻한 한 마디의 말은 사람들의 마음을 안심시키고, 괴로움을 덜고, 힘을 되찾아주는 효과가 있다.

상담이 위로와 격려 활동을 의미할 때 충분한 시간과 공을 들이고 행동으로 관심을 보여주는 것이 중요하다. 한두 번의 말로 위로하고 격려하는 것으로는 충분하지 않다. 위로가 필요한 내담자는 슬픔이나 고통에 심리적으로 무너져가는 상황이므로, 상담자는 충분한 시간을 들여서 내담자의 감정에 초점을 맞추면서 슬픔이나 고통을 어루만져야 할 것이다.

편가르기 위로

위로라고 하면 상대의 가라앉은 기분을 회복시켜주는 것과 관련되어 있다. 그래서 대개의 경우 상대방의 생각이나 의견에 맞장구를 쳐주며 감정을 인정해주는 것이 필요하다. 그런데 이때 조심해야 할 것이 있다. 기분이 가라앉거나 속상하게 된 데는 원인을 제공한 사람이 있을 것이다. 따라서 우리가 누군가 위로해주기 위해서는 원인제공자를 깎아 내리거나 또는 원인제공자가 잘못한 거라고 말해주기 쉽다. 그러나 상대방을 위로하기 위해 원인제공자를 깎아 내리는 것은 추후에 둘 간의 사이가 더 나빠지는 부작용을 낳을 수도 있다. 이런 것을 편가르기splitting라고 한다.

> **편가르기 위로 대화 예**
>
> 친구 A : "아내는 내가 하는 일은 다 못마땅한가 봐. 설거지 도와달래서 했더니, 접시가 미끌거린다며 전부 다시 하라고 하더군."
> 친구 B : "너희 와이프가 좀 심하긴 하구나. 너 정말 살기 힘들겠다."

안타깝게도 많은 사람들은 상대방을 위로하기 위해 제3자를 깎아 내리는 방식을 취한다. 하지만 위로할 때는, 자리에 없는 제3자에 대한 평가보다 지금 내 앞에 있는 사람의 감정에 더 초점을 맞추어야 한다. 제3자를 깎아내림으로써 좋아지는 기분은 결코 오래 가지 않을 것이다.

> **편가르지 않는 대화 예**
>
> 친구 A : "아내는 내가 하는 일은 다 못마땅한가 봐. 설거지 도와달래서 했더니, 접시가 미끌거린다며 전부 다시 하라고 하더군."
> 친구 B : "나름 도와준다고 한 건데 인정을 못 받았구나."

섣부른 안심시키기

친구나 동료가 걱정이 많고 겁을 먹었을 때 우리는 불안을 덜어주고 안심시켜주고 싶어한다. 이때 앞에서 언급했듯이 '걱정하고 있구나', '겁이 났구

나와 같은 감정 반영이면 충분할 것이다. 그런데 안심시켜주고 싶은 마음이 과해서 이렇게 말하는 경우도 있다.

이것은 섣부른 안심시키기reassuring이다. '섣부르다'고 한 이유는 굳이 그 정도까지 안 해도 된다는 뜻이다. 섣부른 안심시키기는 자기 자신이 걱정과 불안이 높아졌기 때문이다. 즉 상대방이 걱정하는 모습을 보고 자신도 모르게 더 걱정이 되었기 때문이다. 어떤 사람들은 자기 마음과 상대방의 마음을 잘 구분하지 못하기도 한다. 결국 '아무 걱정하지마. 다 잘될 거야'라는 말은 상대의 걱정과 불안을 덜어주기 위해서가 아니라 자기 자신을 안심시키기 위해서 사용된 것이다.

설 명

인간은 지능을 가진 동물로 설명을 추구한다. 설명(說明, explanation)은 어떤 일이나 대상의 내용을 상대가 이해할 수 있도록 잘 밝혀 말하는 것이다. 많은 사람들은 상담에서 사건의 원리나 인과관계에 대한 설명을 원하는데, 이것은 경험이나 연륜이 풍부한 상담자의 지혜를 얻길 원하는 것이다. 이것은 지적인 이해를 통해 심리적 안정을 회복하려는 인간의 본능적 시도이다. 인간은 머리로 이해할 수 있을 때 마음도 편해진다. 따라서 만일 상담자가 사건의 원리나 인과에 대해 설명해줄 수 있다면 마음을 안정시키는 데 도움이 될 것이다.

예를 들어보자. 당신이 이성에게 친절하게 다가갔지만 그 사람은 오히려 화를 내며 반응한다. 이런 상황을 전했더니 상담자가 설명하기를, '그 사람은 이성이 다가오는 것에 대해 무의식적으로 두려움을 느낀다.'고 설명하였다. 당신은 속상하고 섭섭한 마음이 가라앉고 대신 상대방의 마음을 이해할 수 있다고 여기게 된다. 이런 식으로 설명은 심리적으로 안정을 주거나 위로를 줄 수 있다. 설명을 잘 하는 사람은 문제의 원인이나 해답에 대한 조언도 잘 할 것으로 기대된다.

설명 대화의 예 1

내담자 : "제가 쳐다보거나 옆으로 가기만 하면 그 사람은 자꾸 피하네요. 저를 싫어하는 것 같아요."

상담자 : "수줍어하는 성품의 사람이라면 누군가의 시선이나 접근을 불편해할 수 있어요."

설명 대화의 예 2

내담자 : "그 사람은 저에게 관심이 없어요. 먼저 연락하는 법이 없지요. 제가 먼저 연락해야 하나요?"

상담자 : "음… ○○씨는 갈등하는 인간형 같군요. 갈등하는 인간은 서로 상반된 두 가지 욕구를 동시에 지니고 있지요. 좋아하는 사람에게 연락하고 싶은 마음과 먼저 연락을 받고 싶은 마음이 동시에 있어요. 그러니 이러지도 저러지도 못하지요. 반면 갈등 없는 인간형은 연락하고 싶으면 그냥 연락하지요."

섣부른 설명　　설명이 항상 효과를 가져오는 것은 아니다. 때로 내담자의 마음에서 벗어나 엉뚱한 것에 대해 설명한다든지, 내담자가 받아들일 준비가 안 된 부분에 대해 설명하는 것 등은 오히려 부작용을 낳을 것이다. 예를 들면 아래와 같다.

섣부른 설명의 예

내담자 : "제가 쳐다보거나 옆으로 가기만 하면 그 사람은 자꾸 피하네요. 저를 싫어하는 것 같아요."

상담자 : "그것은 당신의 마음 속에 열등감과 피해의식이 있기 때문입니다. 그 사람과는 전혀 상관이 없어요."

20

이와 같은 섣부른 설명은 듣는 이에게 상처를 준다. 상대방은 공감과 위로를 얻는 것이 아니라 평가를 받고 상처를 입게 된다.

조언

조언advice은 문자 그대로는 '말을 거든다'는 뜻이다. 조언은 말로 살짝 거들어 해결 방법에 대해 알려줌으로써 문제를 해결할 수 있도록 도와주는 것을 의미한다. 영어 표현인 advice를 그대로 우리말로 어드바이스라고 사용하는 경우도 많으며, 비슷하지만 좀 더 강한 표현으로는 '충고'가 있다.

조언이나 충고는 일상생활에서 누구나 할 수 있는 것이다. 예를 들어 아들과 대화가 어색해서 사이가 안 좋아진다고 고민을 호소하는 친구에게 우리는 '아들에게 편지를 써 보면 어때?'라고 조언할 수 있다. 그러나 자신의 경험을 바탕으로 한 조언은 다른 사람에게는 도움이 되지 않는 경우가 많다. 친구는 '이미 그 방법을 써 봤지만 별로 효과가 없었어.'라고 대답할 수 있다.

효과없는 조언의 예

친구 A : "요즘 아들과 점점 더 어색해지네. 집에서 만나면 서로 피해 다닐 지경이야. 대화를 하려고 해도 어떻게 해야 할지 모르겠고……."

친구 B : "아들에게 편지를 써보면 어때? 말이 어려울 땐 글로 마음을 전달할 수 있지 않을까?"

친구 A : "그 방법도 이미 써봤지. 근데 전혀 반응이 없어."

조언이 효과를 보려면 맞춤식이어야 할 것이다. 사람은 저마다 다르며, 사람의 문제는 천편일률적으로 해결되는 것이 아니라 개인에 따라 다른 맞춤 솔루션solution이 필요한 경우가 많다. 따라서 대화를 통해 개인의 욕구, 성격적 특징 등을 자세히 파악할 필요가 있으며, 파악한 바에 기초하여 그 사람에게 꼭 맞는 맞춤식 충고나 조언을 제공한다. 앞의 대화의 예로 계속해보자.

친구 A : "요즘 아들과 점점 더 어색해지네. 집에서 만나면 서로 피해 다닐 지경이야. 대화를 하려고 해도 어떻게 해야 할지 모르겠고……."

친구 B : "너희 아들이 좋아하는 사람은 누구야?"

친구 A : "음, 걔는 이모를 매우 좋아해. 이모라면 껌뻑 죽지."

친구 B : "그럼 이모에게 말을 좀 시켜보라고 하면 어때?"

또 다른 예를 들어 보자. 직업상담사는 구직자나 실직 후 재취업을 원하는 사람을 상담한다. 직업상담사는 구직자의 요구 수준, 생활환경, 과거 경력, 성격적 특성 등을 종합적으로 고려하여 그에게 맞는 직업을 소개할 수 있다. 이렇게 맞춤식 조언을 제공하는 것이 바로 자문식consulting 상담이다.

조언의 부작용

흔히 많은 사람들은 알맞은 조언을 제공하는 것이 전문 상담자의 능력이라고 여긴다. 그러나 상담은 대화를 통해 문제를 해결해 나가는 과정이며, 다른 사람이 해결책을 제시해주는 것이 아니라 자기 스스로 해결책을 발견해 나가는 과정에 더 가깝다. 그리고 한 사람의 지식과 경험을 바탕으로 습득한 조언은 다른 사람의 상황에 잘 적용되지 않을 수도 있다. 비유로 설명해보자면, 피부가 건성인 사람이 터득한 피부관리법은 지성 피부의 소유자에겐 적용될 수 없을 것이다. 전문 상담자라면 직접적인 조언을 제공하기보다는 스스로 해결책을 발견할 수 있도록 유도하는 것을 더 강조한다. 물고기를 잡아주는 것보다 잡는 법을 가르쳐 주는 것이다.

상담이 스스로 해결책을 발견하는 것에 가깝다고 할 때, 직접적으로 조언을 주는 것은 부작용을 낳을 수 있다. 특히 성격적으로 의존적인 사람의 경우에 부작용이 두드러진다. 보통 사람의 경우 조언을 자신의 것으로 소화하여 문제를 해결하지만, 의존적인 사람의 경우에는 상담자의 조언을 무비판적으로 받아들이게 된다. 이때 만일 조언을 받고 문제가 해결되었다면 이후에 상담자에게 더욱 심리적으로 의존하게 된다. 즉 조언이

의존성을 키운 것이다. 이들은 이후에도 계속 의존하려 할 것이며, 스스로 문제를 해결하려는 자율성을 희생하고 상담자에게 집착하게 될 것이다. 따라서 전문 상담자라면 성격적 자율성 수준을 감안해서 적절하게 조언해야 한다. 대신 해결해 주려는 마음을 다스리지 못하고 반복적으로 조언하게 되면 이것은 내담자를 망치는 지름길이다.

섣부른 충고

가볍게 거드는 조언 대신 상담자의 의견을 강하게 권유하는 것이 충고이다. 앞에서 섣부른 설명과 마찬가지로 섣부른 충고 역시 상대방에게 비판적인 느낌을 전달한다. 다음의 예를 보자.

> **섣부른 충고 대화 예 1**
>
> 내담자 : "남친이 자꾸 자자고 해요."
>
> 상담자 : "그건 안 되지. 절대 안 된다고 해라. 설마 허락한 건 아니지?"
>
> (내담자가 어리석다는 평가를 전달하는 것임)

> **섣부른 충고 대화 예 2**
>
> 내담자 : "아이가 중학생이 되더니 자꾸만 치마가 짧아져서 걱정이에요. 예뻐 보이려고 하는 마음은 이해할 수는 있어요. 그런데 그러다가 안 좋은 일들이 생길 수도 있잖아요."
>
> 상담자 : "요즘 애들은 다 짧게 입으려고 해요. 그 정도는 이해해 주세요."
>
> (내담자가 고리타분한 사람이라는 평가를 전달하는 것임)

누군가에게 평가 받는 것은 결코 유쾌한 일이 아닐 것이다. 충고는 암묵적으로 평가를 전달한다. 상담하는 입장에서 돕고 싶은 마음에 충고를 했다 하더라도 상대방에게 잘못 받아들여진다면 소용이 없을 것이다. 따라서 충고하고 싶은 경우, 그 전에 상대방의 염려나 고민에 대해 충분히 공감한 다음에 충고를 전달해야 부작용을 최소한으로 할 수 있다.

부탁

간혹 상담자가 자신의 소망을 전달하는 경우도 있다. 예를 들면 알코올 문제가 심각한 내담자에게 다음과 같이 말하는 것이다.

> 상담자 : "나는 당신이 술을 끊었으면 좋겠어요. 술에 취해 필름이 끊긴 채로 다니는 것이 너무나 염려가 되는군요."

이것은 본질적으로 부탁하는 것이다. 부탁은 섣부른 충고보다는 100배 낫다고 본다. 부탁은 상대방에게 비난이나 부정적 평가를 덜 전달하기 때문이다. 상담자는 강요하는 것이 아니라 부탁하는 것이며, 내담자는 상담자의 부탁을 들어줄 수도 있고 거절할 수도 있다. 그러나 부탁 역시 내담자의 마음을 충분히 공감하지 않은 채 상담자의 소망만 전달하는 식이라면 효과가 약할 것이다. 이 예에서 내담자 본인도 술을 안 마시는 게 좋다는 것을 잘 알 것이다. 그럼에도 불구하고 안 되는 이유가 있을 것이다. 술이 가지는 의미, 술을 마셨을 때 기분, 술로 얻을 수 있는 것 등을 충분히 탐색하고 공감한 후에 부탁을 해야 효과가 있을 것이다.

불만응대

흔히들 고객상담 장면에서 불만을 응대하는 것도 상담으로 여긴다. 불만응대handling complaints는 불만에 대한 수용, 사과, 보상을 위한 타협 등이 함께 포함된 개념이다. 그런데 타인에 대한 불만을 들어주기는 쉬워도 나에 대한 불만 표출을 직접 응대하기는 쉽지 않다. 이것은 직업이라 해도 마찬가지다. 그러나 고객의 불만을 어루만질 수 있다면 오히려 신뢰를 증가시키는 기회로 만들 수도 있다.

고　객 : "어제 집에 가서 보니 가방 장식이 깨져 있더군요."

상담자 : "새 제품인데 장식이 불량이었네요."

고　객 : "네, 신상을 사는 마음에 잔뜩 기대했는데 이게 뭔가요?"

상담자 : "기대했는데 많이 속상하셨겠어요."

고　객 : "거기다 이거 바꾸러 오느라고 시간도 쓰고 …"

상담자 : "불량제품 때문에 시간낭비까지 하셨네요. 죄송해서 어떡하죠?"

불만응대에서 필요한 타협　　　타협이란 서로 양보하며 협의하는 것을 의미한다. 상담이란 용어가 타협의 의미로 사용될 경우가 있는데, 예로 들어 설명하면 쉽게 이해될 것이다. 음식점에서 식사를 하고 있던 고객이 있었는데, 음식점 측의 사소한 실수로 옷이 훼손되는 상황이 발생했다고 하자. 옷이 심각하게 훼손되었다면 당연히 전액을 배상해야겠지만, 옷의 훼손 정도는 회복불가능할 정도로 심각한 것은 아니었다. 그러나 고객은 즐거운 식사 시간을 망치게 되어 불쾌 했고, 또한 옷을 수선해야 하는데 수선비가 얼마가 나올지 몰라 걱정하는 마음도 있었다. 이런 경우는 타협이 필요한 경우이다.

대형 음식점이나 백화점에서 일하는 서비스 매니저는 타협의 전문가이다. 타협을 할 때 먼저 조건부터 제시하는 것은 바람직하지 않다. 항상 고객의 마음을 먼저 살펴야 하는데, 상담자는 고객의 불쾌하거나 또는 염려하는 마음을 알아주며 고객을 진정시켜야 한다. 일단 마음이 진정되면 타협을 통해 합리적인 해결책을 찾는 것이 가능할 것이다. 앞의 예에서라면 상담자는 먼저 실수에 대해 사과하고 후속 조치를 약속하며 일단 식사를 계속할 것을 권유할 수 있다. 고객의 즐거움을 되찾아주기 위해 노력하는 것을 보여주는 것이다. 시간이 흘러 식사를 마치고 계산할 때가 되었을 때 고객의 마음이 어느 정도 진정되었다면 타협안을 제시할 수 있다. 수선비용을 감안하여 식사비를 할인해 주거나, 추후 수선비를 청구할 경우 지급하겠다고 약속하는 것이다. 이런 타협과정이 만족스러운 경우 고객은 기분이 회복될 뿐만 아니라 음식점에 대한 신뢰가 더 증가할 수 있다.

> 고　객 : "한창 즐겁게 식사 중이었는데, 여기 종업원이 잘못해서 옷이 더러워졌는데
> 　　　　어떡할 거예요?"
> 상담자 : "아, 불편을 끼쳐드려 정말 죄송합니다."
> 고　객 : "아, 정말 기분이 팍 상하네요."
> 상담자 : (고객의 옷을 닦아주는 조치를 취하며)
> 　　　　"정말 죄송하게 되었습니다. 즐거운 시간을 망치게 되었군요."
> 고　객 : "이거 어떡할거에요."
> 상담자 : "즐거운 시간을 망친 것에 대해 어떻게든 보상해 드리고 싶습니다. 일단 동행
> 　　　　분과 식사를 마치고 끝날 때 알려주시면 어떨까요?"
> 　　　　(이후 서비스 메뉴를 제공하고, 옷 수선비를 감안하여 식사비를 할인해준다.)

조 정

조정mediation은 분쟁이 있는 양측을 제3자가 개입하여 갈등을 어루만지고 타협에 이르도록 하는 것이다. 예를 들어 최근 부부상담이나 가족상담이 유행하고 있는데, 여기서 상담자는 부부나 가족 내 분쟁을 조정하는 활동을 한다. 또 다른 예를 들어보면, 학교폭력 사건이 발생한 경우 폭행피해자 가족과 가해자 가족 사이에 상담자가 개입하여 양측의 요구를 조정하는 경우가 있다. 이 같은 조정 역할을 맡은 상담자는 양측의 요구를 파악하고 각자에게 서로 받아들일만한 타협안을 제시하여 합의에 이르도록 만든다. 즉 양측 모두에게서 만족할만한 합의안에 도달하게 만드는 것이 조정상담자의 능력이다. 참고로 조정이란 용어 대신 중재arbitration란 용어가 사용될 수도 있는데, 법조계에서는 이두 용어를 구별해서 사용하므로 여기서는 상담의 의미를 더 반영하는 '조정'이란 용어를 사용하였다.[6]

6　중재(arbitration)의 경우 분쟁 당사자에 제3자가 개입하는 것은 같지만, 제3자의 판단이 법적인 효력을 지니며 분쟁 당사자는 이를 따라야 한다. 반면 조정(mediation)은 제3자의 판단이 법적인 효력을 지니는 것은 아니며, 분쟁 당사자가 이를 승인하면 좋지만 그렇지 않을 수도 있다.

조정상담을 할 때 자칫 조심해야 할 것들을 살펴보자면, 가장 먼저 상담자 자신이 정서적으로 지치게 되는 것을 들 수 있다. 조정상담자는 양쪽에서 동시에 호소나 압력을 받기 때문에 정서적인 부담이 막중하다. 또 조정상담자는 중립을 지켜야 한다. 어쩌다 한 쪽을 편애하거나 한 쪽 입장이 더 그럴듯하게 여겨지면 다른 쪽으로부터 불신을 얻게 된다. 이런 불신은 결과적으로 양쪽을 더 갈라놓게 되는데, 즉 분쟁의 불에 기름을 붓는 꼴이 된다. 중립을 지키는 것은 매우 어려운데, 말을 허용하는 시간이나 서로 떨어져 앉은 거리까지도 신경 써야 한다. 예를 들어 이혼 위기에 처한 부부의 경우 양측이 서로 자신의 억울함을 더 많이 이야기하려고 하는데, 상담자가 어느 한 쪽의 이야기를 더 들어주면 다른쪽에서 상담자를 불신하게 된다. 상대방과 더 가까이 앉거나 몸을 상대 쪽으로 기울이는 사소한 동작에도 불신이 싹틀 수 있으니 조심해야 한다.

치료적 자기인식

치료적 자기인식therapeutic self-awareness은 심리치료 분야의 전문용어인데, 자기인식이란 자신에 대해 깨닫는 것을 말한다. 앞에서 언급했던 표층감정과 심층감정의 차이를 떠올려보

치료적 자기인식 대화 예 1

상담자 : "표정이 좋지 않네요."

내담자 : "남편과 싸웠어요. 매번 같은 식이에요. 짜증나요."

상담자 : "남편과 싸워 속상했군요."

내담자 : "네, 그는 내 마음을 몰라줘요. 생일이었는데 아무것도 미리 준비하지 않았어요. 물론 원하는 것을 말하면 사주긴 하지만, 아무것도 미리 준비하지 않은 것이 너무 속상했어요."

상담자 : "작은 것이라도 미리 준비했으면 좋겠다는 것이 〇〇씨 마음이었군요."

내담자 : "네, 남편이라면 아내 마음을 알아줘야 하는 것 아니에요? 한 번도 마음을 먼저 알아준 적이 없어요."

상담자 : "상대가 마음을 먼저 알아주는 것이 〇〇씨에게는 정말 의미 있는 일인가 봐요."

내담자 : "…… (침묵하며 상담자의 말에 대해 생각한다.)"

면 이해가 쉬울 것이다. 즉 평소 자신이 아는 부분에 대해 깨닫는 것보다 자신의 습관적인 부분이나 무의식적인 부분에 대해 깨닫는 것을 의미한다. 이것은 자기통찰 또는 자기성찰이라고 보면 된다.

치료적 자기인식이 주가 되는 상담 활동은 일반인에게는 다소 생소할 수 있지만, 정신의학, 임상심리학, 상담심리학과 같은 학문적 배경을 지닌 사람들에게는 오히려 친숙한 용어이다. 우울, 불안, 강박증, 피해의식 등과 같은 증상을 다루는 정신과 의사, 임상심리전문가, 상담심리전문가와 같은 사람들은 상담이란 용어를 사용할 때 치료적 자기인식을 빼놓고 단순히 설득, 위로, 조언만 하는 것을 상담이라고 보지 않는다. '치료적' 상담은 감정을 어루만지거나 설득하거나 조언하는 차원을 모두 포함할 뿐 아니라 그 이상의 의미를 내포하고 있다. 가장 궁극적인 것은 치료적 자기인식이며, 설득이나 위로, 조언과 같은 활동은 치료적 자기인식으로 이끌어가는 과정 활동일 뿐이다.

치료적 자기인식 대화 예 2

내담자 : "아이가 중학생이 되더니 자꾸만 치마가 짧아져서 걱정이에요. 예뻐 보이려고 하는 마음은 이해할 수는 있어요. 그런데 그러다가 안 좋은 일들이 생길 수도 있잖아요."

상담자 : "어떤 안 좋은 일들인지 자세히 좀 말씀해주시겠어요?"

내담자 : "선생님이 안 좋게 생각할 수도 있고, 또 자기가 어쩔 수 없는 그런 일들이 생길 수 있지요."

상담자 : "그런 일들이란게 뭘까요?"

내담자 : "음… 그것까지는 자세히 생각해보지는 않았어요."

상담자 : "당신은 염려하는 마음은 큰데, 그것이 무엇인지 구체적으로 생각하고 싶지는 않은 것 같네요."

내담자 : "음…. 제 마음의 불안이 더 커서 그런거겠지요. 아이 문제라기보다는 제 문제일 수도 있겠네요.."

　치료적 자기인식이 주가 되는 상담을 흔히 심리치료psychotherapy라고 부른다.[7] 증상을 조절하는 방식으로 작용하는 약물치료와 달리, 심리치료는 내면의 갈등이나 상처를 인식하여 고통의 뿌리에서부터 벗어날 수 있도록 도와주기 때문에 점점 더 인기를 끌고 있다. 심리치료의 핵심은 자신의 내면을 더 잘 알게 도와주는 것이다. 우울이나 불안 등의 증상은 개인 내면의 심리적 갈등이나 무기력감, 과거의 심리적 상처, 낮은 자존감 등에서 비롯된 것이어서, 이것들의 영향력을 인식하고 영향을 미치는 방식에 대해 깨달아야만 증상이 치료된다. 그런데 이런 것들은 대개 무의식적으로 영향을 미치며, 따라서 내면 인식 작업을 수행할 때는 어려울 뿐만 아니라 불편한 마음에 저항이 발생하기도 한다.

7　정신과 병원에서는 심리치료 대신에 정신치료라는 용어를 사용하는데, psychotherapy라는 영어를 번역만 다르게 한 것이다. 심리학 분야에서는 심리치료 외에도 심리상담(psychological counseling)이란 용어를 사용하기도 하는데, 최근에는 심리치료와 심리상담을 구분하지 않고 사용하는 경향이 있다.

정 리 하 기

1 / 최근 대화를 통해 고민을 나누고 해결책을 찾는 과정을 모조리 상담이라 부르고 있으나 어떤 고민이냐에 따라 상담은 전혀 다른 것을 의미하기도 한다.

2 / 상담을 구분할 때, 사람의 마음을 어루만져주는 활동이 핵심이라면 심리상담, 제품이나 서비스의 마케팅 활동이 핵심이라면 고객상담으로 크게 나눌 수 있다.

3 / 심리상담의 경우에도 상담 방법에 따라 자문식 상담과 치료적 상담으로 구분할 수 있다. 자문식 상담은 해당 분야의 지식과 경험을 갖춘 전문가가 구체적인 자문이나 조언을 제공하는 것을 말한다.

4 / 치료적 상담은 우울증, 불안증, 공포증 등 증상을 치료하는 것이지만 증상의 치료를 위해서는 반드시 과거의 상처나 내면의 갈등을 어루만져야 한다.

5 / 일상생활에서 상담은 정보제공, 구매권유, 공감, 위로와 격려, 설명, 조언, 부탁, 불만응대, 조정, 치료적 자기인식 등 다양한 활동을 의미한다.

CHAPTER 02

다양한 상담자 직업 세계

CHAPTER 02

다양한 상담자
직업 세계

상담자 직업의 4가지 장면

상담도 직업이다. 직업에는 단조롭고 의미 없으며 고생스럽기만 한 것도 있지만 보람 있고 창조적이며 보상도 큰 직업도 있다. 물론 직업에는 귀천이 없으며, 겉으로 단조롭고 고생스럽기만 한 일에서도 의미와 보람을 찾을 수 있을 것이다. 상담은 어느 쪽인가 하면 딱히 한 마디로 말하긴 어렵지만 그래도 후자라고 생각한다. 상담이란 직업은 사람을 대하는 직업이라 단조롭지는 않으며, 문제가 해결되는 과정에서 보람도 느낄 수 있다. 어떤 이들은 말하길, 다른 사람의 고민이나 안 좋은 얘기를 들어야 하므로 상담이 힘들 것 같다고 하는데 물론 그런 측면도 있다. 그러나 사람의 마음과 마음이 만나 교감을 나누는 작업은 신비하고 매력적이다. 상담의 매력은 경험해보지 않으면 잘 모를 것이다.

실제로 상담자가 근무하며 고객이나 내담자를 만나는 장면을 특징별로 4가지로 나눠보면, 각각 고객관리 장면, 인사관리 장면, 공공서비스 장면, 사설상담 장면의 4가지로 구분할 수 있다. 먼저 고객관리 장면이란 구매 고객이나 잠재 고객을 회사에서 상담하는 장면을 말한다. 이것은 영업 장면의 상담이며, 꼭 회사뿐 아니라 개인사업자의 경우도 마찬가지가 될 것이다. 둘째, 인사관리 장면이란 회사와 같은 조직 내에서 인사관리 상담자가 구성원을 상담하는 장면을 말한다. 인사관리를 회사로만 국한시키지 않고 구성원에게 시도하는 조직 차원의 상담으로 볼 때 학교기관, 군부대, 종교기관 등이 포함된다고 볼 수 있다. 셋째, 공공서비스 장면이란 공공의 목적을 위해 기관에 고용된 상담자가 공공서비스를 제공하기 위해 상담하는 장면을 말한다. 여기서 기관이 반드시 관청을 의미하지는 않으며 상담자도 반드시 공무원일 필요는 없다. 공공의 목적을 띤 민원콜센터, 자살예방센터, 이주민 지원센터 등이 모두 공공서비스 장면이 될 것이다. 마지막으로 사설상담 장면이란 고민이 있는 사람이 개인적으로 상담소로 찾아와 비용을 내고 상담하는 장면을 말한다. 물론 이 밖에도 친구나 동료끼리 개인 대 개인으로 상담하는 장면도 가능할 것이다. 그러나 그것을 직업 장면이라 보기에 무리가 있어 제외하였다.

상담자 직업장면 구분

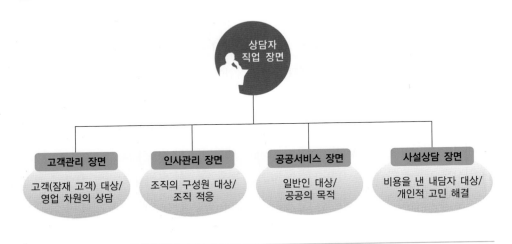

장소가 아닌 개념의 구분

참고로 여기서 4가지 주요 상담 장면을 소개하였는데, 이들의 구분에서 명심할 것이 하나 있다. 상담 장면의 구분은 물리적인 장소의 구분이 아니라 개념적인 구분이라는 점이다. 병원에서 이루어지는 상담을 예로 들어 설명해보자. 병원이라는 같은 공간 내에서도 다양한 상담 장면이 존재할 수 있는데, 병원직원이 불만 고객을 응대하는 경우나 고객유치를 하는 경우는 고객관리 장면이 형성되며, 병원 조직 내에서 상급자가 부하직원들을 상담할 경우 인사관리 장면이 형성된다. 또 정신과 의사가 환자를 상담한 경우는 사설상담 장면이 된다.

12가지 세부 상담 장면

상담을 공부하고 직업으로 삼으려는 사람이라면 각각의 장면에서 벌어지는 상담의 특징을 잘 파악해야 한다. 그래야 자신의 할 일이 무엇인지 알 수 있고, 어려움에 봉착했을 때 다른 장면의 전문가에게 의뢰할 수 있다. 또 각 장면마다의 독특한 특징을 간과할 경우 상담의 즐거움과 보람이 반감될 수도 있다. 이에 앞에서 언급한 4가지 상담 장면을 좀 더 세부적으로 12가지로 나누어 자세히 설명해보겠다.

❶ 고객관리 장면의 불만응대상담 ❷ 고객관리 장면의 고객유치
❸ 공공서비스 장면의 불만응대상담 ❹ 공공서비스 장면의 자문
❺ 인사관리 장면의 조언상담 ❻ 인사관리 장면의 위기상담
❼ 사설상담 장면의 자문 ❽ 사설상담 장면의 치료적 상담
❾ 사설상담 장면의 조정 ❿ 공공서비스 장면의 치료적 상담
⓫ 공공서비스 장면의 조정 ⓬ 공공서비스 장면의 위기상담

고객관리 장면의 불만응대상담

고객관리는 흔히 고객관계관리customer relationship management, CRM의 준말이다. 고객관리는 상품이나 서비스를 제공하는 기업이 소비자를 고객으로 만들어 장기간 유지하며 다른 기업에 뺏기지 않기 위해 시도하는 모든 노력을 말한다. 따라서 고객관리 장면에서 상담의 의미는 고객과의 관계를 유지하기 위해 정기적으로 접촉하여 만족도를 조사하거나, 최신 정보를 제공하거나, 고객의 관심 제품에 대해 구매를 권유하거나, 고객의 불만 사항에 응대하는 등의 서비스를 제공하는 것을 모두 포괄해서 말한다.

여기서는 먼저 고객관리 상담에서 불만응대상담에 대해 설명할 것이다. 기업에서는 고객불만 응대가 성공해야 해당 고객뿐 아니라 잠재고객도 잃지 않는다고 보기 때문에 매우 중요한 영역으로 본다. 그럼에도 불구하고 불만응대상담은 실제 상담자의 처우가 열악하여 이직이 잦으며 처우개선이나 관련 연구가 잘 이루어지지 않는 분야이다. 불만응대상담 장면에서 마주하는 상황의 예는 무궁무진할 것이다.

- 구매한 물건이 마음에 들지 않는다는 이유로 반품하려는 고객
- 핸드폰 요금이 수십만 원이 나왔다며 항의하는 고객
- 자녀가 학원에서 수업 상 불이익을 당했다고 항의하는 학부모 고객
- 증권회사에서 투자를 잘못해서 손실을 입었다며 객장에 찾아와 강하게 불만을 표현하는 고객

감정노동　　고객 불만응대상담은 흔히 인바운드inbound로 진행된다. 아웃바운드 outbound로 불만응대상담이 진행될 수도 있지만 흔한 경우는 아니다. 인바운드inbound 불만응대상담의 경우, 고객은 강한 불만을 쏟아놓고 상담자는 준비되지 않은 상태에서 이에 응대해야 한다. 상담자들은 인간의 감정 중에서 강력한 적대적 감정, 즉 분노를 다루어야 하기 때문에 결코 편하게 상담할 수 없다. 대개 적대적 감정에는 적대적 감정으로 반응하는 것이 인간의 본성인데, 불만응대상담에서는 인간의 본성을 거슬러 친절하게 반응해야 한다. 이것은 감정노동emotional labor이다. 감정노동 개념을 처음 도입한 호실드 Hochschild는 장기간 감정노동을 할 경우 진짜 감정을 잃어버리게 되며, 두통, 결근, 약물남용 등의 부작용으로 이어질 수 있다고 하였다.

　물론 이때 고객의 심리적 성숙도에 따라 감정 노동의 강도는 달라질 수 있을 것이다. 감정의 동요를 자제하며 적절한 해결책을 찾을 수 있는 고객이라면 불만을 수용해주고 위로하면서 상담이 가능할 것이다. 그러나 감정의 혼란 속에서 분노를 마구 토해내면서 상담자를 협박하거나 멸시하는 고객이라면 어떻게 할 것인가? 이들은 적대감에 휩싸여 문제해결을 생각할 겨를이 없다. 이런 경우는 차라리 적당한 거리를 두는 것이 현명

할 수 있다. 즉 시간을 벌거나 또는 감정을 더 자극하지 않는 것이 필요한 것이다. 만일 불만응대상담을 전쟁에 비유한다면 상담자는 매우 불리한 위치라고 할 수 있다. 고객은 마음껏 공격할 수 있지만, 상담자는 방어만 해야 한다. 협박과 멸시를 받고 있노라면 스스로가 마치 총알받이로 쓰이는 소모품처럼 느껴질 수도 있다.

따라서 고객 불만응대 상담자는 자기감정을 보호하면서 동시에 고객의 감정을 어루만져주고 문제해결로 나아갈 수 있는 전문 역량을 개발해야 할 것이다. 현재 다루는 상품이나 서비스 관련 정보를 숙지하는 것만으로는 부족할 것이다. 불만응대 상담자가 감정을 어루만져주는 것을 배제한 채 불만에 대한 이성적인 해결책만 찾아주려고 한다면 한계가 있을 것이다. 때로는 딱딱한 태도가 고객의 감정에 불을 질러 오히려 더 상황을 악화시킬 수 있으므로 조심해야 한다.

고객관리 장면의 고객유치

고객유치도 상담사의 업무인 시대가 왔다. 선도적인 마케팅과 구매권유를 강조하는 기업에서는 상담사를 고용하여 고객의 유치 및 사후관리를 주요 업무로 맡겼다. 즉 고객유치도 상담이 된 것이다. 이런 활동을 그냥 영업으로 보지 않고 왜 상담이라고 하게 되었을까? 현대 사회에서 제품이나 서비스가 너무나 복잡해지고 다양해져서 결국 상담사의 도움을 통해야 구매 결정이 가능한 경우가 많아졌기 때문이다. 고객유치에 대해 자세히 이해하기 위해 먼저 고객의 유형분류를 알 필요가 있어 아래에 소개하였다.

고객의 유형 분류
(남승규, 2009)
잠재고객(suspect) ┃ 상품이나 서비스를 구매할 가능성이 있는 사람들
가망고객(prospect) ┃ 아직은 구입한 적이 없지만, 상품이나 서비스를 필요로 하고 구입할 필요나 능력
　이 있는 사람
구매고객(purchaser) ┃ 상품이나 서비스를 처음으로 구입하거나 사용한 사람

고객(customer) | 상품이나 서비스를 2회 또는 그 이상 구입한 사람

단골고객(regular customer) | 상품이나 서비스를 정기적으로 사용하고 구입해주는 사람. client라는 용
어도 쓰이는데, 법률적이거나 의료와 관련된 전문분야의 소비자를 지칭한다.

골수고객(advocates) | 상품이나 서비스를 정기적으로 구입해주고 좋은 점을 적극 홍보하고 나쁜 점
을 무마시키려고 노력하는 사람

고객유치는 잠재고객 혹은 가망고객을 실제 고객으로 만드는 작업을 의미하는데, 즉
상품이나 서비스의 판매에서 이루어지는 정보제공 및 설득 작업을 의미한다. 고객유치
를 위한 상담이 형식은 인바운드inbound도 가능하고 아웃바운드outbound도 가능할 것이다.
아웃바운드 형식이란 상담자가 잠재고객이나 가망고객에게 먼저 전화를 거는 것인데, 상
담자는 회사의 상품이나 서비스의 장점을 강조하는 방식으로 상담을 진행하게 된다. 잠
재고객이나 가망고객이 먼저 전화를 걸어올 수도 있는데(인바운드), 구매 결정을 내리기
전에 먼저 탐색하기 위해 상담을 요청하는 것이다. 이때 상담자는 아웃바운드의 경우와
마찬가지로 제품의 장점을 설명하거나 타사 제품과 비교하면서 우수성을 강조하게 되는
데, 아무래도 아웃바운드의 경우보다는 인바운드 상담의 경우에 고객이 어느 정도 구매
의사가 있기 때문에 설득 작업이 더 쉬울 것이다. 다음과 같은 경우를 예로 살펴보자.

[인바운드 고객유치]
- 핸드폰을 개통할 때 요금제나 기타 장단점을 알아보려고 고객이 방문한 상황
- 가족의 수입, 자녀의 수와 연령, 향후 필요 등을 고려하여 적당한 예금이나 보험을
  찾아 가입하려는 고객을 맞은 상황

[아웃바운드 고객상담]
- 평소 친분이 있던 사람에게 전화를 걸어 보험가입을 권유하며 설득하는 상황
- 무작위로 전화를 걸어 새로운 펀드 상품 투자를 권유하는 상황

고객유치를 직업으로 하는 상담자의 경우, 상담의 성과는 높은 보수나 승진으로 이어질 수 있다. 따라서 상담 역량을 높이기 위해 노력하며 적극적으로 교육에 참여한다. 기업 차원에서도 매출로 이어지기 때문에 고객유치 역량을 높이기 위해 다양한 교육을 실시한다. 그런데 여전히 체계적인 교육은 부족한 것 같다. 대부분의 교육에서는 적극성이나 도전정신만을 강조할 뿐 인간의 심리에 대한 이론은 다루지 않는다. 갈등 및 긴장해소 이론, 상담자와 고객간 신뢰감rapport 형성 이론, 설득 이론, 욕구좌절과 분노 이론 등을 다양하게 다뤄야 할 것이다.

고객관계관리

고객유치 분야에서는 고객관계관리customer relationship management, CRM 상담이 필수적으로 따라온다. 고객을 유치한 후에는 해당 고객을 지속적으로 관리해주는 것이 필요하다. 앞에서 언급했듯이 고객관리는 고객관계관리CRM의 준말로, 고객과의 관계를 유지하기 위해 정기적으로 접촉하여 만족도를 조사하거나, 최신정보를 제공하거나, 고객의 불만 사항에 응대하는 등의 모든 활동을 말한다. 고객관계관리는 고객만족을 높이기 위해 시도되는 것으로, 최근에는 중요성이 더욱 강조되고 있다. 예를 들어 만족한 고객은 회사나 제품이 좋다는 말을 평균 5명에게 알리고, 불만족한 고객은 평균 20명에게 알린다고 한다. 또 새로운 고객을 개척하는 비용은 기존 고객을 만족시키는 비용보다 5배나 더 들고, 고객 이탈률을 5% 줄이면 기업이익을 최고 85%까지 개선시킬 수 있다는 주장도 있다(이철, 1995).

고객관계관리는 상담자가 고객에게 선도적으로 전화 혹은 대면 접촉하여(아웃바운드) 고객과의 친분을 유지하고, 혹시 있을지 모르는 불만을 사전에 차단하며, 새로운 제품이나 서비스에 대한 정보를 제공함으로써 재구매를 유도하는 작업이다. 상담자가 선도적으로 고객에게 접촉한다는 점에서 관계관리 아웃바운드 상담은 고객에 대한 서비스로 인식되기도 한다. 이런 서비스는 고객의 만족도를 높여 물품이나 서비스의 재구매를 촉진시킬 수 있다. 다음과 같은 경우를 예로 들 수 있다.

- 스포츠센터 매니저가 회원의 생일이나 기념일을 축하해주거나, 시설이나 서비스의 만족도에 대해 확인하며 불만인 점을 먼저 나서서 해결해주는 경우
- 영어학원 선생님이 학부모에게 학생의 수업 태도나 진도, 발전 상황 등을 알려주며, 학원 만족도나 불편 사항에 대해 알아보며 해결해주는 경우
- 보험설계사가 회원에게 기념일이나 명절에 선물을 보내주거나 신규 상품 정보를 제공하는 경우

공공서비스 장면의 불만응대상담

최근 공공서비스 장면은 예전과 많이 달라졌다. 민간 기업 못지않은 친절한 서비스로 민원인을 응대하는 것을 쉽게 찾아볼 수 있다. 물론 예전에도 공공기관이 국민의 세금으로 운영되기 때문에 서비스를 제공해야 한다는 인식은 있었지만, 권위주의적 행태로 민원인에게 딱딱하게 대하거나 또는 주어진 일을 최소한으로 처리하려는 경향이 있었다. 그러나 현대에는 더 많은 영역으로 공공서비스가 개입하는 추세이며, 더 친절하고 적극적으로 1 : 1 인적 서비스를 제공하는 모습이 나타나고 있다.

공공서비스 장면의 상담자들은 정보제공이나 불만응대, 자문이나 지원 등 다양한 활동을 한다. 이 중에서 먼저 불만응대상담을 살펴보자. 공공서비스 장면에서도 공공정책으로 인해 피해를 입은 사람들이 찾아오는 경우 불만응대 상담이 이루어지며, 이 경우는 앞에서 언급한 기업 장면의 불만응대 상담과 유사하게 진행된다. 흔히 말하는 '민원'을 처리하는 상담으로 이해할 수 있다. 간혹 민원인들 중 억지를 부리거나 소란을 피우는 사람들도 있는데, 이런 사람들을 응대하는 것은 언제나 힘든 일이다. 공공서비스 장면의 불만응대상담의 예로 다음과 같은 경우가 가능할 것이다.

- 도로변 상가의 소음으로 피해를 입은 주민이 동사무소에 찾아오는 경우
- 세금이 과다하게 책정되어 불합리하다고 여겨 찾아오는 경우
- 행정기관의 단속으로 인해 장사를 하지 못하게 되어 손해를 보게 되었다고 항의하는 경우

40

공공서비스 장면의 자문

공공서비스 장면에서 불만 사항이 아니라 공공서비스의 도움을 얻고자 찾아오는 경우도 있다. 다음과 같은 상황이 있을 것이다.

- 직업상담센터에 찾아온 구직자 및 재취업자를 위해 알맞은 직업을 찾아주는 경우
- 이민자의 지역 적응을 돕기 위해 지역적응센터에서 공공기관이나 대중교통 이용법에 대해 안내하며 1 : 1로 도와주는 경우
- 가계가 어려워 신용불량자가 된 사람이 구제되고 싶어 신용회복위원회를 찾아온 경우
- 암과 같은 질병으로 인해 가계가 힘들어졌을 때 경제적 해결책을 찾기 위해 병원 혹은 동사무소의 사회복지사를 찾아온 경우
- 한부모 가정으로 형편이 어려워 공공기관으로부터 경제적 원조를 얻을 방법이 있는지 알아보려고 하는 경우

그런데 이 예들을 자세히 살펴보면 심리적 고민이라기보다는 생활의 고민이다. 현대인의 생활 문제들은 해당 분야의 전문가가 전문지식과 경험을 바탕으로 해결책을 제시해줄 때 쉽게 해결될 수 있다. 즉 자문consulting이 필요한 것이다.

흔히 생활 문제에 대한 자문 활동은 주로 사설로 이루어진다. 변호사, 변리사, 회계사 등이 모두 사설 자문가로 볼 수 있다. 그런데 공공서비스 장면에서도 앞의 예처럼 직업상담센터나 신용회복위원회 같은 곳에서 일하는 직원들의 경우 관련 분야에서는 누구 못지않은 전문가라 할 수 있다. 이들은 고객 또는 민원인의 개인적 처지, 경제 상황, 과거 생활수준, 미래 기대 수준, 건강, 성격까지 고려하여 맞춤식 자문 활동을 전개할 수 있다.

인사관리 장면의 조언상담

최근 상담심리학과 대학원에 입학한 사람들의 동기를 분석해 보았더니, 직장에서 부하직원들의 멘토로서 고민을 해결해주거나 또는 잠재력 개발에 도움을 주고 싶다는 응답이

많았다. 이것은 상담을 인사관리 장면에 적용하려는 것이다.

인사관리 장면에선 조직 구성원의 고충을 해소하고 동기부여 및 잠재력 개발을 통해 조직생산성을 높이기 위해 상담을 실시할 수 있다. 인사관리는 직원관리라고 이해할 수 있으며, 영어 표현으로는 staff management, personnel management, human resource management 등의 용어가 사용된다. 직원관리 상담에서는 조직의 인사담당자나 상급구성원이 상담자가 되며, 직원이나 하급구성원이 내담자client가 된다. 인사관리 장면의 상담은 직원의 불만이나 적응 문제가 생기는 것을 사전에 예방하고 조직효율성과 생산성을 높이려는 차원의 상담으로 볼 수 있다.

인사관리자는 부하직원에게 다양한 상담 서비스를 제공할 수 있다. 직장 적응 어려움에 대한 고민 들어주기, 직장 스트레스 공감 및 위로하고 격려하기, 비슷한 경험 나누며 연대감 높이기, 승진이나 인사고과에 대한 조언 등을 포함할 수 있다. 때로는 부하직원이 상급자나 회사에 대해 가진 불만을 들어주는 것도 포함될 것이다. 다음과 같은 예가 있다.

[구성원이 먼저 상담 요청]
- 동료들과 잘 지내고 싶은데 동료들이 자신을 싫어하는 것 같다고 고민하며 인사관리 상담자에게 상담을 요청하는 경우
- 회식에서 옆 자리에 앉은 직장상사의 성희롱에 고민하는 여직원이 인사관리자에게 상담을 요청하는 경우
- 현재 직장이 집에서 너무 멀어 출퇴근 시 체력이 소진되고 결국 일을 하기 어렵거나 자주 지각하게 되어 인사관리 상담자에게 상담을 요청하는 경우

[관리자가 먼저 상담 요청]
- 인사관리자가 근무시간에 주식시세나 온라인 만화 등을 보면서 근무에 집중하지 않는 부하직원을 데리고 상담하는 경우
- 풀이 죽어 있고 뭔가 걱정거리가 있는 것 같은 직원에게 인사관리자가 다가가 상담을 시도하는 경우

- 인사관리자가 보기에 혼자 밥을 먹거나 일하면서 동료와 전혀 어울리지 못하는 직원을 상담하는 경우

이밖에 어떤 위기 상황이 발생했을 때, 예를 들어 조직 내 구성원의 자살이나 사고사, 성폭행 사건과 같은 일이 벌어질 때 피해자나 동료 구성원들에 대한 심리적 조치를 취할 수 있다. 이 경우는 위기 상담이라는 별개의 범주에서 다룰 것이다.

인사관리 상담에서 조언의 중요성

직원의 적응을 돕기 위해 인사관리자는 고민을 들어주고 위로하고 격려하며 조언을 해줄 수 있다. 그런데 이 중에서 핵심이 되는 활동은 조언일 것이다. 조직에서는 항상 성과를 강조하기 때문에 문제를 해결하는데 직접적으로 도움이 되는 조언이 중요하다. 직원들 역시 인사관리자로부터 구체적인 조언을 기대한다. 그런데 앞에서 조언이 능사가 아님을 언급하였다. 상담은 마음을 어루만져 문제를 스스로 해결할 수 있도록 도와주는 것이다. 그러나 성과를 추구하는 경쟁적 조직에서는 빨리 문제를 해결해야 하므로 조언의 유혹을 떨쳐버리기란 쉽지 않다. 따라서 상담자는 직원의 자율성을 해치지 않는 수준에서 적절하게 조언해야 할 것이다. 개인적인 고민의 경우 공감을 통해 정서적으로 지지해주는 데서 그치고, 실제적인 업무 영역에서만 자문식 조언을 해주는 것이 바람직할 것이다.

인사관리 장면의 범위 : 군부대의 병사 관리와 학교의 학생 관리

인사관리를 꼭 기업체에 한정해 볼 필요는 없다. 인사관리는 조직 구성원을 대상으로 하는데, 군대나 학교와 같은 장면도 조직으로 볼 수 있다. 따라서 지휘관이 부대의 병사를 상담하거나, 담임교사가 학생을 상담하는 것도 인사관리 상담의 범주에 포함될 수 있다. 또 인사관리 상담의 경우 구성원의 고충 해소라는 개인 차원의 목표도 존재하지만, 조직의 안전을 유지하고 생산성을 높인다는 조직 차원의 목표도 중요하다. 이것은 군대나 학교 장면에서도 마찬가지다. 이런 점들을 따져볼 때, 군대나 학교 장면의 경우도 인사관리 상담 장면에 포함될 수 있다. 다음과 같은 예가 가능할 것이다.

- 동료 병사에게 따돌림을 당하고 소속감을 느끼지 못하고 있는 부하병사에게 인사관리 상담자가 권유하여 상담을 시작함
- 뚜렷한 이유 없이 성적이 계속 내려가는 학생을 보고 교사가 요청하여 상담을 시작함
- 학생이 너무 산만하거나 난폭하여 본인도 학습이 떨어지고 주변 학생들에게도 방해가 되는 경우 교사가 학생을 데리고 상담을 시작함
- 종교기관에서 종교에 회의적인 발언을 하며 모임에 소극적으로 참여하는 교인을 데리고 상담하는 경우

인사관리 상담의 한계　　인사관리 상담은 구성원 개개인의 고민이나 부적응적 행동을 개선하고 심리적으로 건강하고 행복해지는 데 초점을 맞춘다. 그런데 내담자의 개인적 행복이나 문제 해결도 중요하지만 근본적으로 조직의 효율성 차원에서 접근한다는 점을 간과할 수 없다. 여기에서 인사관리 상담의 한계가 생긴다. 상담자는 부하직원의 자율성과 권리를 존중하겠지만, 만일 조직 목표와 불합치하는 고민을 의논할 때 조직의 목표에 반하는 방향으로 상담을 진행하기 어렵다. 예를 들어 부하직원이 직장을 그만두고 싶다고 할 때, 상담자는 그 마음엔 공감할 수 있지만 그만두라고 할 수는 없다. 이와 비슷하게 종교기관에서 종교에 대해 의심과 회의가 있을 때, 학교나 군부대에서 부적응을 호소할 때 등의 경우에도 상담자는 조직의 목표에 반하는 결정을 지지할 수 없다.

　인사관리 상담의 한계는 상담자의 전문성 측면에서도 존재한다. 대개 인사관리 상담자는 조직의 상급자로 정신건강 분야의 전문성은 부족하다. 그런데 가볍게 보이는 적응 문제라도 막상 상담하다 보면 뿌리가 깊고 심각할 수 있는데, 인사관리자가 개인의 정신건강 문제를 충분히 전문적으로 다룰 수는 없을 것이다. 따라서 인사관리 상담자는 자신의 역할과 능력을 벗어나는 구성원의 경우 정신건강 분야의 전문가에게 의뢰refer하는 것이 바람직하다.

또 하나의 문제는 구조structure의 문제이다. 구조란 상담의 형식을 의미한다. 상담은 구조가 중요하다. 정해진 시간에 정해진 장소에서 일정 횟수만큼 상담을 하는 것이 필요하다. 상담의 구조는 상담에 참여하는 상담자와 내담자의 준비도를 높이고 대화에 집중하는 효과를 높이기 위한 것이다. 아무 장소에서 아무런 시간에 상담을 해도 효과가 있을 것이라고 기대하는 것은 순진한 인식일 것이다. 그런데 회사 내에 제대로 상담실이 갖추어져 있고 상담을 위한 시간이 정해져 있다면 좋겠지만, 만일 그렇지 않다면 어떻게 상담을 할 수 있을까? 또 인사관리 상담자가 상담만을 전문으로 하지 않고 여러 가지 업무를 병행한다면 상담을 위한 시간을 충분히 낼 수 있을까? 물론 업무로부터 자유로울 때, 시간 날 때마다 고민을 나눌 수는 있을 것이다. 휴게실에서 커피를 마시면서, 퇴근 후 포장마차에서 술 한 잔 기울이면서, 또는 회의실이 빌 때 단 둘이 진지하게 대화를 나눌 수도 있을 것이다. 그러나 이런 식으로 상담하는 것 자체가 상담의 전문성이 없는 것을 의미한다. 구조가 없는 인사관리 상담은 부하직원의 '관리'만 강조할 뿐 '상담'에는 전혀 관심이 없는 것이다.

인사관리 장면의 위기상담

위기상담은 위기crisis 상황을 다루는 것이다. 위기상황이란 개인이 신체적, 심리적으로 심각하게 위협받는 상황을 말한다. 예를 들어 조직 내에서 구성원이 자살하려고 하는 것이나, 조직 구성원에게 큰 사고가 발생해서 긴급히 심리적으로 지원해야 하는 상황이 있을 수 있다. 이런 위기상황은 조직의 안정성을 위협하며 다른 구성원들에게 영향을 줄 수 있다. 특히 자살이나 사고사를 직접 목격한 구성원은 심각한 심리적 외상trauma을 입게 되며, 외상후스트레스 장애posttraumatic stress disorder를 겪게 된다. 따라서 상담자가 신속하게 개입해야 하고, 피해 당사자 뿐 아니라 구성원 모두에게 개입해야 하며, 가급적 정신건강 및 심리치료의 전문가가 개입하는 것이 좋다. 다음과 같은 경우가 가능할 것이다.

- 부대에 도저히 적응하지 못하고 자살을 시도하려는 병사를 상담하는 경우
- 상급자로부터 심각한 신체적, 성적 폭력 피해를 당한 구성원을 상담하는 경우
- 공장에서 사고로 동료가 처참히 죽은 것을 목격한 직원들을 상담하는 경우
- 학교에서 학교폭력의 피해자를 상담하는 경우

사설상담 장면의 자문

앞에서 언급했듯이 조언상담은 전문지식과 경험을 바탕으로 다양한 고민에 대해 조언해 주는 것을 의미한다. 사설상담 장면은 고민이 있는 개인이 전문가를 찾아와 비용을 내고 상담하는 장면인데, 따라서 평범한 일상의 고민보다는 법이나 세무, 금융과 같은 좀 더 전문적인 영역의 고민거리를 갖고 찾아오는 경우가 많다. 이런 경우를 해당 분야에 대한 자문consulting으로 이해할 수 있다. 우리나라에서는 자문 활동에 대해서도 상담이라는 용어를 붙여 소개하는데, 법률상담, 세무상담, 부동산상담, 이혼상담과 같은 것이 그것이다. 아래의 예를 살펴보자.

- 부동산을 추가로 구입하고자 하는데 이익을 볼 지 자신이 없는 경우
- 사업체를 운영하는데 합법적으로 절세하고 싶은 경우
- 남편과 이혼하려고 하는데 법률적인 부분을 검토하고 싶은 경우
- 현재 직장을 그만두고 사업을 해볼까 고민하는데, 새로운 사업 구상에서 도움을 얻고자 하는 경우

한편 전문적인 영역의 고민이 아닌 일상의 고민으로 사설상담소를 찾아오는 경우도 있을 것이다. 즉 결혼, 대학이나 직장 선택 등 인생의 선택에 대한 고민으로 상담소를 찾아온 것이다. 다음의 예를 보자.

- 한 번 이혼했는데 재혼을 할까 말까 고민하는 경우
- 딸 셋인데 아들을 더 낳을까 고민하는 경우
- 보수는 작으나 집이 가까운 직장을 갈까 아니면 집에서 멀어도 보수가 높은 직장을 선택할까 고민하는 경우

고객상담과 심리상담의 길잡이

흔히 조언이나 자문의 문제해결은 전문 지식을 바탕으로 이루어진다고 생각하기 쉽다. 앞의 사례들 중 부동산, 법률, 세무, 사업 구상 등에 대한 자문은 해당 분야의 전문 지식을 보유한 사람이라면 쉽게 해줄 수 있을 것 같다. 그러나 인생의 선택에 대해서는 타인의 지식을 적용하기가 어렵다. 개인의 인생은 자기 자신만이 전문가이기 때문이다. 또 인생의 선택은 타인이 대신해 줄 수 없기 때문에 내담자의 인생을 대신 살아줄 전문 가가 아니라면 어느 한 쪽을 선택하도록 권유하기는 어려울 것이다. 따라서 개인적 고민 이나 인생의 선택 문제에 대해서는 대신 선택을 해주는 것보다는 무엇 때문에 고민하는 지 갈등의 원천을 이해하고 공감해주는 것이 더 중요하다.

사설상담 장면의 치료적 상담

지그문트 프로이트에 대해 들어본 적이 있는가? 그는 정신과 의사로 무의식을 발견하고 심리치료 분야를 개척하였다. 치료적 상담을 흔히 심리치료psychotherapy라 부른다. 심리치료는 대화를 통해 심리적 이상 증상을 치료하는 것을 말한다. 초기 심리치료는 프로이트의 전통을 따라 내담자가 긴 의자에 누워 개인적 경험이나 충동, 꿈을 '보고'하는 방식으로 이루어졌다. 이후 칼 로저스Carl Rogers나 아론 벡Aron Beck과 같은 심리치료자들은 상호 대화를 통한 심리치료를 발전시켰다. 심리치료는 상당히 매력적인 작업으로 점점 더 많은 사람들이 여기에 관심을 가지고 공부하고 있다. 심리치료에서 다루는 내담자의 상황 예를 살펴보면 다음과 같다.

- 대인관계에서 소외되고 피해망상으로 사람들이 자신을 비웃는다고 여기는 경우
- 우울하고, 죽는 것이 유일한 해결책이라고 여기는 경우
- 숫자를 확인하거나 실수하지 않았는지 강박적으로 확인하다가 해야 할 업무를 하지 못하는 경우
- 긴장되고 불안하여 편히 쉬거나 잠을 잘 수 없는 경우

이와 같은 심리적 증상들은 내면의 갈등이나 상처에서 비롯된 것이다. 겉으로는 가벼워 보이는 대인관계 적응 문제와 같은 경우도 내면의 갈등과 상처에서 비롯되었다면 궁극적으로는 상담치료를 통해 접근해야 할 것이다. 다음과 같은 경우가 예가 될 것이다.

- 분노를 주체하지 못하여 배우자나 어린 자녀에게 심하게 화를 내고 물건을 부수는 경우
- 직장에서 동료와 어울리지 못하며 늘 다툼을 벌이는 경우
- 대인공포로 인해 수줍어하고 집 밖으로 잘 나오지 않거나 사람들과 어울리려고 하지 않는 경우
- 발표불안이나 시험불안이 있는 경우

사설상담 장면의 치료적 상담은 위와 같은 문제를 지닌 내담자가 상담자를 찾아오면서 시작된다. 흔히 상담치료는 약물치료와 비교되는데, 약물을 이용하여 증상을 조절하는 것이 아니라 대화를 통하여 증상의 뿌리를 치료하려고 시도한다. 치료자는 내담자가 내면의 갈등이나 상처를 인식하고 벗어날 수 있도록 도와준다. 대개 주 1회 정도 만나며, 한 번 만났을 때 50분 정도의 대화를 하는데, 이 작업을 수십 번에 걸쳐 지속한다. 예전에는 심리치료라 하면 정신적으로 문제가 있는 사람으로 낙인 찍히는 것 같아 사람들이 기피하였지만, 현대에서는 점점 더 많은 사람들이 전문적 심리치료에 대해 친숙하게 여기고 거부감이 줄어들면서 사설상담소를 많이 찾는 추세이다.

사설상담 장면의 조정

최근에 TV에서 자녀의 행동 문제를 교정하기 위해 심리상담적 개입을 시도하는 프로그램이 유행하였다. 인기에 힘입어 소위 '~가 달라졌어요' 시리즈가 나왔는데, 부부의 관계 개선을 시도하는 프로그램도 있었다. 프로그램을 시청하다보니 상담치료자의 활동 모습이 자주 소개되었다. 전문가가 부부의 갈등을 조정하고 화해시키는 모습이 인상적이었다.

조정은 분쟁 상태에 있는 양측 당사자의 입장을 공감하고 욕구를 파악하며 중간점, 즉 타협점을 제안하여 양측에 원만한 해결의 기회를 제공하는 것이다. 사설상담 장면은 본질적으로 내담자가 상담자에게 찾아와 비용을 내고 상담하는 장면인데, 최근에는 부부 갈등이나 가족 갈등을 다루는 사설상담소가 많이 생겨 사설상담 장면에서 조정이 이루어지고 있다. 사설상담 장면에서 이루어지는 조정의 예는 다음과 같다.

- 자녀 교육이나 일상생활에서 부부간 의견 불일치 및 갈등이 너무 심해 이를 해결하려고 찾아온 경우
- 부부가 서로 이혼하려고 하는데 법원에서 숙려 기간 동안 부부상담을 해보라고 권유해서 찾아온 경우

그런데 분쟁 상태라 하면 부부나 가족 갈등처럼 양측 당사자가 불화 중인 경우도 있겠지만, 그보다 실제적인 이익—손해 분쟁의 경우도 있을 것이다. 폭력 사건으로 합의가 필요한 가해자와 피해자의 경우를 예로 들 수 있다. 단순한 이익—손해의 분쟁은 각자 대리인을 내세워 협상하는 것이 일반적이며, 사설상담소로 찾아와 조정을 요청하지는 않을 것이다. 조정을 요청하는 경우는 서로 전혀 모르는 사이에서보다는 서로 안면이 있거나 같은 공동체에 속해 있어서 화해의 압력이 있는 경우이다.

공공서비스 장면의 치료적 상담

앞에서 언급한 심리치료는 반드시 사설상담소 장면에서만 제공되는 것은 아니다. 사설상담소가 아닌 공공기관에서 전문적 상담치료를 제공하는 경우가 있다. 사설상담소의 경우 고가의 상담비용을 지불해야 하는데, 국가에서 청소년이나 저소득층에게도 전문적 상담치료의 혜택을 주고자 운영하는 상담치료 전문 공공기관은 비용을 받지 않는다. 이런 기관으로 대표적인 것이 시, 도 지원 청소년상담센터이다. 이 곳에 고용된 상담자들은 상담치료를 전문적으로 공부한 인력으로, 단순히 충고나 훈계가 아니라 마음 깊은 곳을 어루만져주고 내면의 갈등에서 벗어나도록 도와준다.

대학 내 학생상담센터　　우리나라에서는 전문적 상담치료가 정신과 병원과 대학 내 학생상담센터에서 가장 먼저 왕성하게 시작되었다. 먼저 1960년대 미국이나 유럽에서 정신의학을 배운 정신과 의사를 중심으로 정신분석[8]이 도입되었다. 대학의 활동을 살펴보면, 1962년에 서울대와 이화여대에 학생생활 지도연구소가 설치되고 상담심리학이 교과목으로 개설되는 등 체계적으로 상담치료가 도입되었다. 대학은 전문적 심리치료를 배우고 실습하기에 좋은 환경을 제공하였다. 전문적 심리치료를 배우는 전공 학과가 있으며, 여기서 배출된 전문가는 대학 내 학생상담센터에서 상담치료에 대한 전문적인 실습 및 수련을 할 수 있었다. 또 대학은 자유와 자율을 강조하는 기관이므로 학생상담센터의 전문요원들은 기관에 구속되지 않고 오직 학생들의 입장에서 심리적 적응을 도와주거나 증상을 해소하는 전문상담을 제공할 수 있었다.

초·중·고등학교 전문상담교사　　전문상담교사에 대해 들어본 적이 있는가? 초·중·고등학교에서는 상담치료 분야의 전문가를 교사로 임용하는 제도를 시행하고 있다. 2004년 초·중등 교육법을 개정해 학교와 교육청에 전문상담교사를 배치할 수 있는 근거를 마련했고, 2005년부터 전문상담교사를 현장에 배치하기 시작했다. 이것은 교육 현장에서 성적이나 상급학교의 진학보다는 인성교육, 대인관계, 행복한 적응 등에 관심을 가지게 된 결과이다. 아울러 1990년대 이후로 학교 내 왕따, 폭력 등이 심각한 문제로 주목을 받자 문제를 해결할 전문적 소양을 지닌 상담교사의 필요성에 초점을 맞추기 시작한 것이다. 전문상담교사는 학생들을 위해 전문적인 심리상담이나 놀이치료[9], 또는 집단상담[10] 프로그램을 제공하며 학생들의 심리적 적응을 돕는다.

8　정신분석(psychoanalysis) : 프로이트에 의해 제안된 것으로, 증상의 무의식적 의미를 환자에게 해석해줌으로써 증상을 해소하는 치료 방법으로, 현대 모든 상담치료의 근간이 되었다.

9　놀이치료는 대화를 통한 상담에 익숙하지 않은 어린 아동들을 대상으로 하며, 다양한 놀잇감을 활용하여 내면의 긴장이나 갈등을 풀어내는 방법을 사용한다.

10　일대일이 아니라 일대 다수로 이루어지는 상담 형식을 말한다. 대개 8~10명 내외의 사람들과 상담자 1명이 함께 모여 프로그램을 진행하는데, 참가자는 자신의 어려움을 상담자뿐 아니라 참가자들에게도 개방하며 함께 문제를 해결해나간다.

공공서비스 장면의 조정

공공서비스 장면의 조정은 사설상담 장면의 조정과 조금 다를 수 있다. 앞에서 언급한 것처럼, 사설상담소에서는 낯선 사람들의 이익−손해 분쟁보다는 서로 안면이 있는 사람들의 정서적 갈등을 다루는 경우가 많다. 반면 공공서비스 장면에서는 좀 더 실제적이고 거친 이익−손해 분쟁에 관여한다.

공공서비스 장면의 조정 예는 다음과 같은 것들이 있다.

- 학교폭력의 가해자와 피해자를 중재하기 위해 학교폭력예방재단의 상담자가 개입하는 경우
- 재개발 지역의 갈등에 시청에서 조정 상담자를 파견하는 경우
- 동사무소나 구청의 담당자가 갈등이 있어 찾아온 두 민원인을 데리고 상담하며 타협점을 찾아주는 경우

공공서비스 장면의 위기상담

최근 언론매체에서 개인적 자살이나 자살 동호회 회원들의 동반 자살에 대해 자주 보도한다. 위기상담은 이와 같이 자살충동을 겪고 심리적 위기를 맞은 사람들을 상담하는 것이다. 자살 외에 갑작스런 폭력이나 성폭력 피해와 같은 것도 개인에게 심각한 위기를 초래한다. 위기상담자는 위태로운 상황에서 내담자가 심리적으로 붕괴되지 않도록 다양한 조치를 취한다.

위기상담의 필요성은 점점 더 절실해지고 있다. 화려한 현대사회의 그늘에는 매일같이 죽음을 고민하는 소외자들이 수도 없이 많다. 이들을 방치하는 것은 윤리적 측면에서든 사회 발전 측면에서든 도움이 되지 않는다. 따라서 공공기관이나 공익법인에서 개입하여 위기상담 서비스를 제공하기 시작하였는데, 예를 들어 한 밤중에 자살 충동이 일었을 때 전화나 인터넷 매체를 통해 위기상담을 제공하는 전화상담 기관이 점차 많아지고 있다. 위기 상담자는 심각한 상황에서도 당황하지 않고 위기 대응 매뉴얼에 따라

침착하게 상담하는 능력을 갖추고 있다. 내담자가 위기 상황을 극복하기 위해 실제적인 도움이 필요할 수도 있는데, 상담자는 도움을 줄 수 있는 기관이나 단체(예를 들어 병원이나 쉼터, 법률구조단 등)를 연결해줄 수 있어야 한다. 공공서비스 장면의 위기 상담 예는 다음과 같은 것들이 있다.

- 한밤중에 외롭고 희망이 없게 느껴지며 자살충동이 일어 전화상담 기관에 전화하여 상담이 시작되는 경우
- 학생 성폭력 피해자가 전화를 걸어와, 성폭력을 당했는데 부모님이나 주변 사람에게 알리기 어렵다며 도움을 요청하는 경우
- 배우자의 폭력을 견디다 못해 집을 나왔다며 쉼터로 찾아온 경우

그런데 공공서비스 장면의 경우 상담자의 근무 조건이나 급여 조건에 따라 심리적 관여도가 달라질 수 있고 자칫 상담의 질이 떨어질 수 있음을 조심해야 한다. 소명의식이나 책임감만으로 되는 일은 아니며, 상담 종사자들의 처우 개선이 실질적으로 이루어져야 할 것이다.

전문가 의뢰

지금까지 세부적으로는 천차만별인 상담자 직업 세계를 구분해보았다. 그런데 내담자의 고민은 다차원적이어서 간혹 상담자가 여러 장면을 넘나들어야 하는 경우가 생긴다. 예를 들어 스포츠센터에서 회원 불편사항을 살피는 일은 고객관리 상담자의 일로 쉽게 분류할 수 있다. 그런데 만약 스포츠센터의 회원이 부부갈등을 호소한다면 어떻게 하겠는가? 상담은 고객관리 상담에서 부부 갈등 조정이나 자문식 상담으로 바뀌어 진행되어야 할 것이다. 그런데 이때 상담자가 갈등 조정상담을 진행할 전문성이 있다면 처리할 수

있겠지만, 그렇지 않다면 해당 분야의 전문 상담자에게 의뢰refer를 해야 할 것이다.

상담자가 되고자 하는 사람은 자신의 한계를 잘 알아야 한다. 자신의 한계를 벗어나는 심리적 갈등이나 증상에 대해 무리하게 접근하면 오히려 문제를 더 악화시킬 수 있다. 예를 들어, 부하 여직원이 부부갈등을 호소한다고 해보자. 40대 남성인 인사관리 상담자는 여직원의 부부갈등에 대해 조언해주고 위로해줄 수 있다. 그런데 부하직원은 상담자의 자상함에 끌리게 되고 결과적으로 배우자를 더욱 싫어하게 되었다. 이런 상황이 벌어지자 상담자는 부하직원의 문제에 개입하지 않으려고 거리를 두게 되고, 여직원은 상담자가 자신을 버리는 것 같아서 감정적으로 혼란스럽게 되고 더 이상 업무를 수행할 수 없게 되어 버렸다. 이런 일은 의외로 자주 벌어진다. 이 경우에는 인사관리 상담자가 치료나 조정 전문가에게 의뢰하는 편이 나았을 것이다. 많은 인사관리 상담자들이 부하직원의 고민이나 갈등에 섣불리 위로와 조언을 해주는데, 그렇게 되면 내담자는 자기 힘으로 문제를 해결하려고 하지 않고 상담자에게 의지하게 되며, 이후 상담자는 부담스러워 발을 빼고 싶어하고, 내담자는 더 큰 상처를 받게 되는 악순환이 벌어진다.

조직 내 전문상담원의 고용 추세

최근 조직 내 인사관리 상담의 효율성을 높이기 위해 외부 상담치료 전문가를 초빙하는 경우가 늘어나고 있다. 군부대에서는 상담관이라는 직책이 생겼고, 대기업을 필두로 해서 직원이나 노동자를 위해 외부 전문가를 고용하여 상담 서비스를 제공하는 움직임이 생겼다. 외부 전문가 고용은 구체적으로 세가지 형식이 가능한데, 첫째는 외부 전문가를 특별 대우로 고용하는 형식, 둘째는 외부 전문가가 일시를 정해서 조직을 방문하여 상담을 진행하는 형식, 마지막으로 셋째는 외부 전문가의 사설상담소에 조직 구성원을 방문시키는 형식이다. 외부 전문가는 엄격히 따지면 조직에 속해 있는 상급자가 아니기 때문에 구성원들은 좀 더 자유롭게 자신의 고민을 털어놓을 수 있다.

필자는 이것을 아주 바람직한 현상으로 본다. 그러나 폐쇄적인 조직의 경우에는 외부 전문가를 초빙하기 어려운데, 예를 들어 군부대와 같은 경우가 해당될 것이다. 군부대와 같은 경우에는 자체적으로 상담관을 양성하는 방법을 선호한다. 그러나 이 경우에는 부대 상급자이면서 상담자의 이중 지위를 지니기 때문에 자유로운 상담이 어렵다는 한계가 있다. 이것을 이중관계의 문제라고 한다. 조직은 상하관계, 위계질서가 있는 곳으로, 조직의 상급자는 부하직원의 고민을 들어주는 상담자이기도 하면서 동시에 부하직원을 평가, 관리하는 역할을 맡을 수 있다. 이중관계로 인해 상담자와 부하직원은 평등한 관계에서 허심탄회하게 고민을 상담할 수 없는 경우가 생긴다. 예를 들어 부하직원으로서는 조직에 대한 불만이나 상급자에 대한 불만을 섣불리 이야기할 수는 없을 것이다. 따라서 이중관계가 발생할 수 있는 상황에서 상담자는 항상 이 점을 염두에 두어야 하며, 이중관계의 한계를 미리 부하직원에게 알려주는 것도 필요하다.

02

정 리 하 기

1 / 상담도 직업이다. 현대에는 상담자로 불리는 많은 사람들이 있으나 그 면모는 각양각
색이다. 상담을 공부하려는 사람은 자신이 희망하는 상담자 직업 세계에 대해 잘 파
악해야 할 것이다.

2 / 상담자가 일하는 장면을 크게 고객관리 장면, 인사관리 장면, 공공서비스 장면, 사설
상담소 장면으로 구분해볼 수 있다.

3 / 최근에 많은 기업에서 고객상담사를 고용하여 영업활동을 전개하거나 소비자의 불
만응대를 처리하고 있다.

4 / 인사관리 장면에서는 조직의 상급자가 부하직원을 관리하며 어려운 점이 있을 때 상
담을 통해 해결해줄 수 있다. 일반 기업뿐 아니라 학교, 군부대 등도 인사관리 장면
으로 볼 수 있다.

5 / 국민의 세금으로 운영되는 공공서비스 장면에서도 최근 사람들에게 다양한 서비스
를 제공하는 상담자를 채용하고 있다. 공공목적을 띤 민원콜센터, 자살예방센터, 이
주민 지원센터 등이 공공서비스 상담 장면이다.

6 / 사설상담소를 운영하는 전문상담자들은 개인적 고민으로 찾아온 내담자를 만난다.
다른 장면과 달리 사설상담소 상담자들은 고용된 입장이 아니기 때문에 비교적 자
유롭고 창의적으로 상담활동을 전개할 수 있다.

CHAPTER 03

상담의
구조

CHAP
TER 03

상담의
구조

상담의 구조 비교

집은 다양한 형태가 있지만 모두 집이라고 부르듯이 상담에도 다양한 형식이 있지만 모두 상담이라고 부른다. 그러나 세부적으로 살펴보면 각각의 집 구조는 조금씩 차이가 있다. 상담도 마찬가지다. 상담자 직업 장면들은 상담 요청 주체, 상담 비용, 예약 여부, 상담 진행 시간, 상담이 진행되는 장소, 상담에 개입되는 외부 압력 등에서 세부적인 차이가 있다. 상담의 구조structure란 이런 형식적 차이를 의미한다. 상담에 관심이 있는 사람들은 자신이 상담하게 되는 장면의 구조적 특징을 잘 살펴서 적절한 상담 기법 및 태도를 연마해야 할 것이다. 이 장에서는 다양한 상담자 직업 장면의 구조를 비교해볼 것이다.

구조와 관련하여 구조화structuralization란 용어도 알아둘 필요가 있다. 상담 구조화는 내담자에게 상담의 형식적 특징에 대해 알려주는 것을 말한다. 이 상담은 비용이 얼마이며, 몇 시간 동안 진행되고, 상담에서는 무엇을 하는지 등을 알려주는 것이다. 어떤 사람들은 참가하고자 하는 상담의 특징을 충분히 알지 못한 채 임하여 실망하게 된다. 예를 들자면 사설상담소에 찾아가서 비용이 너무 비싸다며 화를 내는 것이나, 시간 약속을 하지 않고 상담소에 찾아가는 것 등이다. 또 다른 예로 심리치료자에게 한두 번의 만남으로 충고나 조언을 듣기 원하는 것을 들 수 있다. 치료적 상담은 충고나 조언 작업이 주가 되는 것이 아니며, 수십 회 이상의 반복적인 상담을 필요로 하는데 이걸 미처 몰랐던 것이다.

상담 구조 비교를 위한 상담자 소개

상담 구조를 쉽게 설명하고 비교하기 위해서, 앞서 2장에서 소개한 12가지 상담자 직업 장면에서 일하는 상담자를 가상으로 만들어보았다. 이들이 어떤 일을 하는지 살펴보면서 각 상담의 구조를 비교해보자.

❶ 고객관리 장면의 불만응대 상담자 A와 B

❷ 고객관리 장면의 고객유치 상담자 C, D, E

❸ 공공서비스 장면의 불만응대 상담자 F와 G

❹ 공공서비스 장면의 자문[11] 상담자 H와 I

❺ 인사관리 장면의 조언 상담자 J, K, L

❻ 인사관리 장면의 위기 상담자 M과 N

❼ 사설상담 장면의 자문 상담자 O와 P

❽ 사설상담 장면의 치료적 상담자 Q와 R

❾ 사설상담 장면의 조정 상담자 S와 T

❿ 공공서비스 장면의 치료적 상담자 U와 V

⓫ 공공서비스 장면의 조정 상담자 W와 X

⓬ 공공서비스 장면의 위기 상담자 Y와 Z

---

11 자문은 개인의 문제를 해결하는 맞춤식 조언을 제공하는 활동이다. 여기서는 심리적 고민에 대해서 해결책을 제공하는 것을 '조언'으로, 그리고 법률, 세무, 재무 등 물질적이거나 업무적인 고민에 대해 해결책을 제공하는 것을 '자문'으로 구분하였다.

고객관리 장면의 불만응대상담

상담자 A

○○홈쇼핑의 고객상담자로 일하고 있다. 하루에 수십 통의 전화상담을 하는데, 이 중 90% 정도는 배송이나 주문취소 또는 환불에 대한 문의로 비교적 무리 없이 끝낼 수 있다. 그런데 10% 정도의 경우 고객이 잔뜩 화가 난 채로 전화를 한다. 이들은 제품이나 서비스, 그리고 회사 자체에 불만을 제기하는 것이다. A는 화난 목소리만 들으면 겁이 나기 때문에 언제 이런 전화가 걸려올지 몰라 일하는 내내 약한 긴장 상태에 있게 된다.

상담자 B

유명 레스토랑의 매니저이다. 그가 주로 하는 일은 매장관리이다. 그런데 간혹 불만응대를 할 때가 생긴다. 최근에는 식사를 하던 고객이 의자에서 튀어나온 부분에 옷이 걸려 옷이 찢어졌다며 항의를 하였다. B는 모처럼의 즐거운 시간을 망친 고객의 마음을 놓치지 않고 수용해주고 사과의 마음을 전달하였다. B는 일단 고객에게 식사를 계속 하도록 유도한 후, 식사를 마쳤을 때 고객에게 옷 수선비를 지급하였는데, 이런 B의 조치에 고객은 매우 만족하였다.

상담 요청 주체

상담 요청 주체는 '누가 상담을 요청하였는가?'를 의미한다. 여기에 소개된 여러 상담 장면들은 상담 요청 주체에서 차이가 있다. 상담자 A의 사례와 같이, 고객관리 장면의 불만응대상담의 경우 불만이 있는 고객이 상담을 요청하고 상담자는 이에 응한다. 불만이 있는 모든 고객이 상담을 요청하는 것은 아니며, 일부 고객은 불만을 표출하지 않는 대신 상품이나 서비스를 더 이상 구매하지 않음으로써 불만 표출을 대신한다. 불만을 적극적으로 표현하려는 고객들만이 상담을 요청한다. 이들은 전화 혹은 방문을 통해 상담을 요청하는데, 고객의 상담 요구는 매우 적극적이며 고객의 태도는 적대적일 수 있다.

간혹 불만을 가장하여 이익을 취하려는 고객도 있다. 이들을 블랙컨슈머black consumer라고 부른다. 그러나 대부분의 경우 불만을 갖게 된 타당한 이유가 있다.

상담비　　12가지 상담 장면은 상담 비용도 비교해볼 수 있다. 고객(내담자)이 상담할 때 상담비가 발생하는 경우도 있고 아닌 경우도 있다. 또 비용 문제는 내담자 측에서만이 아니라 상담자 측에서도 고려해야 한다. 상담자가 상담비를 받을 때 내담자에게 직접 받느냐 아니면 고용된 회사로부터 받느냐에 차이가 있다. 급여로 받을 때도 상담 실적이 충실히 반영되는지도 차이가 있다. 대개 사설상담소를 운영하는 상담자는 비용을 직접 받는다. 반면 회사나 공공기관에 고용된 경우에는 급여를 받는데, 이때 공기업의 실적 반영이 사기업에 비해 덜 엄격하다.

상담비 비교 차원

내담자 입장	상담비 발생 vs 무료 상담
상담자 입장	상담비 직접 수령 vs 급여 형태로 수령 (※급여일 경우 실적 반영 정도 차이)

　고객불만 상담의 경우 고객에게 상담 비용을 청구하지는 않는다. 고객의 상담 비용은 구입한 재화나 서비스에 포함되어 있다고 본다. 고객 측에서 상담 비용을 내지 않기 때문에 기업 입장에서는 불만응대 상담으로 실질적인 수익을 얻는 것은 아니다. 단 추후 고객이 이탈하거나 또는 불만을 구전하여 잠재고객이 줄어드는 것을 막는다는 점에서 이익이 있을 수는 있다.

　한편 상담자 측에서 볼 때 불만응대 실적에 따라 급여가 차등 지급되면 좋을 것이다. 그러나 현실적으로는 그렇지 못하다. 새로운 계약을 따내거나 물품을 판매하는 경우에 비해 불만응대는 충분히 실적으로 인정되지 못하고 있다. 홈쇼핑 고객상담자인 A나 레스토랑 매니저 B는 이 점이 다소 불만이다. 힘든 불만응대 후에는 특별수당이라도 받지 않는다면 정말 불만응대는 못할 일이라고 여겨지기도 한다.

상담 장소 및 예약 여부

　　12가지 상담자 직업 장면은 상담이 이루어지는 장소에서 차이가 날 수 있다. 내담자 입장에서 보면 전화로 상담하느냐, 상담 전용 공간에서 하느

고객상담과 심리상담의 길잡이

상담 장소 비교

냐, 상담과 다른 업무의 병용 공간에서 하느냐 차이가 있다. 상담자 입장에서도 상담을 위한 전용 공간이 있느냐 없느냐의 차이가 있다.

　고객불만 응대의 경우, 상담이 전화로 이루어지는 경우도 있지만 매장이나 영업장에서 이루어지는 경우도 많다. 그런데 이런 장소는 불만응대뿐 아니라 안내 업무나 판매 업무도 겸하는 공간이다. 효과적인 불만응대를 위해서는 조용하고 깨끗한 독립된 공간이 필요한데, 현실적 여건상 그러지 못한 경우가 많다.

　또 각 상담 장면은 예약 여부에도 차이가 있다. 예약 여부란 상담을 위해 사전 예약이 필요한가에 대한 것이다. 표면적으로는 시간 예약으로 단순할 것 같지만 좀 더 복잡한 문제도 있다. 특히 상담자 위주로 예약이 이루어지는지 아니면 내담자 위주로 예약이 이루어지는지 차이가 있을 수 있다. 즉 내담자가 편한 시간을 정해 예약할 수 있는 경우도 있지만, 상담자의 사정에 내담자가 예약 시간을 맞추어야 하는 경우도 있다.

　예약의 중요성을 생각해보면, 흔히 사전 예약은 상담자와 내담자 모두에게 마음의 준비를 할 수 있는 여유를 제공한다. 마음의 준비란 잠깐 여유를 찾는 시간을 의미할 뿐 아니라 상대방에 관련된 정보를 미리 검토할 수 있는 기회를 의미한다. 사전 예약이 가능한 상담의 경우 상담은 보다 차분하고 협조적으로 진행될 수 있다. 반면 예약 없이 불시에 이루어지는 상담은 스트레스를 초래하기 쉽다. 고객 불만응대상담은 사전 예약 없이 불시에 이루어지는 경우가 많아 상담자가 준비되지 않는 상태에서 심한 스트레스를 겪게 된다.

상담 진행 시간 및 횟수

상담은 진행 시간 및 접촉 횟수에 따라 분류해볼 수도 있다. 진행 시간이란 한 번 상담할 때 걸리는 시간을 의미한다. 일반적으로 충분한 시간을 확보할 때 상담을 편하게 진행할 수 있다. 그리고 상담이 한 번의 만남으로 끝나는 경우도 있지만 여러 회기session 동안 만나서 상담을 진행해야 하는 경우도 있다. 일반적으로 볼 때 1회로 종료되는 상담에 비해 반복되는 접촉을 통해 수 회 이상 진행되는 상담이 효과가 크다. 뿐만 아니라 상담자의 감정적 부담도 줄어든다. 수 회 이상의 접촉을 통해 고객과의 친밀감이 형성될 경우, 상담자는 편안한 상태에서 자신의 역량을 더 잘 발휘할 수 있다. 따라서 상담 진행 및 사례관리 시스템을 잘 갖추어야 할 것이다. 고객상담의 경우, 특정 고객을 특정 상담원이 전담하는 시스템이냐 아니면 상담원이 불특정 고객을 응대하느냐에 따라 큰 차이가 생길 수 있다.

대개 고객 불만응대상담의 진행 시간은 정해져 있지 않고 유동적이다. 어떤 경우는 짧게 끝나기도 하고 어떤 경우는 수십여 분을 넘어 진행될 수도 있다. 그런데 진행 시간이 정해져 있지 않다 보니 문제가 생긴다. 한 사례에 집중하여 수십여 분 상담을 진행할 경우, 사례의 만족도는 높아지지만 전체 상담 건수는 줄어들게 된다. 상담자 A는 늘 이것이 딜레마처럼 느껴진다. 회사에서는 한 번의 상담에 얼마나 정성을 들였느냐가 아니라 전체 상담 횟수나 계약 실적을 중요시하기 때문이다.

상담의 횟수를 살펴보면, 고객불만 상담의 경우 고객의 불만이 잘 해소되면 상담은 즉시 종료된다(1회로 종료). 이 경우는 감정적인 부분만 해소되면 가능한 경우일 것이다. 그러나 감정이 해소된 이후에 실제적인 조치가 필요한 경우가 있는데, 이때는 한두 번의 상담이 더 필요할 수 있다. 레스토랑 매니저 B의 경우, 고객이 불만을 누그러뜨리고 돌아간 이후에도 꼭 한 번 정도 더 연락하여 불만 응대 조치에 만족하였는지를 확인하곤 한다.

64

상담에 개입되는 외부 압력

상담은 상담자와 내담자 간 이루어지는 사적 활동이다. 그런데 사설상담 장면이 아니라 상담자가 고용되어 있는 경우라면 조직의 압력이 있을 수밖에 없다. 이 경우는 상담 당사자, 즉 상담자와 고객(내담자) 외에 외부적 개입이 있는 것이다. 상담에서 외부 압력이 존재할 경우 진정한 의미의 상담이 이루어지기 어렵다. 상담은 상담 당사자, 즉 상담자와 내담자 간의 자유로운 상호작용 속에서 문제를 창조적으로 해결해나가는 과정이다. 여기에 외부 압력이 개입하면 창조적인 문제해결은 불가능할 수밖에 없다. 기업체에서 실시하는 고객상담이나 인사관리의 경우 상담의 큰 틀이나 방향을 정해놓는데, 이것이 오히려 상담자의 역량을 방해하고 상담자를 위축시킬 수 있다.

불만응대상담의 경우, 상담자를 고용한 기업의 요구는 고객의 불만을 누그러뜨려 현재 고객 및 잠재 고객의 이탈을 막는 것이다. 불만족한 고객은 '그 제품이나 회사가 나쁘다'는 말을 평균 20명에게 알린다고 한다. 고객불만 상담이 실패하면 고객이 이탈할 뿐 아니라 부정적 구전 홍보로 잠재고객도 이탈할 수 있으므로 기업은 상담자에게 고객의 불만을 다 받아주라는 강력한 압력을 행사한다. 따라서 적개심을 과도하게 드러내거나 상습적으로 불평하는 고객의 경우에도 회사의 방침에 따라 다 받아주어야 하기 때문에 상담자는 감정적으로 소진되기 쉽다. 이것은 상담자 A의 가장 큰 불만 중의 하나였다. 고객에게 심한 욕을 들어 회사에 보고했을 때도 회사에서 상담자를 지켜주거나 보상해주는 조치가 부족하다. 그러나 최근에는 상담자 보호가 오히려 회사 이익에 부합한다는 인식도 생기고 있다. 고객과 상담자 양측 모두를 보호할 수 있는 제도를 개발, 정착시켜야 할 것이다.

고객관리 장면의 고객유치상담

상담자 C

화재보험사의 고객상담자로 일하고 있다. ○○화재보험의 경우 인바운드 상담센터와 아웃바운드 상담센터를 따로 운영하는데, 인바운드 센터의 경우 회사가 직접 운영하고 아웃바운드 센터의 경우 외주를 주고 있다. 상담자 C는 회사 직영의 인바운드 상담센터에서 일하며 하루에 수십 통의 전화 상담을 하는데 기회를 봐서 보험에 계약하도록 고객을 설득한다. 계약에 성공하게 되면 실적으로 이어지는데, 상담자 C는 비교적 실적이 좋은 편이다. 동료들이 실적의 비결을 물었을 때 상담자 C는 명랑하고 긍정적인 성격, 그리고 응대할 때 친절한 태도와 고객의 입장에서 생각하는 태도면 된다고 자신있게 말하였다.

상담자 D

온라인대학교의 조교이다. 최근 온라인대학이 많아져 경쟁이 심해지다 보니 입시 기간에는 신입생을 끌어들이도록 홍보하는 아웃바운드 상담을 해야 한다. 상담자 D는 평소 온라인대학의 학위 과정이나 평생교육에 관심을 보였던 사람들에게 전화를 걸어 센스 있게 입학을 권유한다. 상담자 D의 권유에 마음을 굳혀 입학한 학생 수가 매우 많아 D는 자신의 상담 실력에 상당한 자부심을 가지고 있다. 그러나 아웃바운드 상담에 대한 성과급 제도가 따로 없어서 굳이 열심히 일할 필요가 있나 하는 의구심을 갖고 있다.

상담자 E

헬스클럽의 인기 트레이너이다. 동료 트레이너들이 그의 인기 비결을 묻자 그는 꾸준하고 센스 있는 고객관리가 필요하다고 하였다. 예를 들어 겨울에는 날씨가 추워 사람들의 움직임이 둔해지고 운동에 소홀해지기 쉬운데, 이때 F는 고객들에게 실내 운동을 하도록 격려 문자를 하거나 또는 실내 운동법이 담긴 CD를 선물로 보내주기도 한다. 비록 헬스클럽에 나오지 않는 때라도 회원들은 항상 F에게 고마운 마음을 갖고 있으며, 때로는 주변 사람들에게 F를 소개하기도 한다.

고객상담과 심리상담의 길잡이

상담 요청 주체

고객유치상담에서는 인바운드inbound냐 아웃바운드outbound냐의 구분이 있다. 상담자 C의 경우와 같이 인바운드 현장에서 일하는 경우, 상담을 요청하는 사람은 잠재고객이나 가망고객이다. 그러나 상담자 D의 경우와 같이 아웃바운드 상담자는 잠재고객이나 가망고객에게 먼저 전화 혹은 방문으로 상담을 요청한다.

한편 고객유치로 계약을 통해 고객이 된 사람은 이후에도 지속적으로 관리가 필요하다. 고객관리상담은 고객과의 친분을 유지하기 위한 활동으로, 고객을 관리하고자 하는 상담자가 상담을 요청하고 내담자인 고객이 이에 응함으로써 이루어진다. 고객은 잠재고객이나 가망고객은 아니며 이미 제품이나 서비스를 1회 이상 구매한 고객을 의미한다.

상담비

고객유치는 기업 및 상담자에게 실적이 되므로 고객에게 상담 비용은 부과하지 않는다. 고객 입장에선 당장의 상담에 대한 비용은 내지 않지만, 회사의 제품이나 서비스를 구매해주기 때문에 비용을 내는 것이나 다름없다.

상담자 입장에서도 당장 고객에게 비용을 받는 것은 아니지만, 고객을 많이 유치하면 성과급을 받는 경우가 많다. 인바운드건 아웃바운드건 간에 설득을 통한 고객유치는 상담자의 실적으로 이어지므로 상담자는 매우 적극적인 태도로 상담에 임하게 된다. 그러나 만일 성과제가 없다면 상담자의 태도는 전혀 적극적이지 않을 수 있다. 화재보험에서 일하는 상담자 C와 달리 대학 조교로 있는 상담자 D는 바로 이 점 때문에 고민하고 있다. 자신이 권유해서 입학한 학생들이 꽤 있지만 이에 대한 성과급이 없는 것이다.

일단 고객을 유치한 후 친분을 유지하기 위해 지속하는 관리상담의 경우는 어떨까? 이때의 상담 비용은 구입하였거나 또는 앞으로 구입할 재화나 서비스에 포함되어 있으므로 고객에게 상담 비용은 따로 부과하지 않는다. 오히려 이탈을 막거나 추가 계약 유치를 위해 고객에게 작은 상품이나 선물을 제공하기도 한다. 인기 트레이너인 상담자 E와 같이 센스 있는 선물이 고객의 마음을 감동시키거나 추가 계약으로 이끄는 유인가가 될 수 있다.

상담 장소 및 예약 여부

고객유치상담의 장소는, 상담이 전화로 이루어지는 경우 각자의 근무처나 집이 될 것이다. 한편 고객유치상담이 방문으로 이루어지는 경우에 상담 장소는 내담자의 근무처나 집이 될 가능성이 높다. 제품이나 서비스의 구입 가능성이 높은 고객일수록 상담자는 직접 방문하려 할 것이다.

고객유치상담에서 예약은 고객유치를 편하게 할 수 있는 안전장치가 될 것이다. 만일 상담자와 고객이 서로 약속을 미리 하였다면 정해진 시간에 편하게 만나서 제품이나 서비스의 설명 및 설득 작업이 이루어지고 고객도 자신의 관심사를 명료하게 전달할 수 있을 것이다. 그러나 많은 경우 사전 예약은 쉽지 않으며, 사전 예약 없이 불시에 이루어지는 고객유치 상담도 많다.

한편 고객유치 후 이루어지는 고객관리상담의 경우도, 상담이 방문으로 이루어지는 경우에 상담 장소는 내담자의 근무처나 집이 되고, 상담이 전화로 이루어지는 경우 상담 장소는 상담자의 근무처가 될 것이다. 이때도 역시 예약 후에 상담이 이루어진다면 더 좋을 것이다. 참고로 예약 작업 자체가 번거로울 수 있는데, 상담자와 고객 모두가 편하게 예약할 수 있는 시스템의 개발이 필요하다.

상담 진행 시간 및 횟수

고객유치상담의 경우에 상담 시간은 정해져 있지 않고 유동적이다. 고객이 상담에 응해주느냐가 관건인데, 초기 친밀감이 잘 형성된다면 수십여 분을 넘어 진행될 수도 있다. 고객유치상담은 고객이 상담자가 제안하는 제품이나 서비스를 구매하면 종료된다. 따라서 1회만으로 종료되기도 하지만 계약이 이루어질 때까지 수 회 이상 진행될 수도 있다.

고객유치에 성공한 후 고객관리를 할 때 상담 진행 시간은 정해져 있지 않고, 진행 횟수는 고객 지위를 유지하는 내내 계속된다. 고객과의 친분을 유지하는 것이면 어떤 형태로든 상관이 없기 때문에 진행 시간이나 횟수 자체는 중요하지 않다. 굳이 대면상담이나 전화상담을 하지 않고 편지나 문자를 보내는 것으로 관리가 이루어지기도 한다.

68

상담에 개입되는 외부 압력

불만응대상담에서 기업의 압력이 뚜렷이 존재하는 것과 마찬가지로 고객유치상담에서도 고객을 유치하는 것이 기업의 목표이므로 상담자에게 압력이 된다. 그런데 고객유치는 기업의 입장에서도 이익이 되지만 상담자의 실적으로도 이어지므로, 이 경우는 외부 압력과 상담자 요구가 일치하는 경우로 볼 수 있다. 일단 고객을 유치한 후 관리하는 상담의 경우도 마찬가지다. 관리를 통해 일회 구매 고객이 단골 고객이 된다면 상담자의 실적도 올라가므로, 상담자 요구와 상담자를 고용한 조직의 요구가 일치하는 것이다.

공공서비스 장면의 불만응대상담

상담자 F

공공기관 콜센터에서 근무한다. 이 곳에서는 시민의 다양한 궁금증에 응답해주는 서비스를 제공하고 있다. F는 성실하고 진지한 성격인데, 성격상 뭐든지 심각하게 받아들이다 보니 가볍고 명랑하게 생활하지 못하는 단점도 있다. 그래서 근무 도중 장난기 섞인 전화를 받을 때는 당황하거나 위축된다. 특히 상담자를 희롱하는 식의 전화를 받을 때는 매우 수치스럽고 불쾌한데, 이를 어떻게 처리해야 할 지 모르겠다. 처음에는 시민의 어려움을 해결해준다는 데 보람을 느끼고 자부심을 가졌지만, 요즘에 F는 자신의 업무가 점점 싫어지고 있다.

상담자 G

국민연금관리공단에서 일한다. 그는 연금이 잘못 부과되었다는 항의 전화를 자주 응대하는데, 분명 제대로 된 것임을 설명해주어도 사람들의 불만은 잘 가라앉지 않는다. 때로는 언성이 높아지는 사람도 있는데, 심하면 G에게 욕을 하기도 한다. G는 비정규직 상담원이기 때문에 이런 욕을 먹으니 그냥 그만둘까 많이 고민하면서도, 조금 더 노력하면 정규직으로 전환될 수 있을 거란 희망을 가지고 인내하며 민원인의 불만에 응대하고 있다.

상담 요청 주체

고객관리 장면의 불만응대상담과 같이 공공서비스 장면에서도 불만응대상담의 경우 민원인이 상담을 먼저 요청하고 상담자는 이에 응한다.

상담비   공공서비스 장면에서는 일반적으로 민원인이 부담해야 하는 상담비는 없다. 공공기관은 국민의 세금으로 운영되므로 민원인의 상담비용은 발생하지 않는 것이다. 한편 상담자 입장을 보면 상담 활동에 대한 급여를 받는데, 만일 상담 횟수에 따라 성과가 차등 지급되지 않는다면 상담 활동에 적극적이지 않을 수 있다.

상담 장소 및 예약 여부   공공서비스 장면의 상담 장소는, 전화로 이루어지는 경우 특별한 공간이 필요없지만 공공기관 내 상담실이나 상담 창구에서 이루어지기도 한다. 대개 불만이 있는 민원인이 공공기관에 직접 찾아온다. 최근에는 찾아가는 서비스를 시도하는 경우도 많아졌지만, 공공서비스 종사자는 불만응대 외에도 여러 가지 업무를 겸하므로 근무지에 있는 경우가 더 많다.
　예약의 경우, 공공서비스 장면도 고객관리 장면과 마찬가지로 불만응대 상담은 예약 없이 즉각 이루어질 가능성이 높다.

상담 진행 시간 및 횟수   불만응대상담은 고객관리 장면이나 공공서비스 장면에서 크게 다르지 않다. 불만응대상담의 진행 시간은 정해져 있지 않고 유동적이다. 어떤 경우는 짧게 끝나기도 하고 어떤 경우는 수십여 분을 넘어 진행될 수도 있다. 민원인의 불만 내용이 복잡하거나, 민원인의 성격이 까다로운 경우 상담은 긴 시간 진행될 것이다. 민원인의 불만이 해소되면 상담은 즉시 종료되지만, 그렇지 않을 경우 불만이 해소될 때까지 여러 번 만나야 한다. 여기서 발생하는 불공평·비효율 문제를 해결할 방안을 연구할 필요가 있다.

상담에 개입되는 외부 압력   불만응대상담은 항상 감정노동의 압력이 존재한다. 강한 적개심의 공격에도 상담자는 맞서 대응하면 안되고 불만이 가라앉을 때까지 기다리거나 불만을 해소해주기 위해 노력해야 한다. 이것은 고객관리 장면이나 공공서비스

70

장면이나 똑같다. 그런데 공공서비스 장면의 경우, 일반 기업 장면에 비해 상대적으로 압력을 낮춰주는 요인이 있다. 만일 고용이 보장되어 있다면, 상담자는 민원인의 불만을 해결하지 못해도 불이익이 덜할 수 있다. 한편, 고용이 보장되어 있어서 불만응대상담에 적극적으로 개입하지 않고 대충대충 상담하면 어떡하느냐는 우려가 있을 수 있다. 그러나 불만응대를 성실히 하는 것은 봉사정신이나 책임감과 같은 성격 요인이 많은 영향을 미친다. 고용보장으로 인해 상담자가 안정될수록 상담자는 역량을 더 잘 발휘할 수 있을 것이다.

공공서비스 장면의 자문상담

상담자 H

신용회복위원회에서 일한다. 그가 하는 일은 파산이나 회생 절차를 안내하고 도와주는 것이다. 그런데 이것은 매우 복잡한 일이다. 파산신청이나 회생신청을 하는 사람의 재산이나 채무 정도를 파악해야 하며, 어떤 쪽이 유리한지, 어떤 절차를 거쳐야 하는지가 개인마다 다르기 때문이다. 대개 방문하는 사람들은 도움이 절실히 필요한 사람들이기 때문에 H는 자신의 직업에 보람을 느끼고 있다.

상담자 I

직업상담센터에서 일하는 직업상담사이다. 그의 업무는 다양한데, 실직자에게 실업수당에 대해 교육하거나, 구직자에게 그에게 맞는 직업 정보를 제공하거나, 때로는 구직에 어려워하는 사람들과 대화하여 어려움을 초래하는 요인을 찾아내서 문제를 해결하는 일도 하고 있다.

상담 요청 주체　　앞에 언급된 두 예는 심리적 문제라기보다는 생활의 문제에 대한 자문 상담으로 볼 수 있다. 자문의 경우 고객이 먼저 자문을 요청한다. 공공서비스 장면도 마찬가지고 사설 자문 장면도 마찬가지다.

상담비　　공공서비스 장면이므로 민원인이 부담하는 상담비는 없다. 한편 상담자는 급여를 받는데, 아무래도 공공기관이다 보니 실적에 따라 성과급의 차등은 크지 않다. 신용회복위원회의 H나 직업상담센터의 I는 이 부분이 좀 더 개선되기를 원한다. 또 상담으로 실제적인 도움을 받았는지 여부를 평가하고 이에 따른 성과급을 받을 수 있으면 좋겠다고 희망하고 있다.

상담 장소 및 예약 여부　　대개 공공서비스 장면의 자문은 공공기관에 마련된 상담실 또는 상담창구에서 이루어진다. 예약의 경우 민원인이 공공기관으로 찾아오며, 서비스를 원하는 사람들이 많기 때문에 특별히 시간 예약을 하기는 어렵다. 그런데 민원인의 편의를 위해서 민원인이 선호하는 시간 예약을 할 수는 있다. 예를 들어, 민원인은 찾아올 시간을 30분 단위로 미리 예약하여 공공기관에서 기다리는 시간을 줄일 수 있다. 이것은 병원 같은 곳에서 흔히 시행되는 방식이다.

　한편 예약을 상담자의 입장에서 생각해볼 수도 있다. 상담자의 경우, 어차피 기관에 고용되었으므로 근무 시간 내내 상담을 하게 된다. 그런데 상담자 입장에서도 특정 민원인을 정해진 시간에 만나고 싶을 수가 있을 것이다. 비록 이것은 쉬운 일이 아니지만, 만약 예약이 가능하다면 그 민원인에게 정성을 쏟으며 준비된 상담을 할 수 있을 것이다. 그래서 신용회복위원회의 상담자 H는 마음이 쓰이는 몇몇 민원인들의 경우 자신이 가장 한가한 시간대를 알려주며 그 때 찾아오기를 권하고 있다.

상담 진행 시간 및 횟수　　자문은 생활 속의 고민이나 문제 해결을 도와주는 상담으로, 공공기관에서 제공하는 자문의 경우 한두 번에 해결이 되는 것이 대부분이다. 정기적으로 진행될 필요는 없으며, 문제가 해결되면 즉시 종결될 것이다. 예를 들어 직업상담사 I의 경우, 구직을 위해 찾아온 민원인에게 희망 직업 분야, 희망 급여 수준, 희망 지역 등을 조사한 후 그에 맞는 직업을 추천해 줄 것이다. 민원인이 해당 직장에 가서 면접을

하고 구직에 성공하면 상담은 종결된다. 그러나 한 번에 구직이 성공하는 경우가 드물어서 I는 민원인과 한두 번 더 상담을 하기도 한다.

상담 진행 시간의 경우도 유동적인데, 간단한 정보를 제공하는 정도라면 짧게 끝날 수 있겠지만, 민원인의 문제가 복잡하거나 민원인의 성격이 까다로운 경우 상담은 긴 시간 진행될 것이다.

상담에 개입되는 외부 압력　　공공서비스 자문에서 민원인의 고민을 해결하는 것은 상담자의 중요 업무이지만 고민을 해결하지 못한다고 해서 불이익이 크지 않고, 따라서 공공서비스 장면의 자문에서는 외부 압력이 약하다고 볼 수 있다.

인사관리 장면의 조언상담

상담자 J

○○은행의 부지점장이다. 그는 부하 직원들의 적응 상태를 예민하게 관찰하는데, 고민이 있어 보이거나 업무에 적응하지 못하는 직원이 있는 경우 이들을 데리고 상담을 한다. J는 이들의 고민을 들어주고 조언을 해주기도 하는데, J와 상담한 부하직원들은 마음이 한결 편해진다고 하며 업무 능률도 향상되었다. 그렇지만 아무래도 직장 내에서 먼저 J에게 상담을 신청하는 직원은 많지 않고, 오히려 J가 상담이 필요할 것 같은 직원들에게 먼저 도움이 필요하냐고 물어보는 경우가 많다.

상담자 K

직업군인이다. 부사관으로 입대하여 현재는 군생활 20년째이다. K는 최근 상담관 임무를 맡게 되었는데, 새로 전입한 병사나 고민이 있어 보이는 병사를 세심하게 관찰하고 상담하여 조치를 취하는 임무이다. 군부대의 특성상 사고가 나면 큰일이기 때문에 이를 사전에 예방하는 것이 중요하다. K는 새로 맡은 임무를 잘 수행하기 위해 특별히 일주일 중 하루를 상담의 날로 정하고 병사들에게 자유롭게 사무실로 찾아오도록 하였다. 또 한 달에 한 번 이상 모든 병사를 적어도 한 번은 만나자는 계획을 세워놓았다.

회사 내에서 해결사로 통한다. 그는 부하직원들이 업무에서 어려워하거나 궁금해 하는 부분을 명쾌하게 풀어준다. 그가 '이런 방법을 쓰면 된다' '누구누구를 찾아가면 해결된다' 라고 하면 백발백중이다. 그런데 부하직원들은 업무적인 부분에서 자문을 구할 때는 L을 신뢰하지만 개인적인 고민을 상담하는 것은 꺼려한다. 왜냐하면 L은 잘난 체하는 경향이 있어 때로는 질문했다가 창피를 당하는 경우가 있기 때문이다.

상담 요청 주체

인사관리 장면에서 상담자는 흔히 조직의 인사담당자이거나 조직 내 상급자이며 내담자는 조직구성원이다. J와 K의 경우처럼, 인사관리 상담은 흔히 상담자가 조직 구성원을 관리하려는 목적으로 적응에 어려움이 예상되는 내담자에게 먼저 요청하여 이루어진다. 물론 도움이 필요한 조직 구성원이 먼저 요청하는 경우도 있다. 만일 구성원이 불만이나 고민을 먼저 털어놓으며 상담이 시작된다면, 이때 고민의 종류에는 직장 적응의 어려움이나 동료 또는 선후배 간 어려움이 될 수 있다. 조직이나 상급자에 대한 불만을 털어놓기는 쉽지 않은데 이것은 추후 인사상 불이익을 받을 수 있는 위험한 선택이기 때문이다. 만일 조직에 대한 불만을 털어놓았다면 상담자는 당황하지 말고 이를 차분하게 들어주고 공감하는 것이 중요하다. 불만을 털어놓는 것 자체는 회사를 그만두겠다는 것이 아니라 문제해결의 의지가 있음을 보여주는 것이기 때문이다. 불만을 털어놓지 못하고 묻어두었을 때 문제는 더 커지는 법이다.

때로 부하직원이 심리적 고민이 아닌 업무적인 부분에서 자문을 구할 수도 있다. 앞의 사례에서 보면 상급자인 L은 자신의 경험이나 지식을 바탕으로 부하직원에게 맞춤식 해결책을 제시하고 있다.

상담비

직원관리를 위한 상담의 경우, 조직 구성원을 상담하는 것은 궁극적으로 조직의 생산성을 높이기 위한 조치이다. 따라서 구성원에게 별도의 상담 비용을 부과하지 않는다. 상담자 입장에서도 마찬가지인데, 조직 내 전문상담원이 아닌 상급자가 상담하

고객상담과 심리상담의 길잡이

는 경우 상담에 대한 추가 보수를 받지 않는다.

상담 장소 및 예약 여부

인사관리 장면은 흔히 회사 내에서 상담이 이루어진다. 직원 상담은 전화보다는 대면접촉으로 이루어지는 경우가 흔하다. 이때 상담은 회사 내 지정된 장소(상담실)일 가능성이 높다. 상담실은 프라이버시를 지킬 수 있는 공간이어야 한다. 즉 독립된 공간이거나, 다른 업무 장소와 거리가 떨어져 있거나, 또는 방음시설이 되어 있어야 한다.

예약에 대해서 살펴보자. 대개 조직 구성원은 각자의 업무가 있으므로 아무 때나 시간을 낼 수는 없다. 이것은 상담자도 마찬가지다. 사전 예약을 하지 않고 아무 때나 아무 장소에서 상담이 이루어진다면 상담자와 내담자 둘 중 한 사람은 업무를 방해받을 수 있다. 따라서 상호 간 시간 예약을 한 후 상담이 이루어지는 것이 바람직하다. 상담자는 조직 구성원이나 부하직원의 업무 시간을 피하여 상담 예약을 잡을 수 있다. OO은행의 부지점장인 J나 군 상담관인 K도 모두 같은 방식을 사용한다. 그러나 현실적으로는 상급자인 상담자가 편한 시간에 직원을 호출하여 상담이 이뤄지는 경우도 많다. 이런 방식은 위계질서 때문에 생기는 것인데, 부하직원이 상급자의 권위에 의해 호출을 받아 자신의 속마음을 편하게 털어놓을지는 의문이다. 이왕 상담하고자 마음 먹었다면 내담자가 편한 시간으로 약속을 잡는 것이 내담자의 마음을 조금 더 열도록 할 수 있을 것이다.

상담 진행 시간 및 횟수

앞에서 직원관리 상담은 상호 예약한 후 이뤄질 수도 있으나, 현실적으로는 상사가 편한 시간에 직원을 호출하는 경우도 있다고 하였다. 이런 식으로 이루어지는 상담은 진행 시간도 제각각이다. 10분이 될 수도 있고 1시간이 될 수도 있다. 만일 1명의 관리자가 수십 명의 부하직원을 관리해야 한다면, 한 사람에게 충분한 상담 시간을 할애하기는 어려울 것이다.

상담 횟수의 경우, 직원인 이상 지속적으로 상담이 이루어질 수는 있으나 구체적으로 몇 번을 만나게 될지는 문제의 심각성에 따라 다르다. 부적응이 예상되는 구성원인 경우, 직원이 조직에 근무하는 내내 상담이 지속될 수 있다.

상담에 개입되는 외부 압력　　　인사관리자는 조직 구성원의 애로사항을 해결하고 잠재력을 개발하려고 노력하는데, 이것은 조직의 요구사항이다. 즉 외부 압력이 있는 것이다. 그런데 외부 압력의 성질은 불만응대 상담과는 좀 다르다. 불만응대 상담의 경우, 상담자가 감정적으로 힘들어도 꾹 참으라는 압력을 받지만, 인사관리 장면에서는 이런 압력보다는 상담 목표 설정에서 재량권을 주지 않는 압력이다.

　목표설정의 압력을 설명해보면, 큰 틀에서 볼 때 조직의 목표에 반하는 쪽으로 상담을 진행하기 어렵다는 것이다. 인사관리자는 조직 적응을 어려워하는 부하직원에게 위로와 격려를 해주기도 하고 때로는 따끔하게 충고도 할 수 있다. 그러나 직장을 옮기고 싶다고 할 때, 상담자는 그 마음엔 공감할 수 있지만 옮기라고 할 수는 없다. 이와 비슷하게 종교기관에서 종교에 대해 의심과 회의가 있을 때, 학교나 군부대에서 부적응을 호소하며 그만 다니고 싶다고 할 때 등의 경우에도 인사관리자는 조직의 목표에 반하는 소망을 지지할 수 없다.

인사관리 장면의 위기상담

상담자 M

화학제품을 생산하는 회사의 공장장이다. 최근 불행한 사고가 발생하여 직원들이 정신적으로 충격을 받은 일이 있었다. 평소 성실했던 한 직원이 기계 사고로 처참히 죽은 것이다. 사고 현장을 바로 옆에서 목격한 직원들 몇 명은 끔찍한 사고를 목격한 후유증 증상을 보였다. 어떤 직원은 멍한 채 하루 종일 지내기도 하고, 어떤 직원은 감정 조절이 어려운지 갑자기 눈물을 펑펑 흘리기도 하였다. M은 이들에게 심각한 위기가 찾아왔다고 판단하고 매일 하루 30분씩 이들을 사무실로 불러 위로와 격려를 해주었다. 대다수 직원들은 점차 정신적 충격에서 벗어나게 되었는데, 일부 직원의 경우 불안 증상이나 불면증이 생겨 M은 정신과 의사에게 의뢰하여 약처방을 받도록 도와주었다.

상담자 N

전방 부대의 장교이다. 전방 부대이다 보니 안전사고에 특히 주의를 기울였으며, 병사들의 정신상태가 흐트러지지 않도록 관리를 철저히 하려고 했다. 그런데 어느 날 밤 한 병사가 내무반을 돌아다니고 있는 것을 보았다. 병사를 불러 세워 보니 눈동자가 초점이 풀린 것 같았고, 혼자서 횡설수설하고 있었는데, 당장 조치를 취하지 않으면 정신적으로 무너질 것 같았다.

상담 요청 주체

위기상담의 경우 상담 요청을 누가 하느냐는 중요하지 않다. 상담자든 내담자든 어느 쪽에서든 신속히 시작하는 것이 중요하다. 만일 인사관리 장면에서 사고가 발생했을 경우, 대개는 조직을 보호하고 안정성을 유지하기 위해 인사관리자가 사고 피해자에게 적극적으로 상담 요청을 시도한다. 간혹 피해자가 상담을 요청하는 경우도 있는데, 이 경우에도 마찬가지로 상담자는 적극적으로 위기 상황에 개입하여 조치를 취하려고 한다.

상담비

인사관리 장면 위기상담에서는 인사 사고 피해자의 심리적 회복이 조직의 이익과 연결된다고 본다. 따라서 사고 피해자에게 상담 비용을 부과하지 않는다. 더구나 그들은 심리적으로 붕괴 직전에 있는 사람들이다. 비용 부과로 인해 더 예민해지고 피해의식이 증가할 수 있다. 단, 조직 내에서 위기 상담을 시도할 때는 비용을 부과하지 않지만 외부 전문가에게 피해자를 의뢰할 경우 비용을 지급할 필요성이 생긴다. 이때 조직에서는 외부 전문가 상담비용의 일부 또는 전부를 지원해줄 수 있다.

상담 장소 및 예약 여부

앞에서 위기상담은 신속하고 적극적인 상담 개입이 필요하다고 하였다. 따라서 장소가 중요하지 않고, 예약 여부도 마찬가지다. 위기 상담에서는 내담자에게 필요한 지지와 자원 제공(예 : 쉼터제공, 의료지원, 법률 구조 등)을 통해 당장의 위기에서 벗어나도록 하는 것이 급선무이다.

상담 진행 시간 및 횟수   위기상담은 급하고 중요한 것이기 때문에 충분한 시간을 할애하는 경향이 있다. 10분 정도의 짧은 상담보다는 1시간 정도 충분히 시간을 잡으며 때로는 그 이상의 시간을 할애할 수도 있다. 그리고 위기상담의 횟수는 정해져 있지 않다. 위기에서 어느 정도 회복된다고 판단될 때까지 여러 차례 지속적인 접촉이 필요하다.

상담에 개입되는 외부 압력   위기상태에 처한 내담자를 지원하기 위해 상담자는 충분히 재량을 발휘할 수 있어야 할 것이다. 그런데 조직 차원에서는 위기상황을 해결하지 못할 때 조직의 이미지나 생산성에 타격을 줄 수 있다고 보고 어떻게든 위기를 해결하라는 압력을 상담자에게 준다. 예를 들어 인사관리 장면에서 사고가 발생한 경우, 만일 사고 피해자가 심리적으로 회복하지 못하면 조직의 이미지에 타격이 생기고 조직 구성원의 응집성도 떨어질 수 있다. 따라서 조직응집력이나 조직생산성을 저하시키지 않도록 사고피해자를 반드시 회복시켜야 한다는 부담이 생길 수 있다. 이런 상황은 학교, 군부대, 회사 등 모든 인사관리 상황에서 마찬가지다.

위기상담에서 상담자가 부담을 느끼는 것은 바람직하지 않다. 위기상담자는 막중한 압력을 분산시키고 효과적으로 위기에 대응하기 위해 전문가 집단을 활용할 수 있다. 의학적, 심리학적, 법적 지원을 해줄 수 있는 전문가 집단을 활용하는 것이다. 예를 들어 의학적 처치가 필요한 경우에는 외부 병원으로 내담자를 의뢰해야 한다. 아울러 위기대응팀을 꾸려 압력을 분산시킬 수 있다.

사설상담 장면의 자문상담

상담자 O

창업 컨설턴트이다. 최근 베이비부머 세대들이 은퇴하면서 퇴직금으로 창업을 하려는 사람들이 많아졌다. 어떤 창업 희망자들은 창업에 실패할 위험도를 낮추기 위해 O를 찾아오는데, O는 그들에게 알맞은 업종을 골라주거나, 선택한 업종에서 성공 가능성을 높이는 다양한 방법들을 일러주고 있다.

78

상담자 P

P는 입시학원 선생님으로, 수년간 학생들의 성적, 적성, 경력에 맞는 입학 상담을 진행해왔다. 이 분야에서 어느 정도 명성을 얻은 후 P는 사설 학습상담소를 개업했다. 이곳에서 그는 찾아온 학생들의 학습법을 관찰하여 부족한 부분에 대해 자문해주며, 입학이나 진로 관련 자문을 제공하기도 하고, 이 밖에도 학습 능력 향상을 위해 부수적으로 필요한 건강이나 영양관리 전문가를 소개해주기도 한다.

상담 요청 주체   사설상담 장면은 고민이 있는 개인이 전문가를 찾아와 비용을 내고 상담하는 장면이다. 자문가가 다루는 고민은 심리적인 고민일 수도 있고 업무적인 고민일 수도 있다. 상담은 고민이 있는 개인이 해당 분야의 전문 지식을 갖춘 사설 자문상담자에게 요청하여 이루어진다. 이때 고민 해결은 개인적으로 매우 중요하므로 내담자의 상담 요구는 매우 적극적이다. 그리고 내담자 문제 해결이 상담자의 수익으로 직결되므로 자문상담자 역시 적극적인 태도를 보일 것이다.

상담비   사설상담 장면에서 내담자는 개인적 고민을 해결하기 위해 자문상담자를 직접 찾아왔다. 따라서 자문상담자가 요구하는 비용을 지불해야 한다. 그렇다면 자문가는 비용을 얼마나 어떻게 받는가? 사설 자문상담자가 비용을 받을 때 다양한 형식이 가능한데, 첫째 자문가의 경력이 비용을 결정할 수 있다. 경력이 풍부한 자문가는 상담 비용을 더 비싸게 받고, 그렇지 않은 신참 자문가는 저렴하게 받는다. 변호사의 예를 생각해보면 쉽게 이해가 될 것이다. 또 자문이 필요한 문제의 심각성 여부에 따라 자문비가 달라질 수 있다. 사소한 문제라면 굳이 자문비를 받지 않는 경우도 있다.

자문을 업무적인 자문과 심리적인 고민에 대한 자문으로 구분할 때, 예전에는 심리적인 고민을 상담할 때 비용을 지불한다는 인식이 일반적이지 않았다. 법률이나 세무적인 상담에 대해서는 비용을 지불하는 것이 당연하지만, 심리적인 고민의 조언에 대해서는 가치를 덜 둔 것이다. 그러나 최근에는 심리적 문제에 대한 상담에도 비용을 지불한다는 인식이 확대되고 있다.

상담 장소 및 예약 여부　　사설자문상담은 대면접촉으로 이루어지며, 고민이 있는 내담자가 자문상담가의 사무실을 방문하게 된다. 따라서 상담 장소는 자문상담가의 사무실이 된다. 상담은 사설상담소의 경우 사전 예약을 통해 이루어지는 것이 일반적이다. 이때 고객의 일정 뿐 아니라 자문상담자의 일정도 함께 고려하여 합의하에 예약 시간이 정해진다.

상담 진행 시간 및 횟수　　사설상담소의 경우, 사전 예약을 할 때 진행 시간도 약속하게 되는데, 대개 50분~1시간 정도의 시간이 소요된다. 물론 자문하는 문제의 심각성에 따라 소요 시간은 달라질 수 있다. 만일 복잡한 법률적 문제이거나 첫 상담인 경우 시간이 오래 지속될 수 있고, 단순한 문제이거나 상담이 이미 오래 지속되어 문제 해결이 다 된 경우 상담 시간은 짧을 수 있다. 자문 횟수 역시 문제의 심각성에 따라 달라질 수 있다.

상담에 개입되는 외부 압력　　사설상담 장면은 기업이나 공공서비스 장면과 근본적으로 다르다. 사설상담소를 운영하는 상담자는 기업이나 공공기관으로부터 급여를 받지 않고 자신을 찾아온 내담자에게 직접 비용을 받는다. 따라서 상담자는 제3의 외부압력에서 자유롭다. 이 경우 상담자는 이론에 따라, 경험에 따라, 그리고 소신껏 상담할 수 있다. 이것은 내담자 쪽에서도 마찬가지다. 내담자는 자신이 비용을 내고 상담자를 선택하였다. 따라서 상담자가 제공하는 자문, 치료, 조정 활동이 마음에 들지 않거나 도움이 되지 않는다고 판단할 때는 상담을 종결할 수 있다.

80

사설상담 장면의 치료적 상담

상담자 Q

대학에서 상담심리학 전공으로 박사를 받았고, 상담심리 관련 전문가 자격을 갖추었다. 그는 개인상담소를 운영하며 치료적 상담 활동을 하는데, 찾아온 사람들에게 비용을 받고 시간을 정해서 상담을 한다. 그를 찾아오는 사람들은 다양하다. 우울증이나 공황장애를 겪는 사람들도 있고, 이혼의 위기를 겪고 있는 사람도 있으며, 대인관계에서 적응하지 못하는 사람들도 있다. Q는 개인마다 주 1회 만나는 것을 원칙으로 하고 있고, 한 번 만날 때 50분간 대화를 통한 치료적 상담을 시도한다. 현재 Q가 상담하는 사람은 모두 20명인데, 이들은 대부분 6개월이 넘도록 정기적으로 찾아오고 있다.

상담자 R

치료적 집단상담 전문가이다. 집단상담이란 상담자와 내담자가 1:1로 만나는 것이 아니라 한 명의 상담자가 여러 명의 내담자를 만나 치료적 상담 활동을 하는 것을 의미한다. 그가 일하는 방식은 대개 집단상담 안내 공지를 통해 사람을 모으는 것이다. 안내 공지를 내면 심리적으로 어려움이 있거나 괴로운 사람이 집단상담 참가 신청을 하는데, R은 신청자가 대략 10명 정도 되면 모집을 마감한다. 이런 절차로 모인 사람들은 서로서로 자신의 괴로움이나 상처를 개방하고 공감 받고 위로를 얻는다. 이들은 R의 도움으로 집단활동 중에 내면의 깊은 상처를 어루만지는 경험을 하며 상처를 치유한다.

상담 요청 주체　　사설상담 장면의 경우 항상 개인이 상담자를 먼저 찾아오며 상담 비용을 직접 지불한다. 이 점은 자문에서 이미 언급한 바 있다. 치료적 상담에서도 자문과 마찬가지로 심리적 증상이 있거나 심리적으로 괴로운 내담자가 심리상담자(상담치료자)에게 상담을 요청하여 이루어진다.

상담비　　치료적 상담 장면에서 내담자는 심리증상을 해소하기 위해 심리치료자를 찾아왔다. 따라서 심리치료자가 요구하는 비용을 지불해야 한다. 치료적 상담의 경우 문제 증상의 종류나 심각도와 관계없이 치료자의 전문성에 따라 비용이 결정되는 것이 일반적이다. 수준급 전문 상담자의 경우 1회 1시간 상담에 수십만 원 이상의 비용을 받기 때문에 경제적으로 넉넉하지 못한 사람들은 전문 치료적 상담에 접근하지 못하는 차별이 생기기도 한다.

상담 장소 및 예약 여부

사설 상담의 경우, 심리적 증상이 있는 내담자가 심리치료자의 상담실이나 병원을 방문하게 된다. 이때 상담실은 프라이버시를 지킬 수 있는 공간이어야 한다. 즉 방음시설 및 독립된 화장실을 갖춘 공간이 좋다.

치료적 상담의 경우 주 1회 혹은 주 2회 정도로 정기적으로 이루어지기 때문에 사전 예약은 필수적이다. 도움이 필요한 사람이 언제든지 찾아와서 얼마든지 대화를 나눌 수 있다면 좋다고 생각할 수 있으나, 이것은 치료적 상담 형식이 아니다. 치료적 상담은 내담자의 정신세계를 표층부터 심층까지 차근차근 들어가며 공감하고 분석하는데, 이것은 정해진 스케줄에 따라 진행되어야 한다. 예약할 때는 만나는 날짜 및 시간대까지 정확하게 예약하며, 정해진 시간(대개 50분)이 지나면 당면 문제가 해결되지 않더라도 일단 상담을 끝내야 한다. 이 점은 자문과 치료적 상담의 가장 큰 차이점이다.

상담 진행 시간 및 횟수

치료적 상담 진행 시간은 치료 이론에 의해 사전에 정해져 있다. 치료적 상담을 공부한 전문가라면 거의 모두 1번의 만남에 50분 정도를 사용할 것이다. 문제의 심각성과 관계없이 시간은 일정하게 지켜진다.

치료적 상담의 경우 문제에 관련된 요인들이 매우 복잡하기 때문에 상담은 한두 번으로 끝나지 않고 수십 회 이루어지게 된다. 치료적 상담의 한 유형인 정신분석과 같은 경우 1주일에 2회 이상, 수년 동안 이루어지기도 한다. 대개의 경우 심리상담은 주 1회나 2회, 횟수로는 20여 회 이상 지속된다.[12]

---

12 학자들 마다 기준이 조금 다르긴 하지만, 치료적 상담 분야에서 상담이 20회기 이하일 경우 단기 상담으로 본다(김계현 외, 2011). 심리적 증상의 치료와 변화를 위해서 최소 20회기 정도는 안정적으로 진행되는 것이 좋다.

상담 장면에 개입되는 외부 압력　사설상담 장면에서는 상담자와 내담자의 1:1 관계 외에 외부압력이 개입되지 않는다. 상담자는 전문 역량을 발휘하여 창조적으로 상담할 수 있다.

사설상담 장면의 조정상담

상담자 S

사설상담소를 운영하고 있는 치료적 상담자이다. 보통 그는 1:1 개인 상담을 하지만 간혹 1:2로 상담할 때가 있다. 바로 서로 분쟁 상태에 있는 부부를 상담할 때이다. 분쟁 상태에 있는 부부를 상담하는 것은 쉽지 않은데, 어느 한 쪽 입장을 공감하는 발언을 하면 다른 쪽에서는 자기편을 안 들어준다며 원망하기 때문이다. 따라서 S는 공감은 간략하게 하면서 서로 원하는 바가 무엇인지 말하게 하고 당사자끼리 타협하도록 한다. 그는 조정 활동에 매력을 느끼고 있으며, 점점 더 많은 갈등 부부가 그를 찾아오고 있다.

상담자 T

가족상담을 전공한 치료적 상담자이다. 최근 그는 가족 갈등을 해결하는 TV 프로그램에 출연하였는데, 그 때문인지 상담소에 갈등이 있는 가족들이 더 많이 방문하고 있다. 지난 주에는 서로 미워하는 아들과 아버지를 만났다. T는 먼저 각자를 따로 따로 만나서 내면의 상처를 공감하며 어루만져주려고 치료적 상담을 시도하였다. 그런데 두 사람의 성격과 의사소통 방식이 너무나 다른 것을 발견하고 개인 상담보다는 갈등조정상담을 하는 것이 더 낫다고 판단하여 두 사람을 함께 상담소로 불렀다. 두 사람은 서로에게 바라는 것을 나누고, 서로의 입장 차이를 확인하였고, 서로에게 덜 파괴적이고 덜 상처 주는 의사소통 방식을 사용하기 시작하였다.

상담 요청 주체　사설상담 장면의 경우 자문, 치료적 상담과 더불어 조정도 똑같다. 조정이 필요한 사람들이 상담소에 찾아오기 마련이다. 대개 자발적으로 찾아오기도 하지만 주변 사람들의 권유로 마지못해 오는 경우도 있다.

상담비   조정을 요청하며 찾아온 사람들이 비용을 낸다. 상담자가 비용을 받는 방식은 다양할 수 있는데, 총액으로 받을 수도 있고 1회 조정 때마다 비용을 따로 받을 수도 있다.

상담 장소 및 예약 여부   사설상담이므로 조정이 필요한 갈등 당사자가 상담소로 찾아와서 상담이 이루어진다. 조정을 위해서는 갈등 당사자와 상담자 모두가 만나야 하므로 시간 예약을 해야 한다. 갈등 당사자는 서로 시간을 맞춰야 할 뿐 아니라 상담자의 시간과도 맞춰야 한다.

상담 진행 시간 및 횟수   대개 사설상담소의 상담자들은 만나는 시간이나 진행 시간을 상담자 본위로 예약하려고 한다. 어떤 내담자는 50분으로는 턱없이 모자란다고 여길 수 있지만, 사설상담자는 스케줄을 관리하기를 원하며, 1시간 이내에 한 명씩 체계적으로 상담하고 싶어한다. 그런데 조정의 경우 분쟁 상태에 있는 사람들이 최소 둘 이상 있게 되는데, 상담 장면에 사람이 많아질수록 할 말이 많아지고, 따라서 시간은 더 필요하게 된다. 즉 50분 정도의 시간으로 충분하지 않은 경우가 생긴다. 상담자는 시간관리를 잘 해야 하며, 만일 50분으로 부족하다고 여긴다면 처음 예약할 때 100분을 예약할 수 있다. 이때 상담 비용은 두 배로 증가될 것이다. 조정의 경우 한 번의 상담으로 조정이 완료되지 않는다면 수차례 정기적으로 상담이 이루어질 수 있다.

상담에 개입되는 외부 압력   사설상담 장면에서는 상담자와 내담자 관계 외에 외부압력이 개입되지 않는다.

공공서비스 장면의 치료적 상담

상담자 U

20대 후반으로, 청소년상담센터의 상담원이다. 그는 대학원에서 치료적 상담을 전공하였으며, 전공을 살려 청소년상담센터에 취직하였다. 그는 고민이나 심리적 증상을 가지고 찾아오는 청소년이나 학생들을 만나는데, 이들이 심리적으로 안정되고 용기를 얻을 때 보람을 느낀다. 그런데 청소년상담센터에서 일하면서 U는 대학원에서 배운 이론과 현실에 차이가 있는 것을 발견하였다. 대학원에서 배우기를 치료적 상담 장면에서는 20 여회 이상 상담을 꾸준히 해야 한다고 했지만, 청소년상담센터에서는 개인당 상담 회기를 10회 정도로 제한하고 있었던 것이다. 이것은 공공서비스 정책이기 때문에 생기는 괴리였다. 한 청소년에게 너무 많은 시간을 할당하면 대기하고 있는 다른 청소년에게 혜택이 돌아가지 못할 수 있기 때문에 생긴 제도였다.

상담자 V

서울 소재 대학 내 학생상담센터의 상담원이다. 대학생 중에서 학교생활에 적응하지 못하거나 대인관계에서 어려움을 겪거나 다양한 심리적 증상, 예를 들어 우울증이나 공황장애, 강박증과 같은 증상을 호소하는 대학생을 상담하는 것이 V의 일이다. 그런데 V는 치료적 상담 일에 만족하긴 하지만, 그가 정말 바라는 것은 공부를 계속하여 박사학위를 얻고 교수가 되는 것이다.

상담 요청 주체

공공서비스 장면에서도 치료적 상담을 제공하는 경우가 있는데, 이때 상담치료가 필요한 사람이 기관을 찾아와서 상담이 시작된다. 간혹 공공서비스의 일환으로 찾아가는 상담을 하는 경우도 있으나 흔한 경우는 아니다. 치료적 상담의 경우 자발성과 변화에 대한 의지가 필요한데, 내담자가 상담자에게 직접 찾아오는 것이 변화의 의지가 더 큰 경우이므로 상담치료의 성과가 더 좋을 수 있다.

상담비

내담자가 도움을 요청한 것이긴 하지만 공공서비스 장면이므로 상담비용이 발생하지 않는다. 공공서비스 장면은 세금으로 운영되므로 내담자에게 직접 비용을 받지 않는다. 만일 비용을 받는다 하더라도 최소한의 비용, 예를 들어 성격검사를 한다면 성격검사지 비용 정도를 받는다. 흔히 사설상담은 고비용을 지불해야 하기 때문에 무료로 제공되는 공공서비스 장면의 치료적 상담에는 많은 사람이 몰리게 된다. 한편 상담자는 급여를 받는데, 아무래도 공공기관이다 보니 실적에 따라 성과급의 차등은 크지 않다.

그런데 공공서비스 장면의 무료 또는 저비용 정책이 때로는 오히려 상담치료에 방해가 될 수 있다는 견해도 있다. 치료적 상담에 임할 때는 자발성과 변화에 대한 의지가 중요한데, 상담 비용을 낸다는 것은 이런 의지의 표현이다. 즉 상담비를 낸 사람은 공을 들인 만큼 변화하려고 노력한다는 것이다. 반대로 상담비를 내지 않은 사람은 공을 덜 들였기 때문에 오히려 상담에 충실히 참여하지 않을 수 있다.

상담 장소 및 예약 여부

공공서비스 장면의 치료적 상담에서는 심리치료를 원하는 내담자가 해당 공공기관으로 찾아온다. 치료적 상담을 제공하는 공공기관은 내담자의 프라이버시를 지킬 수 있는 독립된 상담실을 갖추고 있다.

공공서비스 장면의 경우 대개는 사전 예약 없이 민원 처리가 이루어질 수 있다. 민원인은 편한 시간에 공공기관을 방문하면 된다. 그러나 공공서비스 장면이라도 치료적 상담의 경우에는 사전에 만나는 시간 및 진행 시간의 예약이 이루어져야 한다. 치료적 상담은 주 1회 혹은 2회 정도로 정기적으로 이루어지는 형식을 갖추고 있기 때문에, 공공서비스 장면이라도 사전 예약제로 운영한다. 사전 예약제로 운영되는 것은 상담자에게 여유를 주고, 결과적으로 내담자를 효과적으로 돌볼 수 있게 하려는 것이다.

상담 진행 시간 및 횟수

앞에서 언급했듯이 공공서비스 장면이라도 치료적 상담의 경우엔 예약이 필요한데, 이때 시간이나 진행 횟수도 안내를 받는다. 진행 시간은 1회에 50분 내외이다. 그런데 진행 횟수의 경우, 사설상담소와 달리 수십 회 진행할 수 없는 구조적 한계가 있다. 공공서비스는 다수의 대중에게 제공되어야 하며, 따라서 한 사람에

고객상담과 심리상담의 길잡이

게 많은 서비스를 제공한다면 그만큼 다른 사람에게 돌아갈 서비스는 줄어든다. 따라서 대개의 치료적 상담 공공기관에서는 정책적 결정에 따라 전체 상담 횟수를 10회 정도로 제한하고 있다. 그러나 10회 정도의 상담으로 심리치료가 완료되지 않는 경우가 많기 때문에, 10회 정도까지는 공공기관에서 무료로 지원해주고, 그 이상의 상담이 필요할 때는 사설상담소로 의뢰하기도 한다. 이때 발생하는 비용은 개인 부담이 된다.

상담에 개입되는 외부 압력　　심리적 증상의 치료는 결코 쉽지 않은 일이며, 기관에서도 이를 잘 알고 있다. 이런 이유로 치료적 상담을 담당하는 상담자는 건수나 실적의 압력을 덜 받는 편이다. 그러나 공공서비스 장면에서는 다수의 사람에게 상담서비스를 제공해야 한다는 압력이 존재한다. 따라서 개인에게 제공하는 치료적 상담 서비스의 횟수를 제한하는 경우가 있다.

공공서비스 장면의 조정상담

상담자 W

40대 후반의 학교 전문상담교사이다. 학기 초가 되면 그는 조정 업무가 생기는데, 그것은 학생들 사이에 생긴 문제로 인해 양측 부모가 찾아오게 될 때이다. 이런 경우를 대부분의 선생님들이 어려워하는데 반해 W는 이를 기회로 삼아 학생들이나 학급 분위기를 더 좋게 만드는 능력이 있다. 그는 양측 부모의 의견을 침착하게 듣고 나서 각자의 입장에서 벗어나 상대방의 입장도 고려할 수 있게 이끌어준다. W의 조정을 계기로 싸웠던 학생이나 학부모들이 오히려 더 가까워지는 경우가 많았다.

상담자 X

학교폭력예방재단에서 일한다. 그가 하는 일은 학교폭력의 가해자와 피해자를 상담하는 일인데, 많은 경우 가해측과 피해측의 협의를 이끌어내는 일을 하게 된다. 가해측과 피해측의 협의를 이끌어내지 못한 학교에서 재단으로 요청이 들어오면 그가 출동하는데, 그는 양측을 따로 만나 욕구를 파악하고 타협안을 마련하여 조정을 시도한다.

상담 요청 주체　　대개 조정 업무는 분쟁 당사자가 상담을 요청하는 경우도 있지만, 당사자가 아닌 제3자가 상담을 요청하는 경우도 많다. 제3자가 상담을 요청하는 것은 양 측의 분쟁이 제3자나 또는 주변 사람들에게 부정적인 영향을 미치기에 사전에 차단하고자 하는 것이다.

상담비　　공공서비스 장면에서는 상담 비용을 받지 않는다. 상담 비용은 국가가 부담한다. 한편 상담자는 기관에 소속되어 국민의 세금이나 기관 후원금을 통해 급여를 받는다.

상담 장소 및 예약 여부　　조정은 분쟁 당사자에 개입하여 타협 및 문제해결을 도모하는 활동이다. 조정을 위해서는 갈등 당사자와 상담자 모두가 만나야 하므로 시간 예약을 하는 것이 좋다. 이때 장소는 공공기관 내 상담실일 수도 있으나, 사정이 여의치 않을 때는 제3의 장소에서 함께 만날 수도 있다. 또 분쟁 당사자가 직접 대면하지 않도록 조정상담자가 한쪽씩 따로 만날 수도 있다.

상담 진행 시간 및 횟수　　사설상담소 장면에서 조정이 필요한 일이라면 가족 갈등, 부부 갈등과 같은 것인데 반해, 공공서비스 장면에서 조정할 갈등은 이익—손해와 관련된 것이 많다. 당사자는 서로 친밀하게 알고 지내던 관계가 아니며, 서로의 이익을 위해 필사적으로 싸운다. 이런 사람들 사이를 조정하는 것은 쉽지 않다. 갈등 당사자들은 조정 상담자가 다른 쪽의 편을 들지나 않을까 의심하고 경계한다.

　　이런 상황에서 원만한 조정을 하려면 여러 차례의 만남과 노력이 필요할 것이다. 그러나 현실적으로 분쟁 상태에 있는 사람들은 서로 얼굴 붉히는 만남을 좋아하지는 않는다. 따라서 조정에 필요한 만남을 최소화하려는 경향이 있다. 대개 양측을 따로 만나 감정을 어루만지고 요구사항을 확인한 후 동시 만남을 주선하여 1~2회로 조정을 완료한다.

상담에 개입되는 외부 압력　분쟁 조정에 실패할 경우 인사고과에 반영되거나 급여가 깎인다면 강한 외부압력이 있는 것이다. 그러나 조정 업무가 워낙 거칠고 힘든 일이라 조정에 실패했다고 해서 상담자에게 불이익을 주기 어렵다.

공공서비스 장면의 위기상담

상담자 Y

구립 청소년 쉼터에서 일한다. 어느 날 밤 한 여학생이 울면서 전화를 했는데, 아는 선배에게 성폭행을 당했다는 것이었다. 너무 당황스럽고 또 부끄러운 일이라서 부모님께는 말하지 못했다고 하면서 어떻게 하면 좋을지 물어왔다. Y는 침착하게 위기대응 지침에 따라 여학생을 위로하고 안심시킨 후 연락처를 얻어냈다. Y는 당장 상사에게 전화로 보고하여 여학생에게 긴급히 필요한 조치에 대해 의논하기 시작했다.

상담자 Z

청소년 자살예방센터에서 일하는데, 한밤중에 끈질기게 울려대는 전화를 받았다. 전화기 건너 목소리의 주인공은 자신이 곧 자살할 거라고 얘기하였다. Z는 침착하게 왜 그런 생각을 하게 되었는지 물어보면서 시간을 끌었다. 죽으면 안 된다는 이야기를 급하게 할 필요는 없었다. 전화를 했다는 것 자체가 이미 누군가와 이야기하고 싶은 마음이 있는 것이기 때문이었다. 이야기를 충분히 들어준 후 Z는 생명을 소중히 여기고 힘든 고비를 함께 넘겨보자고 약속하며 상담을 마무리하였다.

상담 요청 주체　흔히 위기상담은 내담자의 절박한 요청으로 상담이 시작되는데, 대개는 매우 늦은 타이밍이다. 따라서 상담자는 침착하면서도 민첩하게 대응해야 하며, 가용한 자원을 모두 동원해야 한다. 위기 상황이 발생했을 때는 혼자 처리하는 것은 바람직하지 않다. 위기 상황을 접수하면 즉각 상사에게 보고하거나 팀을 꾸려 대처하는 것이 필요하다.

상담비 공공서비스 장면이므로 상담 비용은 없을 것이다. 상담 비용은 국가 또는 후원단체가 부담한다. 그런데 비용이 없을 때 생기는 부작용도 있는데, 소위 말하는 장난 전화와 같은 것이다. 공공서비스 장면에서는 위기 대처를 위해 24시간 핫라인hot line을 운영하는데, 정말 위기도 아니면서 심심하다거나 외롭다거나 해서 상담원과 전화 통화를 시도하는 것이다. 이런 부작용을 막기 위해서라도 최소한의 비용 부과가 필요할 것이다. 한편 상담자 입장에서 상담활동에 대한 급여를 받는다.

상담 장소 및 예약 여부 앞에서 언급했듯이, 위기상담은 심각하고 급한 위기 상황에서 개인이 정신적으로 붕괴되지 않도록 보호하는 작업을 의미한다. 자살 충동이 생긴 사람이나 심각한 학대나 성폭력을 당한 사람은 가급적 긴급히 상담해야 한다. 그런데 급작스런 자살 충동이나 위기 상황에 처한 사람이 상담소에 찾아오는 것은 쉽지 않을 것이다. 그래서 보통 위기상담은 핫라인이라 불리는 전화상담을 통해 이뤄지는 경우가 많다.

그리고 예약이 필요하다면 위기상담이 아닐 것이다. 위기 상황에는 상담자와 긴급하게 접촉할 수 있어야 한다. 대개 핫라인을 통해 24시간 상담이 가능하도록 체계를 갖춘다. 그런데 이런 점이 상담자들에게는 부담으로 작용할 수 있다. 예를 들어 Z가 일하는 청소년 자살예방센터에서는 상담자에게 일주일에 한 번 야간 당번을 서도록 하는데, 비록 다음 날 휴무를 준다고 해도 생활 리듬이 깨지므로 야간 당번은 상당히 힘들다.

상담 진행 시간 및 횟수 위기상담 진행 시간의 경우, 위기가 해소될 때까지 계속 상담이 진행된다고 보면 된다. 자살예방센터에 근무하는 Z는 상대방의 목소리가 안정이 되고 다음 날 상담센터로 찾아오겠다는 약속을 받을 때까지 계속 전화를 받아주는데, 이런 작업은 몇십 분에 끝나기도 하지만 때로는 밤새 내내 지속되기도 한다. 위기상담의 횟수는 위기가 해소될 때까지 제약 없이 이루어질 수 있으나, 자주 반복한다고 해서 결

고객상담과 심리상담의 길잡이

코 좋은 것은 아니다. 최초 위기가 해소된 후 계획적으로 진행되는 치료적 상담으로 의뢰하는 편이 더 나을 것이다.

상담 장면에 개입되는 외부 압력
앞에서도 언급했듯이, 위기 상태에 처한 내담자를 지원하기 위해 상담자는 충분히 재량을 발휘할 수 있어야 할 것이다. 위기상담에 실패했다고 책임을 묻거나 급여를 깎는 일은 상담자의 사기를 떨어뜨릴 것이다.

03 정 리 하 기

1 / 집마다 구조가 조금씩 다르듯이 상담 장면들도 상담요청 주체, 상담 비용, 예약 여부, 상담진행 시간, 상담진행 장소, 상담에 개입되는 외부압력 등에서 세부적인 차이가 있다.

2 / 상담요청 주체는 누가 상담을 요청하였는가를 의미한다. 대개 고민이 있거나 문제가 있는 사람이 상담을 요청할 것 같지만, 인사관리 장면에서는 부하직원의 적응 문제를 발견한 상급자가 먼저 상담을 요청하기도 하고, 고객관리 장면에서도 고객 유치 후 지속적인 관리를 위해 먼저 상담을 요청하기도 한다.

3 / 상담은 상담비가 발생한다. 고객 입장에서는 유료상담보다 무료상담을 선호할 것이다. 그러나 무료 상담이라도 고객이 구입한 제품이나 서비스에 상담 비용이 포함되어 있고, 공공서비스 상담의 경우는 세금에 비용이 포함되어 있다.

4 / 상담 장소가 정해진 경우도 있고 그렇지 않은 경우도 있다. 요즘에는 편의를 위해 전화로 진행되는 상담도 많다. 그러나 가급적이면 안락한 환경에 내담자의 프라이버시를 보호할 수 있는 공간에서 상담이 이루어지는 것이 바람직하다.

5 / 사설상담소 장면에서는 예약은 필수이다. 만날 시간에 대한 예약뿐 아니라 상담이 몇 분 동안 진행될 것이냐에 대한 예약도 이루어진다. 그러나 다른 장면에서는 예약대로 상담이 이루어지기는 현실적으로 어렵다.

6 / 상담진행 횟수의 경우, 한두 번의 상담으로 상담이 종료되기도 하고 수십 회 이상 진행되기도 한다. 대개 치료적 상담의 경우, 내면의 갈등을 인식하고 정신적으로 성장하기 위해서 정기적으로 수십 회 이상의 만남이 필요하다.

7 / 사설상담소 상담자들은 고용된 입장이 아니므로 외부 압력을 받지 않지만, 대부분 고용된 상담자들은 직접 간접적으로 고용주의 압력을 받는다.

CHAPTER 04

고객 불만과
불만응대상담

CHAP
TER 04

고객 불만과
불만응대상담

지금까지 6가지 주요 상담 장면, 즉 불만응대상담, 고객유치, 조언 및 자문, 치료적 상담, 위기상담, 조정을 차별점 위주로 간략히 살펴보았다. 이제부터는 각 유형을 좀 더 구체적으로 살펴보며, 해당 분야에서 전문가가 되기 위해서 무엇을 어떻게 해야 하는지 살펴볼 것이다. 먼저 불만응대상담부터 다루어보자. 앞에서도 언급했듯이, 최근 상담이란 용어가 광범위하게 사용되며 특히 고객불만을 응대handling complaint 하는 경우를 '상담'이라 여기고 있다. 그런데 같은 '상담'이란 용어를 사용하더라도, 제3자에 대한 불만을 들어주는 상담과 상담자에게 쏟아붓는 불만을 들어주는 상담은 큰 차이가 있다. 쏟아지는 불만을 침착하게 어루만지고 문제를 해결하는 요령을 살펴보자.

문제는 무엇인가?

불만응대상담에 대해 자세히 살펴보기 위해 먼저 불만응대상담에서 다루어야 할 문제의 속성을 살펴보면서 시작하자.

불만 문제와 불만응대상담

불만은 기대나 욕구가 만족스럽게 충족되지 않았을 때 생기는 반응이다. 자신에게 손해를 끼치거나 상처를 준 상대방에게 느끼는 감정적 측면도 있다. 만일 제3자에 대한 불만을 전해 듣는다면, 상담자는 내담자의 불만에 공감하고 위로해주면 될 것이다. 그런데 만일 상담자가 불만을 초래한 당사자 혹은 당사자의 대리인이라면 어떻게 될까? 이 경우에는 불만을 몸소 받아내야 할 것이며, 손해나 상처를 입힌 것에 대해 사과하고, 가능한 경우 손해나 상처를 회복시켜주는 활동을 해야 할 것이다.

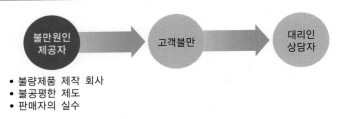

불만응대상담이 이루어지는 대표적인 상황으로 고객 불만응대상담이 있다. 구매한 제품이나 서비스가 불만인 경우 고객은 판매자 측에 불만을 제기하며 판매자는 고객 불만에 응대한다. 만일 고객의 과실이 아니라면 판매자는 제품의 교환이나 또는 적절한 손해배상을 해 줄 것이다. 고객상담 장면 외에 공공기관에서도 민원인이 불만을 제기하는 상황이 벌어질 수 있는데, 이때 상담자는 불만에 응대하며 민원을 해소할 수 있도록 노력한다.

그런데 일부 불만응대상담자들은 불만을 초래한 당사자가 아님에도 불구하고 불만응대 작업을 하는 경우가 있다. 현대사회에서는 상품의 제작, 판매 및 사후 서비스 과정이 분업화되어 있는데, 회사에 고용된 입장에서 불만응대를 업무로 처리해야 하는 상담자들이 있다. 이들은 고객에게 직접 손해나 상처를 주진 않았지만, 회사를 대신하여 고객의 불만스런 감정을 응대하며 요구사항을 처리해야 하는 것이다. 이는 공공기관의 상담자들도 마찬가지다. 민원인을 실망시킨 것은 사회나 국가의 제도이다. 그런데 상담자가 대리인으로서 불만을 몸소 받아내야 하는 것이다.

불만응대는 감정의 문제

우리는 누구나 구매한 제품이나 서비스에 대해 불만을 느껴본 적이 있을 것이다. 흔히 불만이 기대나 욕구의 좌절로 생긴 반응이기 때문에, 기대나 욕구를 재충족 시켜준다면 불만은 자연스럽게 해결될 것으로 생각한다. 그러나 실제로는 그 이상을 포함한다. 예를

들어 구매한 물건이 불량품일 때 새 물건으로 바꿔주기만 한다고 해서 모두 해결되는 것은 아니며, 좌절감을 달래주는 것이 필요하다. 불만을 가진 사람은 상대방으로부터 감정적인 보상인 사과나 위로를 얻으려고 한다. 즉 불만응대의 문제는 단순히 기대나 욕구의 재충족 외에 본질적으로 다른 차원, 즉 감정의 차원을 포함한다. 다음의 예를 보자.

> 고   객 : "제품이 불량품이 도착했어요. 고객센터에 연락하느라 반나절이 허비되었네요."
>
> 상담자 : "그거 거기다 두세요. 담당 기사가 새 제품을 가지고 1주일 후에 방문할 것입니다. 그때 반품하시면 됩니다."

흔히 불만을 유발한 상대는 기업이지만 고객상담자가 기업을 대리하는 입장이므로 고객은 상담자에게 사과를 받고 싶어한다. 그런데 앞의 예에서 보면 상담자는 고객이 '반나절이 허비되었'고 불만스런 감정을 전달하고 있는데도 감정을 받아주지 않고 그냥 실무적으로 처리하고 있다. 이런 서비스를 받은 고객은 새 제품을 받은 후에 다시는 이 회사의 제품을 구입하지 않게 될 것이다. 따라서 이 경우에는 해결책을 제시하기 전에 반드시 고객의 감정에 조율하는 작업을 먼저 해야 한다. 다음과 같이 응대해야 할 것이다.

> 고   객 : "제품이 불량품이 도착했어요. 고객센터에 연락하느라 반나절이 허비되었네요."
>
> 상담자 : "불량품으로 인해 아까운 시간을 허비하셨네요. 본의 아니게 손해를 끼쳐드려 죄송한 마음입니다."
>
> 고 객 : "네 알겠습니다. 이걸 어떻게 처리하면 될까요?"
>
> 상담자 : "네 집에서 그냥 보관하십시오. 담당 기사가 새 제품을 가지고 1주일 후에 방문할 것입니다. 그때 반품하시면 됩니다."

감정을 응대하는 것이 얼마나 중요한지 설명하기 위해 폭행 사건 피해자의 예를 또 들어보자. 폭행으로 신체에 심각한 위해를 입었을 때 치료가 필요할 수 있다. 폭행 피해자는 치료비를 보상받아야 하며 회복에 걸리는 시간 동안의 노동 손실에 대해서도 보상받아야 한다. 그러나 대부분의 사람들은 이것으로도 만족하지 않는다. 그들은 반드시 진심 어린 사과를 들으려고 한다. 심지어 진심 어린 사과가 있다면 타협 과정에서 양보를 하거나 손해를 감수하기도 한다. 감정의 문제는 물건이나 돈의 문제와 마찬가지, 아니 그 이상으로 중요한 부분이기 때문이다.

그러므로 불만을 응대하는 상담자는 항상 감정이 먼저임을 명심해야 한다. 물론 조치를 취하지 않을 수는 없다. 그러나 급한 마음으로 조치를 취하는 것보다 조금 돌아가는 마음으로 감정을 먼저 어루만져야 할 것이다. 이때 고객이 표출하는 감정의 정체를 섬세하게 파악하여 짚어주면 좋을 것이다. 불만에는 다양한 감정이 밑에 깔려 있는데, 예를 들어 실망감, 억울함, 무시당함, 섭섭함, 번거롭고 귀찮음, 창피함 등이 있을 것이다. 고객의 마음을 콕 짚어줄 수 있는 상담자는 오히려 문제 해결의 지름길로 달려가는 셈이다.

불만응대에서 감정응대의 중요성

심층감정과 2차 불만

흔히 엑기스가 중요하다고 한다. 인간의 감정도 마찬가지이다. 감정에는 겉으로 드러나는 감정 외에 깊숙한 곳에 감추어진 응축된 감정이 있다. 이것을 표층감정과 심층감정으로 구분할 수 있다. 표층감정은 문제가 발생한 상황 그 당시에 느껴지는 감정이라면, 심

고객상담과 심리상담의 길잡이

층감정은 어렸을 때부터 지속적으로 느껴왔던 진한 감정을 의미한다. 심층감정을 핵심
감정이라고 하기도 한다. 심층감정은 익숙한 감정임에도 불구하고 사람들은 심층감정을
잘 인식하지 못하거나 혹은 잘 조절하지 못한다. 그런데 표층감정은 심층감정과 연결되
어 있어서, 만일 표층감정이 충분히 해소되지 않은 경우 심층감정이 깨어나 사소한 문제
가 큰 문제로 발전한다. 표층감정에 의해 심층감정이 깨어난 경우 일은 걷잡을 수 없이
커진다.

예를 들어 설명해보자. 핸드폰 요금이 많이 나와서 불만인 고객이 콜센터에 전화를 걸
었다. 고객은 자신의 억울한 마음을 전달했는데, 상담자는 그 억울함에 반응하지 않고
비교적 딱딱한 태도로 응수하였다. 갑자기 고객은 무시를 받았다고 느끼면서 걷잡을 수
없이 화를 내었다. 왜 이 고객은 걷잡을 수 없을 만큼 강렬한 분노에 휩싸이게 되었는
가? 그것은 상담자가 자신을 하찮게 여겼다고 느꼈기 때문이다. 상담자가 딱딱하게 반
응했을 때 받았던 무시의 느낌은 실은 과거 반복적으로 노출된 감정이었기 때문에 걷잡
을 수 없고 조절하기가 어려웠던 것이다. 상담자의 딱딱한 태도에서 받은 느낌은 표층감
정이지만, 이것이 내면의 심층감정을 깨운 것이다.

고 객 : "지난 달 사용 요금이 너무 많이 나왔네요."

상담자 : (바쁜 목소리로) "네 주민번호 불러주세요."

고 객 : "88****-2*******"

상담자 : (대답하자마자 다음 질문으로 넘어감) "집주소가 어떻게 되시죠?"

고 객 : "서울 ***구 *** 동 ** 번지에요."

상담자 : (딱딱하고 사무적인 말투로) "지난달 사용 시간은 총 200시간이고 요금은 제
대로 청구되어 있습니다."

고 객 : (울컥하며) "이것 보세요. 지금 뭐하자는 거예요?"

앞의 예에서 상담자의 딱딱하고 무성의한 목소리는 고객에게 무시당한다는 느낌을 주
었다. 상담자는 먼저 요금이 '너무 많이 나왔다'는 불만에 반응했어야 하는 것이다. 그런

데 빠른 업무처리를 위해 바로 개인정보를 물어봄으로써 고객의 감정을 소홀하게 다루었고, 고객은 무시당했다는 느낌을 받게 된 것이다. 무시당함으로 인해 내면의 적대감이 깨어나면 더 이상 이성적인 처리가 불가능할 것이다. 상담자는 강렬한 적대감을 깨운 셈인데, 그럼에도 불구하고 무엇이 잘못되었는지 알지 못한 채 속수무책으로 당하게 된다. 따라서 불만응대 상담자는 감정의 증폭 가능성 및 과정에 대해 알아야 한다. 상대가 응축된 분노나 적대감을 표현할 때 보통 사람이라면 결코 편안하게 받아들일 수는 없을 것이다. 강렬한 감정이 침투해 들어오는 것을 방어하기 위해 사람들은 피하거나, 무반응으로 응대하거나, 때로는 맞서려고 할 것이다. 그러나 이미 엎질러진 물이다. 상담자는 사전에 고객의 표층감정에 적절히 반응해줌으로써 물을 엎지르기 전에 처리했어야 했다.

블랙컨슈머의 문제

최근 언론에 다양한 유형의 블랙컨슈머가 보고되고 있다. 블랙컨슈머black consumer란 구매한 제품의 하자를 문제 삼아 기업을 상대로 과도한 피해보상금을 요구하거나 또는 거짓으로 피해를 본 것처럼 꾸며 보상을 요구하는 소비자를 의미한다. 음식점을 돌며 이물질을 넣는 경우는 다반사이며, 여럿이 모여 조직적으로 활동한다고도 한다. 금융이나 서비스 산업에 대해서도 블랙컨슈머가 나타나고 있는데, 자신이 우수고객이라며 하루에도 수차례 방문 또는 전화를 걸어 과도한 포인트를 요구하는 경우도 있고, 말꼬투리를 잡아 상담자를 괴롭히거나 모욕주거나 희롱하는 경우도 생기고 있다. 이와 반대로 정당하게 선의의 문제를 제기하는 고객을 화이트컨슈머white consumer라고 부른다. 기업이나 회사 입장에서는 부정적인 이미지가 퍼지는 것을 차단하려고 시도하기 때문에 악의적인 문제제기인줄 알면서도 블랙컨슈머의 요구에 단호하게 대처하기 어렵다는 한계가 있다. 블랙컨슈머는 이 점을 악용한다.

앞에서 불만응대의 본질은 좌절과 관련된 감정 차원이라고 하였는데, 이와 달리 블랙컨슈머 문제는 감정의 문제가 아니다. 이것은 계산된 행위로, 아무리 친절하고 성의 있

게 상담을 해도 어떻게든 꼬투리를 잡으려 할 것이다. 다음의 예를 보자.

고　객 : "제품이 불량이 왔네요. 이걸 교환하고 싶어요."

상담자 : "언제 물건을 사셨나요?"

고　객 : "한 달쯤 되었나 봐요."

상담자 : "그 동안 사용하신 것 같은데요, 불량이면 바로 연락 주시지 그러셨어요."

고　객 : (기다렸다는 듯이 화를 내며) "뭐요? 그럼 일찍 연락하지 않은 내 잘못이란 말인가?"

　　블랙컨슈머는 상황을 키우고 소란스럽게 만들어서 자신에게 유리한 상황으로 만들려고 한다. 블랙컨슈머의 문제는 고객이 왕이므로 무엇이든 다 해도 된다는 권리남용의 문제이며, 요구를 들어주지 않을 때는 좋지 않은 소문을 내겠다고 협박하는 문제이고, 개인의 이익을 위하여 악하게 행동하는 비윤리성의 문제이다. 따라서 블랙컨슈머의 경우 기업이나 회사 차원에서 강력하게 대응하는 것이 중요하며, 블랙컨슈머에 노출된 상담자를 보호하는 시스템을 갖추는 것이 중요하다. 이것을 소홀히 할 경우, 상담자들은 정당하게 불만을 제기하는 모든 고객들까지도 블랙컨슈머로 의심하게 되며 상담의 질이 저하될 수 있다.

문 제 는 왜 생 기 는 가 ?

고객 불만이 생기는 원인에 대한 여러 가지 심리학 이론의 적용이 가능하다. 하나씩 살펴보면 다음과 같다.

욕구 좌절

불만을 제기하는 것을 흔히 컴플레인complaint 또는 클레임claim[13]이라고 하는데, 불만 자체는 만족스럽지 않음을 의미한다. 따라서 영어 표현으로는 욕구 좌절frustration을 불만으로 번역하는 것이 타당하다. 불만은 개인의 욕구가 내적, 외적 방해에 의해 만족이 좌절되는 것을 의미한다. 이때 개인 내부에는 정서적 긴장이 생기는데 이것을 불만 상태라고 할 수 있다. 개인은 긴장 상태를 해소하기 위해 외적으로 어떤 행동을 취하는데, 가벼운 불평에서부터 과격한 공격 행동까지 나타날 수 있다.

좌절-공격성 이론

정신분석이론[14]에서는, 욕구 만족이 방해받을 때 겪은 좌절이 분노의 원천이 된다고 하였다. 불만상태에 있는 사람들은 토라지거나 짜증을 낼 수도 있으나 때로는 상대방에게 강한 분노 감정을 표현한다. 분노anger를 행동으로 표현하는 것을 공격행동aggression이라고 하는데, 공격행동은 상대방에게 위협을 가하므로 상대방은 맞서 싸우거나 혹은 피하려고 하게 된다. 불만응대의 경우 강한 분노를 응대해야 하는데 이것은 결코 쉽지 않다. 공격을 받을 때 맞서 싸우거나 피하는 것이 본능인데, 불만응대 상담자는 고객의 불만을 들어주며 어루만져 주어야 한다. 이것은 본능에 위배되는 일이다.

기대 - 성과 비교와 실망

불만이 생기는 원인을 인지적인 측면에서 설명한 것이 기대─성과 비교expectancy-outcome comparison 이론이다. 고객은 제품이나 서비스를 구매할 때 나름대로 기대하는 바가 있는데, 실제로 기대에 못 미치는 성과가 산출된다면 실망하게 되는 것이다.[15] 따라서 고객상

---

13 컴플레인이나 클레임은 불만이 발생했음을 상대편에게 알리거나 문제를 제기하여 금전적 보상이나 기타 배상을 청구하는 것을 의미한다.

14 독일의 정신의학자인 지그문트 프로이트가 창안한 이론으로 인간의 행동에 미치는 무의식의 영향력을 강조하였고, 성격발달과 심리치료이론의 기반이 되었다.

15 기대와 실망의 개념은 큰 틀에서 보면 욕구 좌절 개념과 유사하지만, 기대(expectancy)라든지 비교(comparison)와 같은 개념들은 인간의 욕구보다는 사고기능에 더 가깝다는 차이가 있다.

고객상담과 심리상담의 길잡이

담자는 고객의 최초 기대가 무엇이었는지를 파악할 수 있다면 고객의 마음을 어루만지면서 불만응대 상담을 원활하게 끌고 갈 수 있다.

귀인 오류 귀인이론attribution theory은 문제 상황의 원인을 어디에 돌릴 것이냐에 관한 이론이다. 귀인이론에 따르면 실망의 원인을 내적 요인으로 돌리느냐 외적 요인으로 돌리느냐에 따라 개인의 반응이 달라질 수 있다. 예를 들어 고속도로에서 빠르게 추월해 가는 차를 보고 운전자의 성격이 더럽다고 귀인하느냐 아니면 무슨 급한 일이 생겼다고 귀인하느냐에 따라 반응이 달라지는 것이다. 고객불만 상황에 이를 적용해볼 때, 제품이나 서비스가 불량일 때 회사가 고객을 골탕먹이려고 작정했다고 지각하느냐 아니면 일시적으로 불량 제품이 생겼거나 또는 서비스 제공자가 피곤해서 그런 일이 벌어졌다고 지각하느냐에 따라 고객 불만의 양상은 달라질 것이다. 일시적인 제품 불량으로 여긴다면 불만의 강도는 훨씬 약할 것이다.

귀인이론을 고객 불만응대상담에 적용할 수 있는데, 상담자는 귀인에 오류가 있다면 먼저 감정을 잘 어루만진 후 귀인 오류를 짚어주며 교정해줄 수 있을 것이다.

반사회적 성격

성격심리학이나 이상심리학에서 규정한 성격장애personality disorder(인격장애) 중에 반사회적 성격은, 지능이나 문화적 결손(예를 들어 어렸을 때 교육을 못 받은 것)이 없음에도 불구하고 상습적으로 비도덕적 행위나 범법행위를 저지르고, 타인의 고통이나 아픔을 느끼지 못하며, 잘못된 자신의 행위에 대해 죄책감을 느끼지 못하는 성격을 의미한다. 반사회적 성격 이론은 블랙컨슈머의 문제를 설명할 때 사용할 수 있는 이론이다. 블랙컨슈머는 단순히 이기적인 사람으로 보기 어렵다. 이기적인 사람의 경우에도 타인의 고통에 공감하는 능력은 갖추고 있다. 반면 반사회적 성격의 소유자는 타인의 아픔에 공감하지 못하므로 뻔뻔한 짓을 서슴지 않고 저지를 수 있는 것이며, 후회나 죄책감이 없으므로 여러 차례 반복해서 범법행위를 저지르는 것이다.

반사회적 성격에 대해 더 자세히 알아보기 위해 전 세계적으로 사용되는 정신장애에 대한 진단 및 통계 편람DSM 4판에서 언급한 내용을 보자. 먼저 진단 기준은 다음과 같다.

[진단기준]

다른 사람의 권리를 무시하고 침해하는 행태를 전반적, 지속적으로 보이며, 이러한 특징은 15세 이후에 시작된다. 다음 중 세 가지 이상의 항목으로 나타난다.

● 반복적인 범법행위로 체포되는 등 법률적 사회규범을 따르지 않는다.
● 거짓말을 반복하거나 가명을 사용하거나, 자신의 이익이나 쾌락을 위해 다른 사람을 속이는 사기성이 있다.
● 충동적이거나, 미리 계획을 세우지 않고 행동한다.
● 쉽게 흥분하고 공격적이어서 신체적인 싸움이나 타인을 공격하는 일이 반복된다.
● 자신이나 타인의 안전을 무모하게 무시한다.
● 시종일관 무책임하다. 예컨대 일정한 직업을 꾸준히 유지하지 못하거나 당연히 해야 할 재정적 책임을 다하지 못한다.
● 다른 사람에게 해를 입히거나 학대하는 것, 또는 다른 사람의 물건을 훔치는 것에 대해 아무렇지도 않게 느끼거나 합리화하는 등 양심의 가책을 느끼지 않는다.

[증상]

다른 사람의 권리를 무시하는 무책임한 행동 양식을 반복적, 지속적으로 보인다. 많은 이들이 반복적인 범법행위에 참여하거나 연루되곤 한다. 다른 사람의 감정에 대한 관심이나 걱정이 전혀 없으며, 사기를 일삼고, 다른 사람에게 피해를 입히고도 양심의 가책을 느끼지 못한다. 사회적, 가정적으로 맡은 역할을 수행하지 못하기 때문에 성실, 정직, 신뢰와는 거리가 멀다. 반사회적인 사람들 중 일부는 달변의 매력을 갖추어 다른 사람을 매혹시키고 착취하기도 한다. 대개의 경우 다른 사람이 느끼는 감정에 관심이 없지만, 타인의 고통에서 즐거움을 얻는 가학적인 사람들도 있다.

세련된 반사회적 성격

앞에서 언급한 반사회적 성격의 소유자들은 반복적으로 범법행위를 저지르며 그로 인해 법적인 제약을 당한다. 이들은 충동적이고 폭력적이며, 흔히 폭행사건이나 기물 파손, 사기 등에 가담한다. 그런데 일부 반사회적 성격의 소유자들은 법적 테두리를 벗어나지 않을 수 있다. 이들은 법의 허점을 이용할 수 있을 정도로 충분히 영리하며 세련된 사람들이다. 블랙컨슈머의 경우엔 세련된 반사회적 성격 성향자로 볼 수 있다. 이들은 권력관계를 잘 파악할 수 있고 법의 한계가 어디까지인지 잘 알고 있다. 이들은 소비자 불만을 두려워하는 회사의 서비스 특징을 잘 파악하면서 자신의 권력을 휘두르는 것이다.

어떻게 문제를 해결할 수 있는가?

문제의 특징과 문제가 생긴 원인에 대해 살펴보았다면, 다음으로 살펴볼 것은 문제의 해결 방법이다. 불만응대상담의 과정은 대개 비슷하다. 먼저 경청을 통해 어떤 부분이 불만스러운지를 파악하고 공감이나 위로, 격려 등으로 불만스런 마음을 어루만진다. 그리고 마음이 안정된 후에 합리적으로 타협하는 순서로 진행된다. 그런데 마음을 파악하고 어루만지는 것이 말처럼 쉽지 않을 수 있다. 불만이 생겼다 해도 사람마다 그 이유가 조금씩 다르고 따라서 어루만져야 하는 감정이 조금씩 다르다. 이 부분을 콕 집어내어 공감하는 것이 중요하다. 만일 그렇지 못한 채 두루뭉술하게 반응한다면 고객은 이해받지 못했다고 여기며 합리적 타협의 단계로 넘어가지 않을 것이다.

경청과 불만 공감

상담은 잘 듣는 것부터 시작된다. 경청(傾聽, listening)은 상대방이 말하는 흐름을 잘 따라가며 듣는 것이다. 영어 표현을 보아도 소리가 들린다는 'hear'보다, 적극적으로 듣는다는 'listen'이 경청을 의미한다. 잘 들어야 잘 말할 수 있기 때문에, 경청은 상담에서 매우 중요하게 여겨진다. 그런데 경청은 듣기만 하는 것은 아니다. 경청은 상담자가 잘 듣고 있다는 것을 전달하는 것이다. 고객이 불만을 표현할 때 상담자는 '네', '아~' 등 추임새를 넣으면서 듣는다. 이것은 고객으로 하여금 '저 사람이 내 말을 잘 듣고 있구나'라는 느낌을 전달하게 된다.

경청의 내용

경청에 대해 좀 더 살펴보자. 경청은 잘 듣는다는 뜻이다. 그런데 무엇을 듣는 것인가? 크게 언어적인 것과 비언어적인 것으로 나눌 수 있다. 먼저 언어적인 것을 살펴보면 세 가지 정도로 나눌 수가 있는데, 각각 사실 정보, 생각, 그리고 감정이 있다. 먼저 사실 정보는 가족이나 직업에 대한 정보나 또는 '언제 어디서 누가 무엇을 어떻게 했다'와 같은 정보이다. 어떤 상담자는 이것을 굉장히 강조하는데, 사실 관계가 중요하다고 여기기 때문이다. 예를 들어 제품의 구입 경로라든지 배달 시간과 같은 정보 말이다. 물론 사실 관계의 확인은 중요하다. 그러나 사실 정보를 너무 강조하다가 고객의 감정 정보를 소홀히 하는 일이 벌어져서는 안될 것이다.

두번째는 생각이다. 상대방의 말을 경청하다보면 그 사람의 생각을 들을 수 있다. 생각은 일종의 판단이다. 예를 들어 상대방은 '그 친구가 나를 무시했어.'라고 말할 수 있다. 상담자는 생각과 사실을 분명히 구분할 수 있어야 한다. 예를 들어 친구와 약속을 했는데, 친구가 약속 시간에 1시간 늦게 나왔다고 말하면 그것은 사실을 전달하는 것이다. 그러나 친구가 나를 무시했다고 하는 것은 생각을 전달하는 것이다. 어떤 상담자는 상대방의 생각을 잘 듣고자 하는데, 이것은 그 생각을 통해 그 사람을 알 수 있기 때문이다.

마지막으로 감정을 경청할 수 있다. 물론 감정은 언어로 굳이 전달하지 않아도 되겠으나, 어떤 사람들은 자신의 감정을 말로 전달한다. 감정을 언어로 표현하는 사람의 경우에는 비교적 솔직하고 개방적인 사람으로 볼 수 있다. 반면 어떤 사람들은 감정을 표현하는데 익숙하지 않다. 이들은 드러내는 것이 불편하고 감추는 것이 오히려 편한 사람이다. 이들의 감정은 비언어적 정보를 경청함으로써 파악할 수 있다. 비언어적 정보에는 몸의 자세나 손발의 제스처, 시선, 얼굴 표정, 목소리의 강약이나 떨림 등이 포함될 수 있다.

불만사항의 파악과 공감　　　불만응대상담에서 경청의 목표는 크게 두 가지이다. 첫째는 불만사항을 정확히 파악하는 것이고, 둘째는 불만과 관련된 고객의 감정이나 욕구를 파악하고 공감하는 것이다. 표면적으로는 첫 번째 사안이 중요하다. 무엇 때문에 불만이 생겼고 고객이 무엇을 요구하는지 파악해야 처리가 가능할 것이다. 그런데 겉으로 드러난 상황과 달리 마음 깊은 곳에서는 좀 더 복잡한 감정과 욕구가 춤추고 있는데, 효과적인 불만응대를 위해서는 이런 깊은 감정과 욕구를 공감해주는 것이 필요하다. 앞에서 표층감정과 심층감정을 구분하였는데, 심층감정에 좀 더 다가갈 수 있어야만 불만응대를 성공적으로 마칠 수 있는 것이다.

　여기서 불만과 관련된 심층감정 두 가지를 간략히 소개해보자. 첫째는 이미 앞에서 심층감정 부분에서 언급하였는데, 자신이 하찮게 여겨지는 감정이다. 하찮게 여겨지는 감정은 자신이 매력이나 인기가 없는 존재의식, 소중하게 여겨지지 않는 존재의식, 쉽게 버려질 수 있는 존재의식 등과 관련이 있다. 바꾸어 말하면 하찮게 여겨지는 감정은 매력이나 인기 있는 존재가 되고 싶은 욕구나 소중하게 여겨지고 싶은 욕구에서 비롯된다는 것이다. 이 욕구에 사로잡힌 사람은 항상 인기나 관심을 추구하는데, 상대가 조금만 무신경하거나 딱딱하게 대하면 상처받거나 무시당했다고 여기면서 섭섭해 하거나 서러워한다. 실생활에서는 상대가 나를 하찮게 본 것이 아니라 신중하거나 격식을 갖추느라 딱딱하게 대하는 경우가 있는데, 소중하게 대하고 싶은 강한 욕구로 인해 그런 딱딱한 태도를 자연스럽게 넘기지 못한다. 따라서 상담자는 좀 더 소중히 대할 것임을 약속하며 섭섭한 마음을 어루만질 때 상호 우호적인 관계에서 불만 문제를 처리할 수 있을 것이다.

둘째, 하찮게 여겨지는 심층감정과 쌍벽을 이루는 것이 방심하다 당했다는 감정이다. 아래 대화 예를 보면서 설명해보자.

> 고   객 : "지난 달 사용 요금이 너무 많이 나왔는데, 이게 어떻게 된 거죠?"
> 상담자 : (바쁜 목소리로) "네 주민번호 불러주세요."
> 고   객 : "내 거 불러주기 전에 당신 거부터 불러주는 게 순서 아닌가요?"

이 대화의 예를 보면 사용 요금이 너무 많이 나온 점에 대해서 따지고 있는데, 고객은 단순히 착오가 있다고 여기는 것이 아니라 뭔가 수작이 있다고 여기는 것이다. 고객은 회사에서 수작을 부려 고의로 요금을 과다 청구하여 자신에게 손해를 끼치고 있다고 여기고 있다. 즉 자신이 당했다는 것인데, 이용당했다, 착취당했다, 사기당했다, 손해봤다 등의 느낌이다. 당했다는 감정은 때 묻지 않았다는 순수한 존재의식, 착한 마음으로 산다는 선한 존재의식, 과격하거나 교활하지 못한 유약하고 어린 존재의식 등에서 비롯되는 것이다. 여기에 사로잡힌 사람은 혹시나 당하지 않도록 항상 상대의 호의를 경계하거나, 사소한 손해에도 예민하게 굴거나, 절차가 제대로 되었는지 상대방에게 따진다. 이러다 보니 긴장도가 높고 스트레스도 많이 받는다. 따라서 상담자가 겉으로 드러나는 예민하고 공격적인 태도에 과민반응 할 것이 아니라 내면의 약하고 순수한 마음을 읽어줄 때 상호 안전한 관계에서 불만 문제를 처리할 수 있을 것이다.

고객 입장에서 듣기

한편 고객 불만을 경청할 때 고객 입장에서 듣는 것이 중요하다. 흔히 불만응대 상담자들은 회사의 대변인으로 여겨진다. 그러나 회사 입장을 대변하면서 협상하려 드는 것은 고객에게도 상담자에게도 바람직하지 않을 수 있다. 대화 중에 느끼는 공감은 비언어적으로 상대에게 전달된다. 상담자가 회사 입장에 서 있다면 고객은 그것을 감지할 수 있다. 고객은 상담자로부터 이해받는 느낌을 얻을 수 없고, 결과적으로 불만은 누그러지지 않을 것이다. 반면 상담자가 고객의 입장을 동일시하여 경청하고 공감한다면, 고객은 불만의 화살을 상담자에게 쏘지 않고 상담자와 협조하여 불만 사항을 잘 처리할 수 있다. 이것은 쉽지 않은 일이지만 불만응대 상담자라면 기본적으로 갖추어야 할 태도이다. 불만응대 상담자는 먼저 고객의 입장에 서서 불만을 누그러뜨려야 하며, 추후 고객이 감정적으로 진정되었을 때 회사의 입장에서 절충안을 제시해야 한다. 즉 불만응대 상담자는 고객의 입장과 회사의 입장을 동시에 고려하는 균형감의 소유자여야 한다.

참고로, 감정은 개인마다 조금씩 차이가 있음을 명심해야 한다. 흔히 고객불만응대 장면에서 내담자가 전달하는 감정은 불만이라고 뭉뚱그려 볼 수 있지만, 세부적인 감정은 억울함, 섭섭함, 실망감, 창피함 등 개인마다 차이가 있으므로, 바로 그 세세한 개인차를 잘 경청하고 공감해야 할 것이다.

불만에 대한 공감 전달하기

말 한마디로 천 냥 빚을 갚는다는 속담이 있다. 불만응대 상담자는 회사를 대신하여 고객의 불만을 수용하고 사과하며 마음을 어루만져 준다. 그런데 이때 무뚝뚝한 어조로 사과를 하거나 또는 고객의 감정에 대해 한마디 언급도 없이 사과부터 하는 것은 진정성이 떨어져 보일 수 있다. 또 섣불리 사과하는 것은 때로는 블랙컨슈머에게 악용될 소지도 있다. 따라서 고객 불만을 응대할 때는 반드시 감정을 공감하며 어루만지는 것이 먼저이다. 사과는 순서상 그 다음이며, 반드시 핵심적인 것은 아닐 수 있다.

반영 기법의 활용

상담을 공부할 때 배우는 기본 기술 중에 반영reflection이란 것이 있다. 반영의 뜻은 비추어준다는 것이다. 거울과 같이 말이다. 반영은 상담자가 구사하는 대화 기법 중 하나로, 상대방의 감정이나 생각을 공감한 후 이것을 말로 표현해서 다시 되돌려주는 것이다. 즉 거울이 얼굴을 비추어 주듯이 상담자의 말이 마음을 비추어주는 것이다. 새 가방이 불량임을 항의하는 고객의 예를 들어 설명해보자.

> 고　객 1 : "어제 집에 가서 보니 가방 장식이 깨져 있더군요."
> 상담자 1 : "새 제품인데 장식이 불량이었네요."
> 고　객 2 : "네, 신상을 사는 마음에 잔뜩 기대했는데 이게 뭔가요?"
> 상담자 2 : "기대했는데 많이 속상하셨겠어요."
> 고　객 3 : "거기다 이거 바꾸러 오느라고 시간도 쓰고 …"
> 상담자 3 : "불량제품 때문에 시간낭비까지 하셨네요."

이 대화 단락을 보면 상담자가 고객의 감정을 잘 반영하며 말을 잘 받아주고 있다. 구체적으로 먼저 고객의 대사 1을 살펴보면, 가방 장식이 뜯어져 있었다는 것은 제품이 불량이라는 것을 전달하는 것이다. 비록 '불량'이라는 표현을 직접 사용하지 않았지만, 상담자는 1번 반응에서 이것을 정확하게 파악하여 말로 다시 한 번 언급(반영)해주고 있다. 이어서 고객은 대사 2와 대사 3에서 분명히 표현하지는 않았지만 속상한 마음과 시간을 낭비한 점에 대해 토로하고 있으며, 상담자는 대사 2와 대사 3에서 고객의 마음을 반영해주고 있다. 반영해주는 것은 감정을 타당화validation 해주는 효과를 지닌다. 즉, 고객의 감정은 그럴 만한 것, 충분히 그렇게 느낄 수 있는 것임을 입증해주는 것이다. 이렇게 상담자가 생각과 감정에 대해 반영해줄 때 고객은 이해받는다는 느낌을 갖게 되고, 이후의 타협이나 보상 절차는 비교적 쉽게 진행될 수 있다.

[감정 반영하기 연습]

반영은 흔히 고객이 말로 표현한 감정을 다시 한 번 되돌려 말해주면 되는데, 만일 고객이 정확하게 감정을 표현하지 않는 경우에는 고객 입장에서 감정을 느껴본 후 느껴진 감정을 말로 되돌려주면 된다. 아래 예로, 직접 연습을 해보자.

고　객 : "교환해주는데 한 달이나 걸리나요?"
상담자 : _____

감정 반영하기를 연습할 때 반영의 형식, 표층감정, 심층감정의 3가지를 기억해야 할 것이다. 첫째 반영은 자유롭게 할 수도 있지만 다음과 같은 기본 형식을 따르면 쉽게 할 수 있다. 앞부분에선 상대방의 말을 요약하고 뒷부분에선 그 안에 담긴 감정을 짚어주는 식이다.

- "~ 때문에 ~하게 느끼셨군요."
- "~ 하였더니 ~하겠네요."
- "(앞부분 생략) ~한 마음이겠네요."

둘째 감정을 짚어줄 때 감정을 두루뭉술하게 언급하는 것이 아니라 상대의 마음을 콕 짚어주어야 할 것이다. 그러기 위해서 상대의 표정이나 목소리, 전후 대화 맥락에 주목하고 감정을 정확하게 파악할 수 있도록 연습해야 할 것이다.

- "또 기다려야 되니 기운 빠지시겠어요."
- "한 달이나 걸린다니 답답하시죠."
- "빨리 제품을 받을 수 없다니 실망스러우시죠."

셋째 겉으로 잘 드러나지 않겠지만 고객의 심층감정에도 주목하고 있어야 할 것이다. 앞에서 언급했듯이 두 가지 주요 심층감정으로 '하찮게 여겨지는 느낌'과 '방심하다 당했다는 느낌'이 있다. 혹시라도 고객이 이런 느낌을 받고 있는 것은 아닌지 살펴주어야 한다. 그래야 방향을 잃지 않고 효과적인 불만응대를 완수할 수 있을 것이다.

[사과의 마음 전하기 연습]

　고객상담자는 감정 반영과 함께 불편을 끼친 점에 대해 기업 대신 사과하면서 고객의 불만을 어루만질 수도 있다. 앞의 대사에 계속 이어서, 상담자의 다음 대사에서는 불편을 끼쳐 죄송하다는 사과의 표현 및 핵심감정을 어루만지는 표현이 들어가면 좋을 것이다. 빈 칸에 알맞은 반응을 적어 넣어 보자.

고　객 1 : (전화) "어제 주문한 신발이 도착했는데, 밑창이 제대로 접착되어 있지 않아요. 기대했는데 이게 뭡니까?"

상담자 1 : "불량 제품이 갔네요. 기대했던 제품이 불량이어서 많이 실망하셨겠습니다."

고　객 2 : "불량 제품이라니 어쩔 수 없군요. 교환은 해 주겠지요?"

상담자 2 : "네, 물론이죠. 저희가 교환 처리해 드리겠습니다."

고　객 3 : "그 동안 기다리고, 또 반품 처리하면 또 기다리고, 시간 낭비에 번거롭군요."

상담자 3 : ＿＿＿＿＿＿＿＿＿＿＿＿＿＿＿＿＿＿＿＿＿＿＿＿＿＿＿＿

고객 불만에 대한 열린 자세

상대가 싫어할 거라 지레짐작했는데 오히려 상대가 고마워하거나 환영을 받아 본 경험이 있는가? 고객은 불만을 제기할 때 어느 정도 긴장한 상태일 것이다. 자신이 제기한 불만을 상대가 잘 수용해줄지에 대한 확신이 없기 때문이다. 고객은 자신이 불만을 제기하면 상대방에서 수용하기보다는 맞서 싸우는 쪽으로 반응할 것으로 예상할 수 있다. 부정적 상황에 대한 예상은 정서적 긴장을 더 증가시킨다. 이때 상담자는 불만을 제기하는 것은 고객의 당연한 권리이며, 불만을 제기하는 것이 회사 입장에서도 발전에 도움이 된다며 안심을 시켜줄 수 있다. 이것은 고객의 선입견을 전환시키며 긴장을 덜어줄

수 있다. 그러면 불만을 제기하는 국면에서 구체적으로 보상을 협의하는 국면으로 전환하는 기회를 마련해줄 것이다.

> 고　객 : "물건이 택배로 왔는데 포장이 너무 부실하더군요."
> 상담자 : "미처 몰랐는데, 알려주셔서 감사합니다. 혹시 제품이 손상되지는 않았나요?"

합리적 보상의 제안과 불만 해결하기

상담자가 일단 감정을 받아주며 고객과 신뢰의 분위기를 형성하였다면, 본격적으로 문제 해결의 단계로 들어가게 된다. 이제는 좀 더 적극적으로 리더십을 발휘해도 좋을 것이다.

불만 사항을 접수하였음을 알리고 안심시키기

고객이 불만을 제기하면 불만 사항을 접수하고 해결하겠다는 적극적 의지를 표현하는 것이 중요하다. 아울러 불만사항에 대해 최선을 다해 조치할 것임을 알리고 안심시켜 2차적인 감정 폭발이 일어나는 것을 차단한다.

> 고　객 : "한창 즐겁게 식사 중이었는데, 여기 종업원이 잘못해서 옷이 더러워졌는데 어떡할 거예요?"
> 상담자 : "아, 불편을 끼쳐드려 정말 죄송합니다. 즐거운 식사 시간을 망치게 되었군요."
> 고　객 : "아, 정말 기분이 팍 상하네요."
> 상담자 : (고객의 옷을 닦아준 후) "정말 죄송하게 되었습니다. 즐거운 시간을 망치고 싶지는 않았는데… 일단 식사를 마저 하시면 어떨까요? 동행분들과 식사를 마저 하시면, 식사 후 저희가 최선을 다해 조치해드리겠습니다."

합리적 보상 제안하기

불만은 감정의 문제이기도 하지만, 기대의 좌절이나 손해에 대한 실제적인 보상 문제이기도 하다. 물론 불만 문제가 본질적으로 감정 문제여서 손해에 대한 보상 문제는 덜 중요할 수 있다. 그러나 보상 문제가 원만히 해결되지 않는다면 불만응대상담이 완료된 것은 아니며, 보상 문제로 인해 다시 불만이 생길 수도 있다. 따라서 상담자는 합리적인 수준에서 보상을 제안하되, 고객이 손해를 충분히 보상받았다고 여길 수 있는 수준에서 조치를 취한다. 그런데 어떤 것이 합리적 보상일까? 어느 정도 수준으로 보상해야 합리적이라 할 수 있을까?

만일 정확히 측정할 수만 있다면, 제품이나 서비스 불량에 의해 손해가 난 만큼 보상해줄 수 있다면 제일 좋을 것이다. 그러나 손해의 정도를 정확히 측정하는 것은 결코 쉽지 않다. 예를 들어 구매한 제품이 불량일 경우 제품을 구매한 데 들인 비용이면 되는지, 아니면 불량제품 구매로 인해 잃어버린 기회비용까지 고려해야 하는지 명확하지 않다. 손님은 누군가의 생일선물로 제품을 구매했을 수 있고, 불량제품을 구매하여 즐거운 생일을 망쳐버렸다면 이것까지 손해로 여길 수 있을 것이다. 반면 회사는 제품의 구매 비용이면 충분하다고 여길 것이다. 따라서 이 부분에서는 상담자의 요령이 필요하다. 항상 제품의 구매비용 플러스 알파를 보상한다고 생각하면 좋을 것이다. 플러스 알파가 거창한 것이 아니어도 괜찮다. 작은 기념품이나 쿠폰이어도 좋을 것이다. 고객의 손해를 감정적인 부분까지 보상해주고 싶은 마음을 전달하는 것이기 때문이다.

다시 한 번 강조하자면 불만은 매우 강렬한 감정을 포함하며, 강렬한 감정을 누그러뜨리지 않고 보상에 대한 타협을 시도하면 고객은 감정의 강도만큼 보상의 양에 있어서도 많은 양을 요구할 것이다. 불만과 관련된 분노와 적개심을 얼마나 누그러뜨리느냐가 중요하다. 감정을 충분히 다루어줄수록 고객이 요구하는 플러스 알파는 작아질 수 있다.

불만해소 확인하기

합리적 보상을 제안하고 고객과 타협한 후 불만응대상담은 종결될 수 있다. 종결을 위해서 마지막으로 고객이 손해를 충분히 보상받았다고 여기는

지에 대한 확인 작업이 필요하다. 즉 고객에게 불만이 제대로 해소되었는지, 혹시 추가로 요청할 사항은 없는지 등을 물어보는 것이다. 여기에서도 리더십이 필요할 것이다. 상담자는 추가적으로 필요한 것이 있는지 선도적으로 물어보아야 하며, 이때 추가 요구가 없는 것은 불만이 해소되고 만족하였음을 의미할 것이다.

고객 불만을 만족스럽게 해결하는 것은 회사도 원하는 바이다. 그런데 어떤 고객은 회사나 기업의 입장을 잘 이해하지 못할 수 있다. 인간 대 인간의 작업에서 한 쪽의 이익은 다른 쪽의 손해로 이어진다고 볼 수 있다. 따라서 고객은 무의식적으로 자신이 이익을 보았고 회사가 손해를 보았다고 여길 수 있다. 따라서 상담자는 회사 측에서도 고객의 불만을 해결하는 것이 중요한 일임을 전달하며 고객에게 손해—이익의 틀을 벗어나도록 도와주는 것이 필요하다. 그래야 신뢰를 쌓을 수 있다. 혹시라도 덜 해소된 불만이 있다면 추후에라도 알려 주는 것이 회사에 오히려 도움이 되는 일임을 전달할 수 있다.

> 상담자 : "만일 도와드릴 일이 또 있으시다면 이쪽으로 연락해주세요. 고객불만 처리는 저희에게도 중요한 일입니다."

불만 문제 해결의 두 방향

불만 문제를 해결하는 것은 크게 두 가지 방향이 있다. 한 방향은 좌절된 고객의 욕구나 기대를 충족시켜주고 보상해주는 것이다. 물론 어떤 고객은 감정의 수용과 사과만으로 더 이상 요구하지 않는 경우도 있다. 그러나 고객서비스 차원에서 고객의 불만에 대해 보상하거나 또는 불만을 유발했던 욕구나 기대의 좌절을 회복시켜주는 것이 가능하다.

불만 문제를 해결하는 다른 방향은 고객이 불만이 생긴 원인을 자신에게 돌리고 더 이상의 문제 해결을 요구하지 않는 것이다. 즉, 불만의 원인이 자신의 기대가 너무 과했기 때문임을 깨닫고 기대치를 낮추거나 귀인 오류를 수정하는 것이다. 실제로 일부 고객들은 제품에 대한 잘못된 정보나 너무 큰 기대를 가지고 있다가 막상 제품을 받고 나서 후회하거나 속상해서 불만을 제기하는 경우도 있다. 이런 경우에는 고객이 잘못 생각한 부분에 대해 알려주며 오해를 풀어주면 될 것이다. 그러나 이 경우에도 일단 불만에 대한 공감, 그리고 고객의 속상하거나 섭섭한 마음을 알아주고 이해해주는 작업이 선도적으로 이루어져야 할 것이다. 고객은 감정이 풀어진 상태에서, 불만이 자신의 기대나 오해로 빚어진 것임을 더 쉽게 수용할 수 있다. 고객이 이 점을 인정한다면, 제품을 반품하거나 환불하는 대신 자신의 구매 행위를 정당화하고 제품을 그냥 사용할 가능성이 높다.

설명을 통해 기대치를 낮추고 귀인 오류 수정하기

상담자 : "이것은 원래 기본 계약이 아니라 특약 사항입니다. 고객님이 특약에 가입하지 않으셨어요."

고　객 : "계약이 왜 이렇게 복잡한지 모르겠네… 왜 미리 말하지 않았어요?"

상담자 : "너무 복잡하게 여겨지셨다면 죄송합니다. 그런데 고객님, 기본 계약과 특약 사항은 차이가 있으며, 보험료도 차이가 있습니다. 만일 필요하시다면 추가로 계약할 수 있도록 도와드리겠습니다."

효과적인 불만응대를 위한 상담자 훈련하기

상담이란 게 대화를 통해 진행되는 것이어서 머리로 아는 것 외에도 몸에 체득되도록 훈련하는 것이 중요하다. 상담 대화에서 사람들은 평소 하던 대로 습관적인 방식으로 대화를 시도한다. 그러나 상담 대화는 일상의 대화와 차이가 있다. 필자가 상담자 훈련을 실시하다 보면, 평소 습관적인 대화 방식에서 벗어나지 못한 채 자기중심적으로 대화하는 경우가 비일비재하다. 따라서 상담자 훈련에는 이론 교육 위주에 그쳐서는 안되며, 기법과 태도의 훈련이 복합적으로 이루어져야 한다.

상담에 초점을 맞춘 훈련

최근 고객상담 장면에서 상담의 중요성이 커지며 상담사의 숫자가 기하급수적으로 늘어가고 있다. 그럼에도 불구하고 현장에서는 상담에 초점을 맞춘 훈련이 거의 이루어지지 않고 있다. 무슨 뜻이냐 하면, 회사에서는 마케팅이나 영업을 위해 제품에 대해서만 교육할 뿐 상담 이론과 대화 기법에 대해서는 훈련을 소홀히 하는 것이다. 특히 불만응대와 같이 감정처리가 중요한 상담에서도 단지 업무적인 내용이나 친절한 태도에 대해서 강조할 뿐이다. 그러나 억지로 미소 지으며 친절한 태도를 취한다고 문제가 해결되지는 않는다. 오히려 감정노동의 강도만 세질 뿐이다. 인간 마음의 원리나 상호작용에 대해서는 공부하는 것이 필요하며, 전문적인 상담 기법과 불만응대 과정에 초점을 맞춘 체계적인 훈련이 필요하다.

필자는 고객상담도 전문 영역으로 발전하기 위하여 추가적으로 두 가지 노력이 기울여져야 한다고 생각한다. 첫째는 연구이다. 전문상담 교육과 더불어, 상담성과나 효율성 증진에 기여하는 요인이 무엇인지에 대한 연구도 이루어져야 한다고 본다. 상담자 요인, 고객 요인, 불만의 유형 등에 따라 상담성과는 천차만별일 것이다. 둘째는 단체의 조직이다. 연구회나 협회와 같은 단체를 조직하면 연구를 활성화시키는 효과가 있을 것이다. 또 고객상담 영역에 의미와 전문성을 부여하고 상담자 처우 개선 작업도 추진할 수 있을 것이다. 현실적으로 고객상담자가 비정규직인 경우가 많으므로 슈퍼바이저라고 불리우는 관리자급 인력의 참여가 필요할 것이다. 성공적인 고객상담을 위해 기업차원에서도 지원해주면 좋을 것이다.

인내보다 이해하는 태도

뒤센미소duchenne smile라는 것이 있다. 이것은 진실한 웃음, 참 웃음이라는 독일식 표현인데, 고객을 맞이할 때 애써 지어보이는 포장된 웃음에 대한 반대 개념이다. 포장된 것보다 진실한 것을 전달할 수 있어야 한다. 흔히 불만응대상담에서는 친절한 태도가 중요하다고 하는데, 친절한 태도는 기본이지만 더 핵심적인 것은 고객의 입장에서 고객의 마음을 이해하는 것이다. 고객의 입장에 서지 못한 채 겉으로 친절한 척하면서 불만을 듣고 있자면, 처음에는 그럭저럭 가능할지 몰라도 시간이 지날수록 답답함은 증가하여 도저히 견딜 수 없게 될 것이다. 고객은 억지로 웃는 웃음 뒤에 감춰진 짜증을 예민하게 감지할 수 있으며, 고객과 상담자의 관계는 더 악화될 수 있다.

상담자는 고객 불만을 참고 견딘다는 태도보다 고객 불만이 무엇인지 알고 싶고 이해하고 싶다는 태도로 상담에 임하는 것이 좋다. 고객 불만의 내용을 이해하지 못한 채 무조건 죄송하다고 말하는 서비스 기사의 예를 들어 설명해보자. 서비스 기사가 고객과의 예약시간을 지키지 못했는데, 고객은 '아예 처음부터 지킬 수 있는 시간을 잡았으면 더 좋았겠다'고 하였다. 서비스 기사는 이 말 속에 담긴 고객의 마음을 제대로 파악하지 못하고 무조건 '늦어서 죄송하다'고만 한다면 고객의 불만이 누그러지겠는가? 서비스 기사는 겉으로는 죄송하다고 말하지만, 속으로는 '내가 조금 늦었다고 너무 위세를 떤다'고 생각하며 억울해 할 수 있다. 서비스 기사는 상호 지킬 수 있는 예약시간을 잡는 것의 중요성을 모르고 있으며, 빨리 오는 것보다 약속된 시간에 오는 것을 더 선호하는 사람도 있음을 모른 채 자기 생각에만 사로잡혀 있다. 상담자는 편협한 생각에서 벗어나 열린 자세로 고객의 마음을 이해하도록 노력해야 한다.

서비스 기사 : (약속시간이 10시인데 10시 15분에 도착하며) 늦어서 죄송합니다.

고   객 : 10시 30분으로 예약하는 것이 더 나으면 그렇게 말씀하지 그러셨어요.

서비스 기사 : 아 죄송합니다. 오는데 차가 막혀서요.

고   객 : 그러니까 오실 시간을 여유 있게 잡으셨어야죠.

서비스 기사 : (고객의 말을 이해하지 못하며) 아 늦어서 죄송합니다.

상담에선 항상 상대방에게 잘 대해주는 것보다 상대방을 이해하는 것이 더 중요하다.

감정을 존중하는 태도

불만응대상담자가 주로 감당해야 할 감정은 분노이다. 따라서 상담자는 화를 내는 고객을 대할 때 사과하는 것만이 중요한 것이 아니라 무엇 때문에 화가 났는지 파악하는 것이 중요하다. 새 제품을 기다리며 설레었는데 제품이 불량이라 실망스러운 마음, 스스로 선택한 것이 마음에 들지 않아 속상하고 후회스러운 마음 등에 귀를 기울어야 한다. 어떤 상담자는 고객이 화를 낼 때 화내는 것 자체에 반응하며 고객을 미성숙한 사람으로 쉽게 판단해버리기도 하는데 이것은 고객이나 상담자 모두에게 좋지 않다. 고객은 자신의 감정 표현이 무시당한다고 여겨져 더 강하게 화를 낼 것이다.

상담자는 기본적으로 인간을 존중하며, 특히 감정을 존중할 줄 알아야 한다. 감정을 표현하는 것을 미성숙하다고 보면 문제해결이 어렵다. 감정을 표현하는 것은 자연스럽고 오히려 인간적이다. 특히 부정적 감정을 솔직하고 건설적으로 표현할 수 있는 사람은 성숙한 사람이며, 상대방의 입장도 이해할 수 있는 법이다.

감정 억압과 표현의 차이

부정적 감정의 억압

"아무렇지도 않아요. 괜찮아요."
"(굳은 표정으로) 집에는 아무
일도 없다네. 걱정하지 말게나."

부정적 감정의 건설적 표현

"당연히 화가 나지요. 다음에는
좀 더 잘해주시면 좋겠어요."
"실은 아내와 싸웠다네. 당분간
좀 모른 척해주겠나?"

또 감정을 존중할 때는 비교하지 말아야 한다. '내가 보기엔 저 정도 화낼 일이 아닌데……' 또는 '저렇게 속상해 하는 것은 좀 과하지 않나?'라고 생각이 들 수 있다. 그러나 감정은 그 사람 고유의 것으로 타인과 비교할 수 있는 성질의 것이 아니다. 예를 들어, 누가 누구보다 더 힘들다는 것을 객관적으로 따질 수야 있겠지만, 그 사람은 자신의 인생에서 가장 힘들고 감당하기 어려운 경험을 하고 있을 수도 있다. 상담자는 개인의 고유성을 존중해야 할 것이다.

상담 기법의 연습

흔히 상담자 교육에서는 이론 뿐만 아니라 기법의 실습이 이루어진다. 교육생들을 상담자 역할과 내담자 역할을 각각 맡게 한 후 실습이 진행되는데, 이때 지도감독자는 대사 한마디 한마디를 체계적으로 지도해주는 것이 필요하다. 그냥 역할연기role play로 개별 실습하는 경우, 익숙한 기존 대화 방식에서 벗어날 수 없고 발전할 수 없다. 또 지도감독자는 각 기법별로 체계적으로 실습을 시키는데, 경청, 반영, 설명, 설득, 조언 등 다양한 기법을 훈련시켜야 한다. 그리고 각 교육생을 꼼꼼히 살펴서 잘 하는 부분과 부족한 부분을 1:1로 알려주고 보완할 수 있도록 도와주어야 한다.

상담 기술을 구사할 때는 상담의 구조를 고려하는 것이 중요하다. 흔히 불만응대상담은 짧은 시간 내에 이루어지는데, 여기에는 고객의 요구보다는 회사의 요구가 개입되어 있다. 회사 입장에서는 불만응대상담자가 한 명의 고객만 붙잡고 있기보다는 여러 명의 고객을 응대하길 원한다. 따라서 고객의 불만을 충분한 시간을 들여 경청하거나 공감하는 것이 오히려 적절하지 않을 수 있다. 고객 또한 불만의 표현으로 끝내지 않고 문제해결을 원하기 때문에 불만응대상담자는 감정을 재빨리 수용해준 후 본격적으로 문제해결 국면으로 진행해야 할 것이다.

자녀의 핸드폰 요금이 많이 나왔다며 항의하는 고객을 상담하는 상담자의 경우를 예로 들어 설명해보자. 이 상담자는 하루에 수십 건 이상의 불만고객 응대를 할 것이며, 대략 한 고객당 통화 시간은 5~10분 이내로 진행될 것이다. 이런 상황에서 한 고객의 불만을 정성껏 들어주기 위해 30여 분 정도의 시간을 사용한다고 하면 고객만족도는 상승할 수 있겠지만 반대로 상담자의 불만응대 실적은 저하될 수 있다. 상담자는 실적이 저하된다는 압박감을 느끼는 상태로 고객을 효과적으로 상담하기가 어려울 것이다.

따라서 불만응대상담자는 고객의 불만을 경청하고 공감하며 따라가는 것도 중요하겠지만, 오히려 선도적으로 고객의 불만을 수용하고 문제해결 국면으로 이끄는 것이 필요할 것이다. 즉 불만응대 기술을 구사할 때 고객의 불만을 수용하는 수용력뿐만 아니라 고객을 선도하는 리더십도 발휘해야 하는 것이다.

고객 이해와 자기 이해

불만응대상담에서 구체적인 기술을 훈련하는 것도 중요하지만, 고객의 유형을 파악하는 것도 상담 효율성을 높이는데 도움이 된다. '적을 알고 나를 알면 100전 100승이다'는 속담이 있듯이, 고객 유형 또는 고객 불만의 유형을 파악하면 빠른 시간 내에 효과적으로 대응이 가능할 것이다.

고객 이해　　플로리다대학교의 위소스키, 케프너, 글래서(2005)가 언급한 5가지 고객 유형을 살펴보자.

❶ 온순형 고객The Meek Customer : 온순한 고객은 대개 불만을 제기하지 않는다. 만일 불만을 제기하더라도 상담자가 성실하게 응대하면 불만이 쉽게 해소된다.

❷ 공격형 고객The Aggressive Customer : 공격적 고객은 온순한 고객의 반대로, 자주 불만을 큰 소리로 장황하게 제기한다. 상담자는 고객의 불만을 경청하며, 문제가 있다는 것을 인정하고, 문제를 해결하기 위해 필요한 것을 찾아야 한다. 주의할 점으로, 공격적 고객은 회사측 입장이나 이유를 설명해도 잘 먹히지 않아 상담자도 화가 날 수 있다.

❸ 하이 롤러The High-Roller Customer : 하이 롤러는 부유하지만 돈을 사치스럽게 쓰는 사람들을 의미한다. 이들은 최고급품을 사기 위해 기꺼이 돈을 지불한다. 비교적 차분하게 불만을 제기하는 편이며, 불만에 대해 어떤 조치가 취해지는지에 관심이 있다. 상담자는 불만의 원인을 파악하기 위해 차분하게 경청하며 질문을 해야 하고, 불만 해결 조치에 최선을 다해야 한다. 공격적 고객과 비슷한 점은 회사측 입장이나 이유에 별로 관심이 없다는 것이다.

❹ 갈취형 고객The Rip-Off Customer : 갈취형 고객은 불만의 해소가 목적이 아니라 추가적 보상을 얻는 것이 목적인 고객을 의미한다. 블랙컨슈머라고 볼 수 있다. 이런 고객을 만족시키는 것은 결코 쉽지 않은 일이다. 상담자는 한결같이 객관적인 태도를 취해야 한다. 반응할 때는 객관적이고 정확한 수치를 사용하여 반응해야 한다. 회사나 기업의 입장과 보조를 맞추는 것이 중요하다.

❺ 만성 불평 고객The Chronic Complainer Customer : 만성 불평 고객은 뭔가가 잘못되었다고 항상 불평을 한다. 이 고객은 징징거리고 불평하는 것이 특징이다. 이런 고객을 대할 때는 극도의 인내심이 요구된다. 상담자는 주의 깊게 충분히 경청해야 하며 짜증내는 모습을 보이는 것은 곤란하다. 동정적으로 듣고, 진실하게 사과하며, 상황

고객상담과 심리상담의 길잡이

을 수습하기 위해 성심성의껏 노력하는 것이 가장 효과적이다. 갈취형 고객과 다르게 대부분의 만성 불평 고객은 상담자의 노력을 받아들이고 감사하게 여긴다. 이들은 자주 불평한다는 점이 힘들긴 하지만 비교적 좋은 고객이며, 친구들에게 상담자의 노력에 대해 칭찬하며 알려준다.

고객관리 장면에서 고객의 유형을 교육하는 것은 상담자의 대응 방식을 빨리 결정하기 위해서이다. 만일 고객이 갈취형(블랙컨슈머)에 속한다면 상담자는 감정적 관여를 줄이고 좀 더 객관적인 태도로 흠을 잡히지 않게 노력할 수 있다. 그러나 고객의 유형은 사전에 파악할 수 있는 것이 아니라 불만응대가 끝난 후에야 비로소 알게 되는 경우가 많다. 또한 섣부른 판단으로 선입견이 생기는 부작용도 있을 수 있다. 따라서 고객유형 파악과 함께 고객의 입장에서 이해하는 태도와 감정을 존중하는 태도를 동시에 훈련해야 할 것이다.

자기 이해

한편, 상담을 잘 하기 위해서는 궁극적으로 자신을 이해해야 한다. 어떤 상담자는 고객의 사소한 불평에 짜증을 많이 내며 참기 어려워한다. 또 어떤 상담자는 고객이 위협적으로 나올 때 심리적으로 거리를 두지 못한 채 상처를 심하게 받고 회복하지 못하는 경우도 있다. 이런 것은 상담자의 약점이다. 상담자는 자신의 강점과 약점이 무엇인지 잘 파악해야 하며, 자신이 약점을 건드리는 고객 앞에서는 특히 주의해야 할 것이다. 즉, 자신이 어떤 사람인지, 어떤 고객은 잘 다룰 수 있지만 어떤 고객은 피하는 것이 현명한지 등에 대해서 알아야 할 것이다.

라포를 소중히 여기기

어떤 상담 장면이든지 상담자와 내담자(또는 고객) 간 신뢰하는 분위기(라포)를 형성하는 것이 중요할 것이다. 신뢰하는 분위기는 문제해결의 기반이 된다. 그런데 이런 신뢰의 분위기는 그냥 형성되는 것은 아니다. 고객의 입장에 서서 상황을 볼 수 있는 역지사지 태도의 소유자, 그리고 단기간의 이익—손해보다는 인간의 만남과 관계를 중하게 여기는 태도의 소유자가 라포를 형성할 수 있을 것이다. 즉 이것은 태도의 문제와 깊이 관련되어 있다. 필자의 견해로는, 고객관리 장면에서 대부분의 상담자에 대한 처우는 열악한 편이다. 만일 이들이 불만응대를 직무로만 생각한다면, 그래서 급여를 받는 만큼만 일하자고 마음먹는다면 아마도 기업의 고객관리에는 큰 구멍이 생길 것이다. 그러나 대부분의 상담자는 사람의 마음을 어루만지는 일에 보람을 느끼며, 고객과의 만남을 업무적인 관계를 넘어 인간적인 만남으로 소중하게 여긴다.

불만응대상담의 구조와 라포의 문제　　　그런데 앞에서 언급했듯이 불만응대 장면은 흔히 순식간에 발생하며 짧은 시간 동안 이루어지는 특징이 있다. 따라서 서로 신뢰하는 분위기를 형성하는 것이 쉽지 않으며 오히려 제한된 정보로 상대를 재단하여 선입견을 갖거나 불신하게 될 가능성이 더 높다. 특히 전화로 이루어지는 불만응대 장면의 경우 상담자는 고객의 면면을 알지 못하므로 불만 호소만으로 판단하게 되는데, 고객의 진의를 알지 못한 채 고객을 평가절하하거나 심지어는 블랙컨슈머로 오해할 수도 있다. 이런 경우 라포 형성에 더욱 신중해야 할 것이다.

블랙컨슈머와의 라포　　　라포는 진심을 담아 감정을 전달하는 사람과의 사이에 형성이 가능하다. 반대로 숨은 의도를 가지고 거짓 감정을 흘리는 사람과 라포를 형성하기는 어렵다. 블랙컨슈머들은 불만을 미끼로 하거나 또는 불만응대 과정에서 상담자의 반응에 꼬투리를 잡아서 자신의 숨은 의도를 관철시키려고 한다. 이런 고객과 따뜻하고 신뢰할 수 있는 분위기를 형성한다는 것은 불가능할 것이다. 오히려 정서적으로 덜 관여하여 적당한 거리를 유지하는 것이 더 낫다.

　이와 관련하여 고객불만응대 장면에서는 회사나 기업 차원에서 상담자를 보호하는 제도적 안전장치를 마련하는 것이 필요하다. 기업은 신입 상담자 교육을 시킬 때 무조

고객상담과 심리상담의 길잡이

건 고객 위주로 응대하도록 교육을 시킨다. 그러나 상담자 역시 기업의 소중한 자산이며, 블랙컨슈머를 무조건 왕으로 접대해도 기업에는 이익이 되지 않을 수 있음을 인식해야 한다. 블랙컨슈머에게 취해지는 과도한 보상 조치는 건전한 소비자들의 기회를 빼앗는 것이 된다. 회사나 기업 차원에서 상담자 스트레스 관리의 필요성에 대해 인식하는 것도 중요하다. 낮은 처우에도 불구하고 과도하게 감정노동을 하는 불만응대상담자들의 이직률은 매우 높은 편이다. 추후 연구를 통해 고객상담자의 처우 개선 방법, 스트레스 관리 방법, 상담자 보호 방법 등이 개발되기를 바란다.

정 리 하 기

1 / 불만은 기대나 욕구가 만족스럽게 충족되지 않을 때 생기는 반응이다. 고객불만응대 상담은 감정노동의 요소가 있어 힘든 직업이기도 하지만, 불만을 어루만져 문제를 해결할 뿐 아니라 신뢰를 회복하여 기업에도 도움을 주는 의미 있는 작업이기도 하다.

2 / 표면적인 불만 이면에는 항상 감정의 문제가 있으므로, 상담자는 경청과 공감, 반영 기법을 사용하고 불만 제기에 열린 자세로 응대하여 고객의 마음을 어루만져야 한다.

3 / 불만응대 과정에서 상담자가 무심코 불만 이면의 심층감정을 건드릴 수 있다. 이를 예방하기 위해 상담자는 고객의 유형뿐 아니라 주요 심층감정에 대해서도 공부할 필요가 있다.

4 / 블랙컨슈머는 구매한 제품의 하자를 문제 삼아 기업을 상대로 과도한 피해보상을 요구하거나 또는 거짓으로 피해를 본 것처럼 꾸며 보상을 요구한다. 이들은 자신의 불법적인 행위에 대해 죄책감을 느끼지 못하며 타인의 고통을 공감하지 못하는 성격 문제를 가지고 있다.

5 / 기업의 고객불만응대 장면에서 과거에는 무조건 고객우선주의였으나 최근에는 상담자 보호에도 관심을 쓰고 있으며, 블랙컨슈머의 경우 무조건 친절하게 응대하는 것이 회사 이익에도 부합하지 않음을 인식하고 있다.

CHAP
TER
05

고객유치와
고객관리

CHAP
TER 05

고객유치와
고객관리

현대 사회의 기업에서 고객을 유치할 때는 자사 제품이나 서비스를 광고하는 것만으로 충분하지 않다. 유사한 제품이나 서비스가 많기 때문에 복잡한 부분을 충분히 설명하고 설득해야 할 필요가 생겼다. 회사나 기업에서는 이 일을 전담할 상담원을 고용하여 고객을 유치하도록 하였다. 상담원들은 잠재 고객에게 필요한 정보를 제공하고, 고객이 관심을 보일 때 자사 제품과 서비스를 구매하도록 설득한다. 이 작업은 본질적으로 영업활동이지 심리상담으로 보기는 어렵다. 그러나 힘들고 고통스러운 마음을 어루만지는 상담은 아닐지라도, 고객의 내적 구매욕구에 접촉한다는 점, 그리고 고객이 구매결정을 내리지 못하고 갈등할 때 선택을 도와준다는 점에서 충분히 매력적인 문제해결 작업으로 볼 수 있다.

문제는 무엇인가?

구매 갈등의 문제

고객 문제의 속성은 본질적으로 구매 갈등의 문제이다. 고객은 구매와 비구매 사이의 선택의 기로에 있는 것이다. 또 이 회사의 제품을 구매할 것이냐 아니면 다른 회사의 제품을 구매할 것이냐의 선택의 문제도 포함한다. 예를 들어 설명해보자. 어떤 학부모가 자녀를 단기 어학연수를 보내려고 한다. 정보를 얻기 위해 어학연수센터에 상담을 요청한다. 그런데 '정보를 얻는다'는 것은 다양한 갈등이 있음을 의미한다. 즉 자녀를 어학연수를 보낼 것이냐 말 것이냐의 가장 기본적인 갈등에서부터, 어떤 어학연수센터를 이용할 것이냐, 보낸다면 비용이 얼마 이하라면 보내고 얼마 이상 되면 안 보낼 것이냐, 장소와 관련해서는 아시아권으로 보낼 것이냐 미주로 보낼 것이냐 아니면 그냥 외국이 아니라 국내 어학원을 보낼 것이냐 등의 갈등상태인 것이다. 고객은 상담자가 제공하는 정보를 바탕으로 어떤 한 쪽을 선택 또는 결정하려고 한다.

구매 의사결정 과정

흔히 소비자의 구매 의사결정을 개인의 의사결정 과정으로 보는데, 즉 개인이 상품에 대한 필요성을 인식하고, 정보를 탐색하고 비슷한 제품끼리 비교 평가한 후, 구매 의사결정을 내린다는 것이다. 그런데 이것은 소비자가 합리적 판단을 내릴 것으로 가정하고 있지만, 현실 속의 인간은 항상 합리적인 의사결정자는 아니다. 실제 구매는 비합리적으로 이루어지기도 하고, 본인의 판단 외에도 구매 권유자 요인이 중요하게 작용할 수 있다. 아직까지 소비자의 구매 의사결정에 미치는 상담자의 영향에 대해 체계적으로 연구된 바가 없어 아쉽지만, 많은 구매 상황에서 상담자가 어떻게 잘 설득하느냐에 따라 구매 의사결정은 달라질 수 있다.

구매 의사결정에 미치는 상담자의 영향력은 관여도involvement 개념으로 설명할 수 있다. 관여도는 어떤 대상에 대해 관심을 갖고 시간과 노력을 기울이는 정도를 의미한다. 상담자는 고객으로 하여금 해당 제품이나 서비스에 대한 관여도를 높이도록 직접, 간접적으로 기여한다. 상담자의 친절하고 성실한 설득으로 인해 고객은 해당 제품에 대해 한 번 더 살펴본다든지 해당 제품을 좀 더 진지하게 고려해 볼 것이다. 이 과정에서 고객은 최초 구매욕구나 필요성에 대해 더 분명하게 인식하고 의사결정을 내릴 수 있게 된다.

참고로 도식을 살펴볼 때, 고객유치 상담자가 정보탐색이나 제품 비교 및 평가에만 관여하는 것이 아니라 구매욕구 생성과정 및 구매 의사결정 과정에도 관여한다는 점이 중요하다. 흔히 고객유치 상담자가 제품 정보나 특장점에 대해서만 숙지하고 상담에 임하게 되는데 그것만으로는 부족하다. 전문상담자라면 제품을 구매하고 싶은 욕구 자체를

구매 의사결정 과정에 미치는 구매권유자 영향

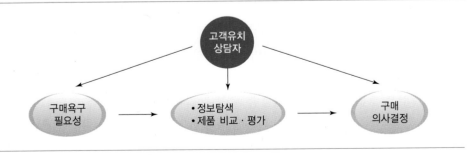

고객상담과 심리상담의 길잡이

다루어줄 수 있어야 하고, 최종 의사결정 단계에서 확신감을 가질 수 있도록 도와주어야 할 것이다.

이익-손해 비교의 문제

경제학적 관점에서 보면, 개인은 이익은 최대로 하고 손해는 최소화하기를 원한다. 경제학적 관점을 적용할 때, 고객의 고민은 합리적이고 이성적인 이익─손해 비교의 문제가 된다. 고객은 제품이나 서비스를 구매하면서 이익은 최대로 얻고 손해는 최소화하고자 노력한다. 고객은 최대의 이익과 최소의 손해를 확신할 때 구매 결정을 내릴 것이다. 따라서 고객유치 장면에서 상담자는 고객이 최대의 이익을 얻고 손해는 최소화하게 됨을 설득하려고 할 것이다.

그런데 이익─손해 비교는 개인에 따라 다르다. 한 개인에게 의미 있고 중요한 것이 다른 사람에게는 그렇지 않을 수 있다. 다른 사람이 보기에는 전혀 합리적이지 않아 보이는 결정을 내리기도 한다. 이것은 개인차다. 예를 들어 단순하고 투박한 제품을 선호하는 사람은 화려하고 첨단 기능을 갖춘 제품보다 본인이 선호하는 제품이 비싸다고 하여도 과감히 선택할 수 있다. 또 어떤 사람은 무슨 이유에선지 손해 보는 결정을 내리기도 한다. 그러나 겉보기에 그렇게 보여도 분명 이유가 있을 것이다. 고객유치 상황에서 상담자는 개인이 특별히 중요하게 생각하는 부분을 찾아내어 그것을 강조하는 방향으로 설득해야 할 것이다. 이것은 앞의 도식에서 언급한 것처럼, 제품을 비교하고 손익을 따져보는 것만이 아니라 개인의 고유한 구매욕구를 이해하는 것이 중요함을 의미한다.

의존성의 문제

어떤 사람들의 경우 스스로 의사결정을 하기 어려워하며, 사소한 결정도 내리지 못한 채 우유부단한 경우가 있다. 이것은 성격적 의존성의 문제이다. 성격적으로 의존성이 강한 사람은 자신이 독립적으로 내린 의사결정을 믿지 못하며, 타인이 대신 내려준 의사결정을 더 합리적인 것으로 여기며 안심한다. 만일 구매고객이 의존적인 사람이라면 상담자가 리더십을 발휘해서 의사결정 과정을 도와주어야 할 것이다.

그런데 의존성의 문제는 고객유치의 필요 조건이 되기도 하지만 때로는 방해 요인이 되기도 한다. 기본적으로 고객이 독립적으로 구매 의사결정을 한다면 고객상담자의 역할은 필요 없게 될 것이다. 그러나 현대에서 제품의 다양성과 복잡성으로 인해 고객은 의사결정 과정에서 최소한 한두 번은 고객상담자에게 의지해야 할 일이 생긴다. 즉 어느 정도 의존성이 전제되어야 고객상담자가 할 일이 있다는 것이다. 그런데 의존성이 심한 고객의 경우, 고객상담자가 충분히 정보를 제공하여도 스스로 의사결정을 내리지 못할 수 있다. 이들은 친구에게 물어본다든지, 아니면 시간을 달라며 결정을 유보할 것이다. 이들은 정보의 분석력이나 이성적 비교 능력 등을 모두 갖추고는 있지만 결정력decision power을 갖추지는 못했다. 이러한 의존적 '성격'의 문제는 합리적 정보 제공이나 설득으로 해결되지 않을 수 있다. 이 경우에는 의존성 자체를 다루어야 한다. 따라서 결정력이 부족한 고객을 설득하는 경우에는 좀 더 확신감 있게 설득하거나 또는 오히려 잠깐 뒤로 빠져 관망하는 융통성이 필요하다.

고객유치 과정에서 부작용 발생

고객유치에서 다루는 문제가 본질적으로 선택과 갈등의 문제라 했는데, 이 과정에서 부수적으로 고객 불만이 발생할 가능성이 있다. 이것은 상담자가 고객유치과정에서 실망이나 섭섭함을 표현했을 때 나타날 수 있다. 예를 들어 설명해보자. 어떤 고객이 자동차 보험을 들기 위해 상담을 신청하였는데, 상담자가 기록을 조회해보니 과거 수 차례 상담한 경력은 있으나 한 번도 보험에 가입한 적은 없었다. 이번에도 상당히 공을 들였으나 결국 더 생각해보겠다며 미적거리자 상담자는 실망스런 마음에 다음과 같이 말하였다.

- "어차피 계약 안 하실 거잖아요."

이 말에 고객이 어떻게 반응했겠는가? 상담자는 고객의 감정을 자극할 필요가 없었다. 그냥 기대를 접었으면 좋았을 것을, 상담자가 이 말을 내뱉는 순간 고객은 무시당했

다고 여기며 상담자에게 분노하기 시작할 것이다.

　　최근에 마케팅 및 영업의 일환으로 아웃바운드 상담자가 늘어나는 추세이다. 그런데 이 장에서 고객유치에 대해 다루면서 아웃바운드 상담은 다루지 않았다. 아웃바운드 고객유치는 필자의 전문성 밖의 영역이다. 고객을 효과적으로 설득하는 요령은 현장의 영업 전문가들에게 맡기는 게 더 좋겠다. 다만 아웃바운드 상담자들이 고민하는 구매 권유 요령에 대해 한 가지 언급하면, 고객이 예상한 틀을 뛰어넘으라는 조언을 하고 싶다. 틀을 깨는 반응은 언제나 관심을 불러 일으킨다.

　　아웃바운드 상담에서는 상담자 쪽에서 먼저 접촉하여 제품이나 서비스 구매를 권유하는데, 만약 계약에 성공하면 실적이 올라가므로 상담자는 적극적으로 구매권유를 하게 된다. 그러나 고객입장에서 빈번하게 걸려오는 텔레마케팅 전화는 불쾌하거나 짜증스러운 것이 되고, 구매권유의 구체적인 내용을 듣기도 전에 '바쁘다', '필요없다'고 하며 거절하는 경우가 많다. 고객의 거절은 부메랑이 되어 다시 상담자에게 상처를 줄 것이다. 따라서 아웃바운드 상담자는 적극성 외에 잠재고객을 상담으로 유인하는 기술을 갖추어야 한다. 거절할 준비가 되어 있는 고객에게는 아무리 정중하게 부탁하거나 하소연을 해도 소용없을 것이다. 그보다는 고객이 가지고 있는 선입견이나 틀을 깨뜨리는 것이 필요하다. 고객은, '텔레마케팅 전화는 시간낭비다', '전화상담에 응하면 뭔가를 꼭 사야만 한다', '구매권유에 넘어가면 나는 당하는 것이다' 등의 선입견을 가질 수 있다. 아웃바운드 상담자는 짧은 순간에 이런 선입견을 깨뜨리는 대사를 개발해야 할 것이다. 기존의 틀을 깨는 새로운 제안은 항상 호기심을 자극하는 법이다. 추후 이 분야에 대한 체계적인 연구가 더 많이 이루어지면 좋겠다.

문제는 왜 생기는가?

구매 의사결정의 문제는 본질적으로 구매 갈등의 문제이다. 따라서 문제의 원인을 파악하기 위해서는 갈등에 대한 이론을 다루어야 한다. 갈등은 두 가지 이상의 상반된 감정이나 욕구, 생각이 동시에 존재할 때 발생하는 것인데, 심리학에서는 크게 접근—접근 갈등, 접근—회피 갈등, 회피—회피 갈등의 세 유형으로 나뉜다.

접근 - 접근 갈등

접근—접근 갈등approach—approach conflict은 선호하는 대상 두 가지가 동시에 존재하는 경우에 생기는 갈등이다. 전문적인 용어를 사용하자면, 정적 유인가positive valence를 가진 두 개의 목표가 동시에 존재할 때 생기는 갈등이라고 한다. 쉬운 예를 들자면 중국음식 중에서 짜장면도 먹고 싶고 짬뽕도 먹고 싶은 경우라 하겠다. 또 휴가를 가는데 산으로도 가고 싶고 바다도 가고 싶은 예도 가능하다. 이런 경우 둘 다 먹을 수 있거나 두 군데 모두 갈 수 있다면 문제가 없겠지만, 현실적인 여건상 둘 중의 한 가지만을 선택해야 하니까 갈등이 생기는 것이다. 접근—접근 갈등상태에 있을 때의 설득 방법은 두 가지 대안 중 한 가지의 유인가를 상승시키고 다른 대안의 유인가를 하강시키면서 한 쪽을 선택하도록 하는 방법이 가능할 것이다. 한편 현실적인 여건을 변화시켜 두 가지 대안을 모두 선택하도록 하는 방법도 있다. 이것은 둘 중 하나를 골라야 한다는 틀을 깨뜨린 것이어서 의외로 좋은 해결책이 된다.

접근 - 회피 갈등

접근—회피 갈등approach—avoidance conflict은 하나의 대상 속에 비슷한 강도의 정적 유인가

134

positive valence와 부적 유인가negative valence가 동시에 포함되어 있을 때 생기는 갈등이다. 술을 마시고 싶은데, 술은 건강에 해롭기 때문에 안 마시는 게 좋다는 것이 대표적 예가 될 것이다. 고객유치의 다양한 상황에서 접근-회피 갈등이 적용될 수 있다. 새로운 제품을 구매하고는 싶지만 지출로 인해 경제적으로 어려움이 생길 수 있는 경우다. 접근-회피 갈등상태에 있을 때의 설득 방법은 정적 유인가는 강조하고 부적 유인가는 가볍게 여기도록 하는 것이다.

회피-회피 갈등

회피-회피 갈등avoidance-avoidance conflict은 부적 유인가를 가진 두 개의 대상 중 하나를 선택해야만 하는 갈등이다. 예를 들자면 숙제는 하기 싫은데 안 하자니 야단맞기도 싫은 경우가 있다. 회피-회피 갈등은 선택해야 할 대안이 두 가지 모두 싫은 것이기 때문에 흔히 선택과 결정을 미루게 되는 경우가 있다. 그러나 어차피 내려야 할 결정이라면 시간을 미룬다고 해결되지는 않을 것이다. 회피-회피 갈등에서의 설득 방법은 어느 한쪽을 선택할 때 다른 쪽을 받아들일 마음의 각오를 하도록 도와주는 것이다.

이성적 갈등과 감성적 갈등

선택이나 결정은 쉬운 일이 아니다. 최고의 만족을 추구하기 위해서는 현실적인 여건이나 이익-손해 비교를 꼼꼼히 해야 하기 때문이다. 그런데 갈등 상황이 항상 이성적 비교를 통해 해결되는 것은 아니다. 앞에서 든 술 문제의 예로 설명해보자. 술을 마실 것이냐 끊을 것이냐의 문제는 이성적 판단을 통해 이익-손해를 비교한다면 쉽게 결정을 내릴 수 있다. 그러나 실제로 알코올 문제가 있는 많은 사람들은 이 결심을 지키지 못한다. 술을 끊는 것이 더 이익인 줄 알면서도 그렇게 하지 못하는 것이다. 그것은 술을 마시는 것이 내면의 욕구 충족과 깊이 관련되어 있어서 이성적으로는 이익이 없다고 생각하지만 감성적으로는 큰 이익이 있기 때문이다. 흔히 술을 마시는 것은 구강기 만족과 관련되어 있다고 한다. 구강기 만족이란 입을 통해, 즉 빨거나 물거나 먹거나 하는 것을 통해 만족을 추구하는 것인데, 대개 생후 1년에서 전후의 유아가 구강기 만족 추구 행동을 많이 보인다. 이것으로 미루어볼 때 술을 마시는 행위는 생후 1년 전후의 어린 유아로 퇴행하고픈 무의식적 욕구라고 할 수 있다. 이런 식으로 겉으로 드러나진 않지만 내면의 욕구가 개입되어 있는 경우, 아무리 이성적인 수준에서 이익과 손해를 설명해준다 해도 상대방은 설득되지 않을 것이다. 감정적 측면을 파악하고 반응해주어야만 설득이 가능할 것이다.

의존적 성격

앞에서 의존성의 문제에 대해 언급하였다. 이것은 성격 문제이다. 성격은 타고난 기질과 어린 시절의 다양한 경험을 통해 형성되는데, 성격이 형성되어 가는 도중에 하나의 중심 욕구가 생긴다. 거꾸로 설명하면, 하나의 핵심 욕구를 중심축으로 해서 성격이 형성된다고 볼 수 있다. 예를 들어 권위자(부모나 선생님)의 칭찬과 인정을 얻고자 하는 사람은 그것을 얻기 위한 행동 습관을 형성시키고, 타인의 행동도 그 관점에서 이해한다. 스스로의 만족을 위해 노력하는 사람을 보고서도 누군가에게 인정받기 위해 노력한다고 생각할 것이다. 그런 행동 습관과 타인지각이 축적되어 성격이 된다.

의존적 성격은 대다수 사람들이 자신에게 관심을 갖고 돌보아줄 것을 소망하고, 굳이 말을 하지 않아도 자신의 마음을 이해해 주기를 바라는 성격이다. 여기서 대다수 사람들이 중요한데, 가까운 사람뿐 아니라 불특정 타인에게도 그런 소망이 있다는 것이다. 이들은 관심과 돌봄을 얻기 위한 전략으로 자기주장을 하지 않고 독립된 선택을 하지 않는다. 간혹 자기주장을 하고 싶을 때도 있지만, 자기주장을 하면 관심과 돌봄을 얻지 못할 것 같은 내적 갈등(접근－회피 갈등) 때문에 결국 이러지도 저러지도 못한다. 따라서 이들에게 무언가를 결정하거나 선택하라고 하면 어려움을 겪게 된다.

상담자 실적의 딜레마

지금까지 언급한 것은 내적 갈등의 원인들이다. 한편 고객유치 과정에서 2차적으로 상담자와 고객 간에 생기는 불협화음이 생길 수 있다고 하였는데, 여기에 관여하는 중요한 한가지 원인으로 상담자 실적의 딜레마를 들 수 있다. 고객유치가 성과급으로 이어지기 때문에 간혹 어떤 상담자는 고객의 입장에서 최선이 아니라 자신의 입장에서 설득을 하게 된다. 실적이 너무 간절한 상담자는 고객 입장을 고려하지 않고 귀찮고 예의 없게 설득하여 결국 고객을 짜증나게 만든다.

고객상담자 교육에서는 이 부분을 조심해야 한다. 단기적인 실적에 급급하기보다 고객관리, 즉 고객과의 관계 유지가 우선이며, 그것이 장기적으로 볼 때는 더 큰 이득과 상호만족을 가져다 준다. 단기적인 실적의 유혹에서 자유로울 수 있는 상담자가 진정 고객의 입장에 설 수 있고, 그것은 결국 고객유치 성공으로 이어져 실적으로 돌아올 수 있다. '살고자 하는 자는 죽을 것이요, 죽고자 하는 자는 살 것이다'는 격언이 맞는 것이다.

어떻게 문제를 해결할 수 있는가?

어떻게 하면 효과적으로 고객을 설득할 수 있을까? 먼저 고객 설득 과정을 도식으로 살펴보자. 고객유치의 대상은 평소에 전혀 알지 못하는 신규 고객일 수도 있고, 적당한 관여를 통해 친분관계를 유지하고 있는 기존 고객일수도 있다. 아래 도식에 따라 고객 욕구 파악부터 시작해보자.

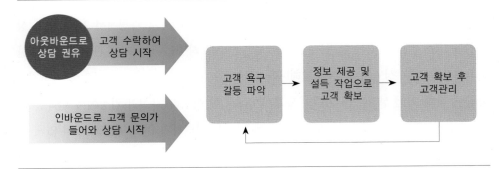

고객 욕구 파악

아웃바운드 상담에서 고객의 응낙으로 그리고 인바운드 상담에서 고객의 요청으로 상담이 시작되었다면 상담자는 본격적으로 고객의 욕구를 파악하며 상담을 전개해나가야 할 것이다. 상대방의 욕구를 정확히 파악하는 것은 문제 해결의 지름길이다. 고객이 무엇 때문에 상담을 신청하였는지 핵심을 파악해야 한다. 대개 상담을 신청하거나 응한 사람들의 관심사는 최저 비용과 최대 이익의 추구, 즉 돈이라고 생각하기 쉽다. 보험회사에 전화 상담을 신청한 사람은 어디 회사 보험료가 가장 저렴할 것인가에 관심을 가질 것으로 생각된다. 그러나 돈의 문제보다 더 중요한 것은 믿을만한 제품이나 서비스인가, 즉 신뢰의 문제이다. 그리고 신뢰는 상담자가 고객의 핵심 욕구를 얼마나 잘 파악해주느냐에 따라 형성된다.

고객의 핵심 욕구를 파악할 때 너무 어렵게 생각하지 말고 상식적으로 보는 것이 좋다. 보험 가입 문의를 한 고객의 욕구는 안전의 욕구이다. 살아가면서 생길 수 있는 잠재적 위험에 대한 두려움이 개입된 것이다. 평생교육원에 등록하려는 고객의 욕구는 발전에 대한 욕구이다. 현재의 안락함에 머무르거나 만족하지 않고 더 발전하고 싶은 것이다. 헬스클럽에 등록하려는 고객의 욕구도 마찬가지일 것이다. 더 건강하게 살려고 하는 것이다. 이처럼 상식을 동원할 때 핵심욕구를 더 쉽게 파악할 수 있다.

고객욕구 = 일반적인 욕구 + 개인적인 욕구

그런데 욕구에는 일반적인 수준과 개인적인 수준이 있다. 대개 고객이 상담을 신청하거나 상담 권유에 응할 때는 좀 더 개인적인 이야기가 배경에 깔려 있다. 보험에 가입하려는 고객은 주변 사람이 도와주지 않아 어렵게 지냈던 기억이 있을 수 있다. 평생교육원에 등록하려는 고객은 지식이 짧다고 사람들로부터 놀림 받은 기억이 있을 수 있다. 헬스클럽에 등록하려는 고객은 근육을 키워 누군가를 제압하고 싶은 환상이 있을 수 있다. 상담자는 이런 개인적인 이야기를 파악할 수 있다면 좋을 것이다. 고객상담자가 이런 개인적 이야기에 귀 기울일 때 고객과의 친밀감이 증가하고 계약의 가능성은 높아질 것이다.

앞에서도 언급했듯이 상담에선 항상 상대를 이해하는 것이 중요하다. 상담자는 고객이 계약을 할 것인가 아닌가에만 신경을 쓸 것이 아니라, 고객과 소통하고 고객을 이해하는데 주력해야 한다.

경청과 관찰을 통한 세부 관심사 파악

고객의 핵심욕구를 파악한 후에는 각론으로 들어간다. 보험에 가입하려는 경우 수십 가지 다양한 옵션 중 관심이 더 있는 것과 관심이 덜한 것이 있을 것이다. 헬스클럽에 등록하려는 경우에도 시설을 더 중요하게 여길 수도 있고 위치를 더 중요하게 여길 수도 있으며 프로그램이나 트레이너를 더 중요하게 여길 수도 있다. 이처럼 고객의 세부 관심사를 파악하고 이해하는 것이 고객유치 성공 여부를 좌우한다. 상담은 항상 상대방을 이해하는 기초에서 이루어진다.

구매의사가 있는 고객은 자신도 모르게 단서를 노출한다. 고객은 간접적이고 미묘한 방식으로 관심을 표현하는데 고객유치 상담자는 이 미묘한 단서를 '잡아낼catch' 수 있어야 할 것이다. 이때 중요한 것이 경청과 관찰이다. 흔히 고객유치 상담자는 고객을 잘 설득해야 하므로 말이 유창해야 할 것 같지만, 말보다 우선하는 것은 잘 듣고 관찰하여 이해하는 것이다. 고객의 대사나 질문을 잘 듣고 어떤 부분에 더 관심을 보이는지 파악하여 그에 맞는 고객유치 활동을 전개해야 할 것이다. 상담자는 고객의 관심사를 명료화하기 위해 추가 질문을 하거나 또는 염려하는 부분에 대해 자세하게 설명할 수 있다. 이렇게 소통할 때 고객은 좀 더 안심할 수 있고 상담자와 신뢰를 형성할 수 있다.

고　객 : "예약금을 이틀 후에 입금해도 되나요?"

상담자 : (아직 망설이는 마음이 있거나, 또는 여행 계획이 변동될 수 있음을 파악하며) "예약은 예약금을 입금한 경우에만 완료됩니다만, 혹시 여행 결정에 변동이 생길 수 있으세요?"

고　객 : "네, 아내의 스케줄이 아직 정해지지 않아서요."

상담자 : "아 그러시군요. 이번 여행의 예약 마감은 3일 후입니다. 이틀 후에 입금해도 괜찮습니다."

고　객 : "이 보험상품은 중간에 해약하면 손실이 큰가요?"

상담자 : (보험에 대해 확신이 없거나, 자금 흐름이 불안정할 수 있음을 파악하며) "해약했을 때 발생하는 손실은 보험에 가입한 날짜와 해약한 날짜에 따라 달라집니다. 그런데 지금 정한 월 보험료가 좀 부담이 되세요?"

고　객 : "음…… 현재는 괜찮지만 상황이 어떻게 달라질 지 모르니간요."

상담자 : "이 상품은 의무납입기간 이후에는 일시적으로 보험료 납입을 중지할 수 있습니다. 별도의 신청이 없어도 보험료가 납입되지 않을 경우 자동적으로 해약환급금에서 보험료가 인출됩니다."

고객의 말과 행동에서 어떤 단서를 캐치할 수 있는지에 대해 더 많은 연구가 필요할 것이다. 연구회나 발표회를 통해 노하우(know-how)를 축적하여 공유할 수 있다면 좋겠다.

선택적 강화를 통한 설득하기

사람들은 누구나 발전하고 싶고, 안전하고 싶고, 더 행복하고 싶은 욕구가 있다. 그러나 살다 보니 바쁘고 또 비용이 아까워서 다양한 활동에 참여하길 머뭇거리게 되고 제품이나 서비스의 구매를 망설이게 된다. 앞에서 언급한 접근-회피 갈등의 틀을 적용해볼 때, 제품이나 서비스의 구매를 통한 정적 유인가positive valence는 발전과 안전과 행복이며, 부적 유인가negative valence는 재정적 지출이다. 이때 고객상담자는 정적 유인가를 강조하고 부적 유인가를 가볍게 여기도록 설득해야 할 것이다. 다음과 같이 두 가지로 접근할 수 있다.

❶ 정적 유인가의 강조 : 제품이나 서비스를 구매했을 때 생기는 이익을 강조하는 방법

> "헬스클럽에 등록하고는 싶은데 비용이 부담스러우시죠. 그래도 운동을 하려고 결심했던 그 마음이 중요하잖아요. 저희 클럽에 꼭 등록하지 않으셔도 되지만, 운동을 하려는 결심은 꼭 실천했으면 좋겠네요."

❷ 부적 유인가의 절하 : 제품이나 서비스를 구매했을 때 생길 손해를 덜어주는 방법

> "헬스클럽에 등록하고는 싶은데 비용이 부담스러우시죠. 그래도 생각해보세요, 한 달에 5만 원이면 피자 한 판 정도가 아닐까요? 그것으로 건강을 지킨다면 오히려 이익일 거예요."

경쟁 대상이 있을 때 확신감 전달하기

앞에서 살펴보았듯이 한 제품이나 서비스에 정적 유인가와 부적 유인가가 동시에 존재할 때 선택적 강화를 이용해 설득하면 될 것이다. 그런데 고객이 현재 상담중인 기업이나 회사 외에 대안이 있을 경우가 있다. 즉 설득상담자의 경쟁상대가 있는 경우인데, 이런 경우에도 마찬가지로 선택적 강화를 시도해야 한다. 상담자는 자기 업체의 강점은 강조하며 다른 업체의 약점은 깎아내려야 한다. 또 상담자가 속한 업체의 약점은 가볍게 여기도록 하며 다른 업체의 약점은 강조해야 한다.

> 상담자 : "지금 당장 우리 어학원에 등록하지 않으셔도 됩니다. 우리 어학원에서 제공하는 서비스를 다른 어학원과 비교해보셔도 좋습니다. 하지만 비교해보시면 차이점을 알게 되실 거예요."

이와 관련해서 두 가지 중요한 점을 말하고 싶다. 첫째는 진실해야 한다는 것이다. 강점을 강조하고 약점을 가볍게 여기도록 하라는 말은 고객을 속이라는 말은 아니다. 고객상담은 고객을 현혹하거나 우롱하는 작업이 결코 아니다. 고객의 입장에서 볼 때 상담자가 속한 업체의 강점이 고객에게 더 중요할 것임을 설득하는 것이다. 두 번째는 확신감을 전달한다는 것이다. 즉 고객이 자사의 제품이나 서비스를 구입하는 것이 고객에게 좋은 일임을 분명히 믿어야 한다는 것이다. 이런 확신감은 자사 제품이나 서비스에 대한 자신감에서 나온다. 즉 고객상담자가 확신감 있게 고객을 설득하기 위해서는, 회사에서 좋은 제품과 서비스를 만들어내는 것이 우선이라는 것이다. 정말로 좋은 제품과 서비스라는 점을 믿고 있을 때 고객상담자의 대사는 더 확신감을 전달하게 될 것이다.

잠재고객 리스트 확보하기

고객은 한 번에 바로 설득되지 않을 수 있다. 우유부단한 고객은 쉽게 결정을 내리지 못하며, 신중한 고객의 경우에도 다시 한 번 생각해보려 한다. 고객은 상담자에 의해 구매결정을 내리기보다 자기 스스로 구매결정을 내리기를

선호한다. 따라서 상담자는 고객이 단 번에 구매결정을 내리지 않더라도 실망할 필요가 없으며, 고객과의 대화가 즐거웠음을 알리고 상담을 마칠 수 있다. 구매 조건이 괜찮다고 여긴 고객은 다시 연락을 취해올 것이다.

그런데 구매 조건이 괜찮았고 상담도 만족스러운 경우에도 어떤 피치 못할 사정으로 구매결정을 내릴 수 없는 경우도 있을 것이다. 우연적 변수로 인해 고객은 구매결정을 내리지 못하고, 상담자는 고객유치에 성공하지 못할 수 있다. 이때 상담자는 이것을 실패로 규정하기보다는 잠재고객을 확보한 것으로 보면 된다. 특히 고객과의 상담 과정에서 연락처를 확보하였다면 이후 언제든지 구매권유를 다시 할 수 있기 때문에 절반의 성공으로 볼 수 있다. 따라서 상담자는 상담 과정에서 고객의 연락처를 확보하는 기회를 잡아야 하며, 특히 고객이 먼저 관심을 보이며 연락을 취해 온 인바운드 상담의 경우 반드시 연락처를 받아놓는 것이 중요하다.

> 상담자 : "지금은 본사 지침이 내려오지 않아서 할인 조건이 구체적으로 정해지지 않았습니다. 혹시 연락처를 남겨주시면 조건이 정해지는 대로 연락 드릴텐데, 괜찮으세요?"

사후 관리

정성을 들여 설득하여 고객 유치에 성공하였다면, 그 다음에는 사후관리가 중요할 것이다. 적당한 관여를 통해 친분관계를 유지하고, 고객에게 정기적으로 소식지나 작은 선물 전달을 계기로 삼아 접촉한다. 이들은 훗날 단골 고객이 될 수 있다. 사후관리의 중요성은 고객유치를 세일즈, 영업의 차원으로 보면 더 쉽게 이해할 수 있다. 어떤 세일즈맨은 다른 세일즈맨보다 영업 능력이 월등하다. 그들의 수익은 보통 세일즈맨의 열 배, 백 배가 넘는다. 어떻게 했길래 그것이 가능하단 말인가? 해당 분야의 거의 모든 세일즈 왕은 잠재고객 및 구매고객과의 꾸준한 접촉과 관리를 강조한다. 당장 고객이 되지 않더라도 실망하지 않고 정중하게 대하며, 기구매 고객이라도 지속적으로 관심을 보여주며 접촉하는 것 말이다.

그런데 사후관리의 요령을 단지 꾸준한 접촉과 관리라고만 하면 될까? 고객유치를 일종의 상담으로 본다면, 상담자―고객 관계의 속성에 대해 좀 더 전문적인 분석을 시도해볼 수 있다.

고객상담에서 라포의 속성

라포rapport는 상담자와 내담자 간 서로 신뢰하는 따뜻한 분위기를 의미한다. 고객유치에서 상담자와 내담자는 어떤 관계를 맺는 것일까? 이 두 사람이 맺는 신뢰의 속성은 무엇일까?

고객상담은 고객에게 제품이나 서비스를 권유하고 이를 수락하여 상호 이익을 얻는 관계인데, 이것은 심리적 어려움을 호소하는 내담자에게 조언을 해주는 상담관계와 질적으로 차이가 있다. 심리적 문제를 호소하는 사람의 경우, 자신이 도움이 필요한 사람이라는 인식을 분명히 갖고 있다. 상담자는 자신에게 도움을 주는 사람, 좀 더 현명하고 어른스러운 사람이라는 인식이 있다. 반면 고객상담에서 상담자와 내담자는 도움을 주고 도움을 받는 관계라기보다는, 서로 이익에 의해 맺어지는 관계이다. 상담자는 고객에게 유용한 제품이나 서비스에 대해 알려주고 고객은 이를 구매함으로써 상담자에게 이익을 가져다준다. 쉽게 표현해서 평등한 관계이다.

상호 이익의 추구

앞에서 언급했듯이 고객상담의 상담자와 내담자는 상호 이익을 추구하며 맺어지는 관계이다. 어느 한쪽의 이익이 다른 쪽의 손해로 이어진다면 라포는 형성되지 않을 것이다. 고객상담의 상담자와 내담자는 서로 윈윈win-win할 때 신뢰와 친밀감이 형성되는 것이다. 따라서 상담자는 항상 자신의 실적보다 고객의 이익을 우선하는 자세를 보이는 것이 중요하다. 자신의 실적을 위해 고객을 기만하거나 이용하는 것은 라포를 해치는 지름길이다. 상담자는 고객의 이익이 결국 자신의 이익이라는 점을 명심

고객상담과 심리상담의 길잡이

해야 할 것이며, 실제로 이를 고객에게 전달할 수 있어야 한다. 대화 중에, 고객이 이익을 얻어야 자신에게도 이익이라는 점을 분명히 밝혀야 할 것이다.

적당한 관여를 통한 가벼운 관계

고객상담에서 상담자와 고객은 상호 이익을 추구하며 이를 위해 친분관계를 유지하고 있다. 그런데 이 친분관계는 가족이나 친지, 애인 등의 친분관계와는 강도에서 차이가 있다. 가족들은 강한 정서적 유대로 얽혀 있어 때로는 상호 이익을 추구하지 못하고 때로는 서로 상처를 주는 대화를 하거나 결정을 내리기도 한다. 이것은 고객상담자가 고객과 어느 정도 정서적 관여를 해야 하는지에 대한 힌트를 준다.

고객상담자는 친분관계가 너무 진지해지거나 심각해지는 관계가 되지 않도록 주의해야 한다. 적절한 정서적 관여를 통해 가벼운 관계를 유지해야 하는데, 그렇지 않을 경우 상담자 측면이나 고객 측면에서 모두 부작용이 생기며 라포가 위태롭게 될 수 있다. 본질적으로 고객과 상담자의 친분관계는 이익 추구에 기반한 관계이지 사적 관계가 아님을 명심해야 한다. 만일 이익 추구 이상으로 감정적으로 의지하거나 좋아하는 관계가 되는 등 사적인 감정이 생기면 어떤 부작용이 나타날까? 물론 양쪽 모두 서로 좋아하게 되는 경우도 있겠지만, 대개 양측 어느 한쪽이라도 사적 관계를 부담스러워하게 되는데, 이 경우 다른 한 쪽은 섭섭하거나 원망스러운 마음이 생기게 되고 결국 라포는 깨지게 된다. 양쪽 모두 좋아하게 되는 경우도 문제인데, 왜냐하면 서로 진정한 애정관계인지 아니면 상담자의 수익 때문에 맺어지는 이익관계인지 의심하게 되기 때문이다.

친분을 바탕으로 하여 정성을 보여주기

고객상담에서 상담자와 고객이 이익에 대한 관심으로 만나는 사이라면 친분관계를 쌓는 것이 어떻게 가능할까? 그것은 고객상담자가 당장 이익은 없더라도 고객에게 관심이 있다는 것을 꾸준히 보여줌으로써 가능할 것이다. 대개 관심이 있다는 것은 언어 표현뿐만 아니라 행동에서 드러나는데, 상대에게 꾸준히 연락을 취한다든가, 상대가 바빠서 미처 잊어버리고 챙기지 못했던 것들을 챙겨준다거나 하는 행동이 관심의 표현인 것이다. 고객상담 장면에 적용하여 예를 들면, 상담자가 단골 고객의 자녀가 이번에 중학교로 진학함을 기억해두었다가 입학식 즈음에 학용품을 보내준다든지, 또는 도시에 거주하는 고객에게 시골의 음식을 선물한다든지 하는 것들은 사소한 것이지만 받는 입장에서는 상대방의 정성을 느낄 수 있는 것이다. 이런 작은 정성들이 모일 때 고객은 상대방이 자신에게 진심으로 관심을 가지고 있음을 믿게 될 것이다. 고마운 마음이 쌓이면 언젠가는 보답해야지 하고 생각하게 되는데, 이것은 일종의 부채의식이며 사람에게는 누구나 빚을 갚고자 하는 마음이 있다. 어떤 자동차 딜러는 고객에게 10여 년 이상 기념일을 챙겨주고 카탈로그를 보내주었는데, 결국 고객이 감동하여 그 딜러에게 자동차를 구매하게 되었다. 이와 같은 사례는 고객관리 현장에서 흔히 찾아볼 수 있다.

　정성과 관심에 대해서는 영원한 고전이라고 불릴 만한 한 권의 책이 잘 설명하고 있는데, 그것은 바로 〈카네기 인간관계론〉이다. 카네기는 타인에 대한 배려와 역지사지의 마음가짐이 고객관계의 기본이 된다고 하였다. 특히 마음가짐을 강조하였는데, 예를 들어 칭찬을 할 때도 무성의한 칭찬이 아니라 진심에서 우러나오는 마음의 칭찬을 강조하였다. 누구나 머리로는 알고 있는 것이지만 막상 실천하기엔 어려운 것이다.

소 개　　사후관리 과정에서 친분이 생기면 고객은 상담자에게 이런 저런 일상의 고민을 털어놓기도 한다. 이때 상담자는 고민을 경청하고 위로, 격려해줄 수 있다. 그런데 더 깊고 개인적인 고민을 털어놓게 될 때 이번엔 상담자가 고민에 빠질 수 있다. 개인적인 고민을 털어놓는다는 것은 고객과 상담자 사이의 정서적 거리가 좁혀진다는 것, 즉 매우 친밀해진다는 것을 의미하는데, 그렇다면 적당히 관여하는 가벼운 관계를 유지하기 어렵기 때문이다. 또 개인적 고민을 들을수록 해결해주어야 된다는 압박감이나 부담감이 생길 수 있다. 따라서 고객 사후관리에서 고객이 개인적이거나 깊은 고민을 털어놓

을 때 상담자는 고객의 고민을 해결하는데 도움을 줄 수 있는 전문가를 소개해주는 것이 바람직할 것이다. 이를 위해 상담자는 평소 관련 분야 전문가의 리스트를 확보해 놓는 것이 필요하다.

효과적인 고객유치를 위한 상담자 훈련하기

고객유치 상담자의 성격

먼저 고객유치 상담자 성격부터 시작해보자. 고객유치 과정에서는 기법도 중요하지만 본래의 성격이 중요한 측면이 있다. 고객유치에서 상담자의 성격은 밝고 명랑한 외향적 성격일 경우 훨씬 적성에 맞을 것이다. 밝고 명랑한 성격의 소유자는 가벼운 마음으로 구매를 권유하고, 거절당하더라도 심각하게 여기거나 속상해하지 않는다. 새로운 고객을 찾으면 되기 때문이다. 이들은 100번 거절을 당해도 101번째 고객에게 상담을 권유할 수 있다. 그런데 어떤 상담자는 거절당할 때 매우 속상해하며 자신감도 저하된다. 이들은 거절당하지 않기 위해 잔뜩 긴장한 채 상담에 임하게 되는데, 고객은 이런 긴장감을 예민하게 알아차리고 부담스러워 한다. 따라서 가급적 편안한 마음으로 고객유치 상담을 진행할 수 있으면 좋다.

외향적 성격과 적절한 정서적 관여

어떤 상담자는 고객에게 제품이나 서비스를 권유하면서 고객에게 큰 폐를 끼치는 양 어려워하며 미안해하는 경우가 있다. 이것은 고객의 설득이 상담자 개인의 이익으로 연결되기 때문에 자기도 모르게 무의식적으로 자책하기 때문이다. 또 어떤 이는 매우 수줍어하는 성격으로 고객에게 접촉하는 것 자체가 불편하고, 행여라도 고객이 상담 권유를 거절하면 기운이 빠지고 실망하는 경우도 있다. 이런 경험이 쌓이면 고객에게 접촉할 때 적극성이 떨어지고, 결국 직업만족도나 생산성이 저하된다.

대개 초심 고객상담자를 교육할 때 이런 적극성을 많이 강조한다. 그런데 이것은 적극성의 문제라기보다는 외향적 성격이나 기질의 문제이다. 사람의 성격은 타고난 측면이 강하게 작용하며, 타고난 측면과 성장 경험 및 환경의 복합적 산물이다. 이때 타고난 측면을 기질temperament이라고 부른다. 어떤 사람은 생각이 많고 겁이 많고 수줍어하는 기질을 타고나고, 또 어떤 사람은 대담한 기질을 타고 나며 언어와 행동에서 결단력이 있다. 이런 외향적 성격과 기질은 낯선 고객과 친밀감을 형성하며 상담을 권유할 때 매우 유리한 강점이 된다. 따라서 수줍어하는 기질을 타고난 사람이나 내향적인 성격의 소유자는 이런 부분에서 약점이 생기므로, 자신만의 권유 및 설득 방식을 더 많이 개발해야 할 것이다.

그리고 거절당했을 때 너무 많이 실망하거나 기운이 빠지지 않도록 적절한 수준으로 관여하는 것이 중요하다. 어떤 상담자는 고객 설득에 너무 관여하다가, 만일 그 고객에게 거절당했을 때 자신의 능력이나 적성을 의심하기도 한다. 그런데 이것은 고객을 존중하는 태도가 아니다. 진정으로 고객을 존중한다면, 고객 설득에 최선을 다 하되 안되면 고객의 의사를 존중하여 물러나야 한다. 또한 이것은 자기 자신에 대한 존중과도 연결된다. 설득 과정에서 물러나는 것은 자신의 능력이 부족해서가 아니라 고객의 의사를 존중했기 때문이다. 자신의 탓으로 돌릴 일이 아니다. 정중히 권유하고 만일 거절 받는다면 정중히 물러나면 된다.

내향적 성격의 경우

사람들은 내향적 성격이 소심하고 수줍어하며 걱정이 많다고 여긴다. 그러나 내향적 성격은 사고력이 뛰어나고 내적, 외적 자극에 예민하게 반응하는 감수성의 소유자들이다. 이런 장점을 고객유치 과정에서 발휘할 수만 있으면 될 것이다. 만약 자신이 내향적 성격의 소유자라면, 먼저 자신이 권유하는 상품이나 서비스에 대한 확신을 가지는 것이 필요하다. 자신이 권유하는 제품이나 서비스가 정말 좋은 것인지,

타사 대비 우월한 것인지에 대한 확신이 있다면 고객설득 작업도 한결 쉬울 것이다. 따라서 제품이나 서비스에 대해 꼼꼼히 공부하는 것이 필요하다. 만일 그런 확신이 없이 고객을 설득한다면, 내향적 성격의 소유자는 스스로 진실하지 못하다고 여기므로 고객의 목소리나 표정에 예민하게 반응하고 위축될 수 있다.

아울러 내향적 성격의 소유자는 요구에 대한 갈등 개념을 이해할 필요가 있다. 요구에 대한 갈등이란, 요구하고 싶은데 요구할 수 없는 것을 말한다. 요구에 대한 갈등이 있는 사람들은 타인에게 뭔가를 요구할 때 부끄러움을 느끼거나 미안함을 느낀다. 그 원인은 누군가에게 요구하는 것은 자신만을 위한 이기적인 것으로 무의식적으로 여기기 때문이다. 내향적 성격의 소유자는 이런 내적 갈등에 예민하게 반응한다. 사람은 때로는 누군가에게 요구하며 폐를 끼칠 수도 있다. 나중에 보답하면 된다. 요구하지 말아야 한다고 스스로 발목 잡지는 말자.

상호작용을 통한 고객 욕구 파악

현대 사회의 제품이나 서비스는 고객의 다양한 관심사에 맞춰 매우 복잡하고 정교화되어 있다. 고객상담자는 고객의 관심사를 잘 파악하도록 노력해야 하며 필요한 훈련을 해야 한다. 고객의 관심사를 파악하는 것은 언제나 경청으로부터 시작한다.

경 청　　고객유치에서는 상대가 원하는 것을 파악하는 측면에서 경청이 중요하다. 대개 고객은 제품이나 서비스를 구매하는 것과 관련된 어떤 개인적 관심사를 갖고 있는데, 이것을 파악하기 위해 잘 들어야 하는 것이 기본이다.

경청은 상대방이 말하는 흐름을 잘 따라가며 듣는 것이라 하였다. 경청은 모든 상담의 기본이다. 그런데 기본이라고 해서 만만한 것은 아니다. 사람들은 듣기만 하는 것이 뭐가 어렵나 싶겠지만, 실제로 경청 훈련을 해보면 어려움이 드러난다. 사람들을 3인 1조로 구성하여 각각 1명은 고객 역할, 1명은 상담자 역할, 1명은 관찰자 역할을 맡겨 보는 경청 훈련이 있다. 그런데 경청 훈련 과정에서 상담자 역할을 맡은 사람들은 하나같이 입을 굳게 다물고 있거나 손으로 입을 막고 있었다. 그 이유를 물어보니, 뭔가 말하고 싶은 마음이 계속 들기 때문이라는 것이다. 이처럼 사람은 남의 말을 듣기보다 자기 말을 하려는 욕구가 더 강하다.

질문을 통한 욕구 파악

모든 고객이 자신의 관심사를 잘 말하는 것은 아니다. 때로 어떤 고객은 관심사를 정확히 설명하지 못하는 경우도 있다. 또는 자기가 원하는 것을 대략적으로는 알지만 구체적으로는 파악하지 못하는 경우도 있다. 앞에서 경청이 중요하다고 하였는데, 이 경우에는 경청뿐만 아니라 적극적 질문을 통해서 고객의 관심사를 파악해내는 것이 중요할 것이다. 질문이란 상대방에게 정보를 얻어내거나 또는 상대방으로 하여금 특정 주제를 탐색하도록 기회를 제공하는 기술이다. 이때 정보를 얻어낸다는 것은 이해가 쉬울 것이다. 특정 주제를 탐색한다는 말의 뜻을 예를 들어 설명하면, '기분은 어떠세요?'라는 질문은 상대방으로 하여금 자신의 기분에 대해 생각해보게 한다는 것이다. 질문받은 사람의 입장에서 보면, 때로는 자신이 미처 생각하지 못한 부분에 대해 생각해볼 기회를 갖게 된다.

질문의 자기탐색 기능

| 기분
습관
취미
등등 | 에 대한 질문은 자신의…… | 기분
습관
취미
등등 | 을 되돌아보게 함 |

개방적인 질문과 폐쇄적인 질문

질문의 유형에는 다양한 것이 있는데, 각 유형은 장단점이 있다. 상담자는 적재적소에 알맞은 질문 유형을 사용해야 한다. 먼저 질문의 유형을 개방적 질문과 폐쇄적 질문으로 구분할 수 있다. 개방적인 질문open question은 자

150

유로운 응답을 허용하는 질문이란 뜻이다. 응답자는 자신의 의견을 비교적 자유롭게 이야기할 수 있다. 반면 폐쇄적인 질문closed question은 상대방에게 "예" 또는 "아니오"로 한정되는 반응을 요구하는 것이다. 폐쇄적인 질문은 특정한 답변을 요구하거나 그런 답변을 유도하는데 사용된다.

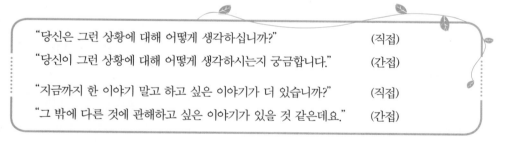

"시험 끝나고 기분이 어떠했습니까?"　　　　　　(개방)
"자네는 시험이 끝나고 기분이 좋았지?"　　　　　(폐쇄)

"보험가입 기간을 어느 정도로 예상하세요?"　　　(개방)
"보험가입 기간을 10년으로 하시겠어요?"　　　　(폐쇄)

직접질문과 간접질문

직접질문은 묻고 싶은 내용을 직선적으로 물어보는 것을 의미하며, 간접질문은 넌지시 우회적으로 물어보는 질문을 의미한다. 즉 끝에 물음표가 없어 질문의 형식을 취하지 않지만, 실질적으로는 질문인 것이다. 다음의 예를 보자.

"당신은 그런 상황에 대해 어떻게 생각하십니까?"　　　　　(직접)
"당신이 그런 상황에 대해 어떻게 생각하시는지 궁금합니다."　(간접)

"지금까지 한 이야기 말고 하고 싶은 이야기가 더 있습니까?"　(직접)
"그 밖에 다른 것에 관해하고 싶은 이야기가 있을 것 같은데요."　(간접)

직접질문은 간혹 상당히 단호하거나 냉정하거나 단도직입적으로 들리기 때문에 듣는 상대방이 부담을 느낄 수 있다. 이런 부담을 줄이기 위해 간접질문을 사용하는 것이다. 이와 관련하여 질문의 격언 중 하나는 '질문이 질문처럼 느껴지지 않을수록 좋다'라는 것이다. 질문은 상대방으로 하여금 정보를 얻어내려는 것인데, 대답을 하는 사람의 경우 질문이 자신이 말하고 싶은 바를 톡 건드려주었을 때 마치 기다렸다는 듯이 대답을 하게 된다. 이 경우는 질문자의 강요에 의해서 대답한 것이 아니라 자발적으로 말한 것처럼 느껴지게 되며, 질문자가 자신의 마음을 잘 이해하고 있는 것처럼 느끼게 된다.

이중질문 이중질문은 한 번에 두 가지 이상의 내용을 질문하는 것을 의미한다. 이중질문은 대개 바람직하지 않은데, 왜냐하면 응답자의 입장에서는 두 가지 중 하나만을 선택해서 응답하고 나머지 하나를 놓치게 되거나, 또는 어디에 응답해야 할지 몰라서 전혀 엉뚱한 제3의 방향으로 응답하게 되기 때문이다. 다음의 예를 보자.

> 상담자 : "고객님은 무슨 특약을 넣으시겠어요? 그리고 한 달에 얼마 정도 납입할 때 부담이 덜 되시겠어요?"
>
> 고 객 : "음… 특약을 뭘 넣어야 할 지 모르겠는데… 이 보험은 사람들의 평이 어떤가요?"

이 대화에서 보는 바와 같이, 상담자가 전달했던 메시지가 분명하지 않기 때문에 고객도 전혀 엉뚱한 대답을 하게 된다. 따라서 상담에서는 질문을 할 때는 가급적 한 가지 내용으로 질문을 하고 대답을 기다리는 것이 바람직하다.

역동적 상호작용 고객유치 과정에서 앞에서 소개된 질문의 유형을 잘 알고 있으면서 상황에 따라 적절한 질문을 사용하는 것이 중요할 것이다. 상담자는 고객의 말을 경청하면서 고객이 관심 가질 만한 부분에 대해 너무 앞서 가지 말고 반 발짝 정도 앞서가며 질문을 던져 준다. 그러면 고객은 상담자가 자신의 마음을 잘 파악하고 있다고 여길 것이다. 그리고 안심이 된 고객은 자신도 궁금한 것을 질문하게 되는데, 이때 가장 핵심적인 부분을 물어 온다. 그러면 상담자도 고객이 원하는 정보를 주며 상담이 역동적으로 진행될 것이다. 이렇게 서로 질문이 오가는 역동적인 상호작용은 만족스런 결과로 이어질 것이다.

>
> 고객 : (구두를 들러보며) "이것도 맘에 들고, 저것도 맘에 드네요."
>
> 직원 : "네, 둘 다 장점이 있지요. 그런데 이 제품은 세일이 되고, 저것은 세일이 되지 않는 제품이에요."
>
> 고객 : "세일이 되는 것은 어떤 장점이 있나요?"
>
> 직원 : "이 제품은 세일이 되면서도 장점이 많아요. 바지에도 어울리고, 치마에도 어울리죠. 활용도가 높아요. 하지만 고객님이 원하시는 스타일을 고르는 게 중요하죠."
>
> 고객 : "이 제품은 가격할인도 되고 여러모로 활용이 되겠네요. 처음에는 세일 안되는 저 구두가 맘에 들었는데, 설명을 들어보니 세일되는 이 제품이 더 낫겠네요."
>
> 직원 : "선택 잘 하셨어요. 저 제품은 다음 번 정기세일 때 한 번 더 보러오세요."
>
> 고객 : "아 그렇군요. 저건 다음 기회를 기약하죠."

직접설득과 간접설득

고객의 욕구를 파악한 후에, 최종적으로 상담자는 고객에게 상품이나 서비스의 구매를 권유, 즉 설득하는 작업을 시도한다. 상담자는 리더십을 발휘하여 상대방을 설득하는 훈련을 해야 할 것이다. 고객유치를 위한 설득에는 크게 두 가지 방향이 있는데, 각각 직접설득과 간접설득이다.

간접설득

간접설득은 고객과의 상담 작업 자체가 하나의 설득 작업으로 보는 것이다. 고객은 원하는 정보를 얻으려고 하는데, 상담자가 다양한 정보를 제공하면서 욕구를 만족시킬 때 신뢰가 생기면서 고객 스스로 이 회사의 제품이나 서비스를 이용해볼 마음이 생기는 것이다. 즉 직접 설득하지 않았음에도 불구하고 고객이 구매 의사결정을 내리는 것이다. 이런 고객은 대개 상품을 이용할 마음의 준비가 되어 있고, 합리적인 판단을 내릴 수 있는 고객이다.

설득의 심리학에 기반한 권유하기

간접설득으로 완료되지 않은 경우 직접설득이 필요하다. 대부분 고객의 경우 최종적으로 구매 결정을 하기 전에 상담자가 설득해주기를 바란다. 이 분야 베스트셀러 〈설득의 심리학〉에 보면 고객설득의 6가지 원리가 나오는데, 이들은 각각 상호성의 법칙(호의는 호의를 부른다), 일관성의 법칙(일단 작은 요청으로 개입시킨 후 본격적으로 요청하라), 사회적 증거의 법칙(다수의 행동으로 설득하라), 호감의 법칙(매력적으로 보여라), 권위의 법칙(전문가의 의견으로 설득하라), 희귀성의 법칙(가질 수 없다고 느끼게 하라)이다.

이상의 원리들을 구체적으로 훈련하는 것은 상담의 영역이라기보다는 영업sales의 영역에 가깝다. 이 책에서는 상담의 과정과 기법에 좀 더 초점을 맞춘다. 영업의 영역을 공부하고 싶은 독자는 영업, 세일즈, 마케팅 관련 서적을 참고하면 좋을 것이다.

154

05

1 / 현대 사회에서 기업이 고객을 유치할 때는 제품이나 서비스를 일방 광고하는 것만으로 충분치 않다. 제품의 다양성과 복잡성으로 인해 고객이 구매 의사결정 과정에서 고객상담을 필요로 하게 되었다.

2 / 고객상담은 이 업무를 전문적으로 하는 사람 뿐 아니라 영업 활동을 하는 모든 사람에게 필요한 작업이다. 고객상담을 통해 소비자의 현명한 구매를 도와줄 수 있다면 보람되고 매력적인 일이 될 것이다.

3 / 흔히 소비자의 구매 의사결정을 합리적 과정으로 인식하지만 인간이 항상 합리적이지는 않으며, 구매 의사결정 과정에서 본인의 판단 외에도 구매 권유자 요인이 중요할 수 있다.

4 / 고객상담자는 고객에게 필요한 정보를 제공할 뿐만 아니라 구매와 관련된 마음의 갈등이나 욕구를 이해할 수 있어야 한다. 고객의 갈등을 이해하고 어루만져야 성공적인 고객유치가 가능할 것이다.

5 / 일단 고객을 유치한 후에 고객상담자는 정기적인 접촉을 통해 고객을 관리한다. 이때 고객과의 관계는 상호 이익을 추구하는 관계여야 하며 적당한 관여를 통한 가벼운 관계가 바람직하다.

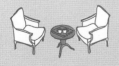

CHAPTER 06

괴롭힘 당하는
상담자의 감정노동

CHAP
TER 06

괴롭힘 당하는
고객상담자의 감정노동

최근 상담자의 감정노동에 관심이 많아졌다. 감정은 담아두기보다는 표현하는 것이 자연스러운 것인데, 이것을 참고 아무렇지도 않은 듯 행동해야 한다는 점에서 쉽지 않은 일이다. 특히 불만을 참아내고 친절하게 응대하는 것은 결코 쉬운 일이 아니다. 그런데 불만에도 차원이 다른 것이 있는데, 기대나 욕구의 좌절로 생긴 불만이 아니라 상담자를 함부로 대하고 희롱하거나 억지를 부리거나 일부러 괴롭히는 것도 있다. 이것은 불만의 범주를 넘어서 약자에 대한 착취의 문제이다. 이 장에서는 상담자 착취의 원인 및 대처 방안에 대해 살펴본다.

문제는 무엇인가?

상담자 괴롭히기

공공서비스 콜센터나 전화번호 안내 업무를 담당하는 상담자들은 친절이 생명이다. 그런데 이들이 친절하게 응대해야 한다는 점을 악용하여 상담자를 괴롭히는 경우가 있는데, 일일이 사례를 열거하기 어려워 신문기사 한 토막을 소개하면 다음과 같다.

> ### 상냥한 음성 속의 눈물 아십니까?[16]
>
> (전략) 114 전화번호 안내를 하는 KTIS의 상담원 김 모 씨는 가끔 성매매 업소 연락처를 묻는 전화를 받는다고 했다. 김 씨는 "알려줄 수 없다고 했더니 그럼 당신이라도 와라, 오지 않으면 찾아가서 당신 몸에 불을 지르겠다고 협박했더라. 너무 수치스럽고 분해서 손이 부들부들 떨렸다"고 진저리 쳤다.
>
> 음성노동자. 쉽게 말해 전화 받는 직업이다. 사무실에 앉아 전화 받는 일이 뭐 힘드냐고 생각하기 쉽지만, 이들의 업무스트레스는 상상을 초월한다. 국가인권위원회에 따르면 전국의 음성노동자는 2009년 기준 3만 5,000개 업체에 걸쳐 약 80만 명에 이르는데, 이들은 쉽게 답하기 힘든 난감한 질문부터 욕설, 성희롱 등

---

16 2012. 8. 18일자 한국일보 기사 일부 발췌

온갖 언어폭력에 시달리고 있다.

KTIS에 따르면 114 상담원들은 월평균 1,700여 건의 폭언, 성희롱, 협박 등 악성전화에 시달린다. 악성전화 유형으로는 폭언 및 욕설이 796건(45.6%)으로 가장 많고, 목숨을 위협하는 협박(426건), 장난전화(428건), 성희롱(96건) 순이다. (중략) 과중한 스트레스에 비해 열악한 처우도 음성 노동자들을 힘들게 한다. 전체 콜센터 상담원의 월평균 임금은 134만 2천 원으로, 전체 산업 평균의 70%에 불과하다. 그렇다 보니 일을 오래 하는 사람이 드물다. 콜센터 상담원들의 근속 기간은 평균 3.1년으로 전 산업 평균의 3분의 1에 머물고 있다. (후략)

폭 언 전화 상담자들이 가장 힘들어하는 것 중 하나가 폭언과 협박이다. 이 중 폭언은 개인을 무력하게 만들고 자존감self-esteem을 떨어뜨린다. 자존감은 자신이 소중한 존재이며 사랑받을 만한 존재라는 인식에 기반한다. 자존감이 낮은 사람에겐 타인의 눈치를 보고 쉽게 상처를 받으며 자신을 돌보지 않는 모습이 나타나거나, 또는 늘 타인을 의심하거나 원망하는 모습이 나타나기도 한다.

누군가에게 폭언이나 폭행을 한다는 것은 그 사람을 전혀 소중하게 여기지 않음을 단적으로 보여준다. 반복되는 폭언, 폭행을 당한 사람은 자신이 소중한 사람이라는 인식을 유지하기가 어렵다. 아무리 나는 괜찮은 사람이라고 스스로 되뇌어도, 폭언에 반복적으로 노출된다면 자존감이 떨어지는 것을 막기는 어렵다.

협 박 협박은 개인의 안전감sense of safety을 위협한다. 사람들은 의식하지 않을 때에도 자신이 안전하다는 것을 아는데, 만일 그렇지 않다면 불안해서 생활할 수 없을 것이다. 그런데 협박을 받은 사람들은 자신이 안전하지 않을 수 있다는 가능성에 직면하게 된다. 그러면 안전을 위협하는 사소한 침범에도 예민해지고 경계하게 되고 긴장하게 되면서 심리적 평정이 깨어진다. 앞의 기사에서 보았듯이 전화상담자들은 목숨을 위협하는 협박을 당하기도 한다. 업무시간에 받은 협박은 업무 후 생활에도 영향을 미치므로 상담자들은 지속적으로 스트레스를 받게 된다.

160

참고로 안전의 내용은 신체적 안전이나 생명의 안전만을 의미하는 것은 아니다. 여성의 경우 성적인 안전이 중요하며, 이 밖에도 재산에 대한 안전, 가족에 대한 안전 등이 중요하다. 이 부분에서는 상담자마다 개인차가 있다. 예를 들어, 어떤 사람은 성적인 협박은 개의치 않지만 가족에 대한 협박에는 민감하게 반응하는 식이다.

성희롱　성희롱은 개인에게 수치심을 유발한다. 특히 우리나라와 같이 성에 덜 개방적인 문화권에서는 성에 대한 것은 감추거나 덮어두려는 경향이 많은데, 사람들은 성을 은밀한 사적 영역으로 여기고 성적 관심사나 경험을 다른 사람과 공유하는 것을 꺼려한다. 아무튼 문화의 차이가 있겠지만 누구에게나 성은 프라이버시의 영역인데, 성희롱은 개인의 사적 영역을 침범하는 것이다. 사적 영역을 침범 당할 때 개인은 극도로 무기력해지고 혼란스러워진다. 자신만의 것인 줄 알았는데 타인이 맘대로 관여하여 휘젓고 있기 때문이다.

권력 남용과 착취의 문제

'고객은 왕이다'라는 말이 있다. 그러면 상담자는 '신하'인가? 왕이 신하를 아끼고 사랑한다면 신하도 왕을 중심으로 모실 것이다. 그런데 만일 왕이 신하를 함부로 대한다면 어떻게 될까? 이 경우에도 마찬가지로 신하는 왕의 명을 거스를 수는 없을 것이다. 왜냐하면 권력은 왕이 지니고 있기 때문이다. 고객 또는 민원인과 콜센터 상담사의 관계도 본질적으로 똑같다. 우리나라의 경우 현재까지 권력의 추는 고객이나 민원인 쪽으로 기울어져 있다.

상담자를 괴롭히는 문제를 왜 권력 남용과 착취의 문제로 보는가? 그냥 욕구 불만의 문제로 볼 수 없는가? 앞에서도 언급했듯이 불만은 욕구나 기대가 좌절되었을 때 생기는 것인데, 욕구나 기대가 재충족되면 불만은 사라진다. 그러나 상담자를 상습적으로 괴롭히는 사람들의 경우, 상담자가 친절하게 응대하면 할수록 괴롭힘은 더 심해지고 습관이 된다. 이것은 상담자를 괴롭히는 것이 감정적 고통에서 시작된 것이 아니라, 무의식적으로 자신이 상담자보다 더 강한 힘을 가지고 있음을 알고 있고 그것을 즐기기 때문에 시작된 것이다. 즉 상담자의 서비스 제공 의무를 노려서 상담자를 착취하는 것이다. 이것은 폭언과 협박이나 성희롱의 경우에도 마찬가지다. 따라서 공공서비스 콜센터나 전화번호 안내 업무를 담당하는 상담자들은 상습적인 괴롭힘에 응대할 때 이것이 단순한 불만의 문제가 아니라 본질적으로 권력의 문제라는 점을 인식하고 응대해야 한다. 불만이라면 왜 불만이 생겼는지, 바라는 것이 무엇인지를 파악해 해소할 수 있다. 그러나 권력의 남용과 착취의 문제라면 왜 불만이 생겼는지, 바라는 것이 무엇인지를 파악해봐야 아무런 소용이 없다. 그보다는 각오를 단단히 하는 것이 더 나을 것이다.

상담이 아닌 상담

이 장에서 다루는 문제를 권력 남용과 서비스 착취의 문제로 볼 때, 고객 또는 내담자의 문제가 무엇이냐 뿐 아니라 상담자에게는 어떤 영향을 미치는지에 대해 생각해봐야 한다.

이장호(2011)에 의하면, 상담은 도움이 필요로 하는 내담자가 전문가를 만나 문제 해결을 위해 노력하는 학습과정이다. 즉 상담자는 해당 분야의 전문가로 내담자를 도와주는 것이 주 업무인 것이다. 그런데 희롱이나 협박을 참아내는 것이 내담자를 도와주는 것과 무슨 관련이 있을까? 만일 구매한 제품이나 서비스에 대해 불만을 토로한다면 그것을 견뎌냄으로써 고객의 마음을 가라앉히고 보상 절차로 진행하도록 도와줄 수 있다. 그러나 희롱과 협박을 참아내는 것은 누구를 도와주는 일이 아니다. 비록 수많은 '상담사'들이 현실적으로 희롱과 협박을 참아내고 있지만, 이것은 상담자가 해야 할 일이 아니며 상담이 아니다. 이런 일을 반복하게 되면 누구나 소진될 수밖에 없다.

문제는 왜 생기는가?

미성숙한 자기중심성

전화번호 안내 상담원들은 고객 응대 과정에서 재미있는 일화가 많다고 한다. 어떤 고객이 상담원에게 무리한 부탁을 하길래 고객님 전화번호를 알려달라고 했더니 1번을 꾹 누르라고 했다는 일화가 있다. 이 사람은 매우 자기중심적이어서 누구나 단축키 1번에는 자신의 번호가 저장되어 있다고 생각하고 있다. 이 사람의 경우처럼 상담원에게 억지를 부리거나 해결할 수 없는 불평을 쏟아놓는 사람들의 성격은 매우 자기중심적이고 역지사지의 조망이 불가능하다. 어린 아이들이 자라면서 청소년이 되면 자기중심의 조망에서 벗어나 타인의 입장에서 생각해볼 수 있게 되는데, 이들의 정신은 아직 청소년기 이전의 미성숙한 상태로 볼 수 있다.

감정교류 실패
자기중심적인 사람은 말이 안 통할 뿐 아니라 감정교류도 어렵다. 상대방의 감정은 아랑곳하지 않고 자기감정 표현만 하려고 한다. 감정표현방식도 미숙한데, 예를 들어 좋아하는 감정도 엉겨 붙는 식으로 표현해서 사람을 피곤하게 만들고, 슬프거나 지쳤을 때도 떼를 쓰거나 짜증을 내어 위로하고 싶은 마음이 들지 않는다. 감정교류가 어렵기 때문에 타인으로부터 공감받지 못하는데, 이들은 막무가내로 이해받지 못한다며 더 속상해하거나 화를 낸다.

반사회적 성격
만일 상습적으로 상담원을 희롱하거나 괴롭히는 사람이라면 이는 반사회성 성격의 소유자로 볼 수 있다. 앞서 블랙컨슈머 부분에서 언급했듯이, 반사회적 성격의 소유자는 불만이 많을 뿐 아니라 타인의 고통에 대한 공감능력이 부족하며, 다른 사람에게 피해를 입히고도 양심의 가책을 느끼지 못한다. 이들은 자신의 이익을 위해서 상대방에게 피해를 주는 것을 거리낌없이 할 수 있다. 공공장면의 콜센터 상담자에게 이들은 특히 조심해야 할 대상이다. 추후 반사회적 성격의 응대 방법에 대해 더 많은 연구 및 제도적 장치를 보완할 필요가 있다.

전치된 불만

최근 묻지마 폭력이 사회문제가 되고 있다. 불만의 문제는 불만의 원천과 표출 대상이 중요한데, 제품이나 서비스 불량의 경우 회사가 고객에게 불만의 원천을 제공한 것이고, 따라서 고객은 회사(또는 대리인 상담자)에 불만을 표출하면 된다. 그런데 묻지마 폭력은 어떠한가? 사회나 조직에 불만을 품은 사람이 전혀 엉뚱한 대상, 특히 약자에게 치명적인 화풀이를 하는 것이다. 공공서비스 장면의 상담자에게 폭언이나 욕설을 쏟아내는 민원인의 경우도 마찬가지다. 어떤 이들은 가정이나 사회, 국가에 대해 불만으로 가득 차 있는데, 그것을 콜센터의 상담자에게 쏟아낸다. 여기에는 원인제공자에게 직접 불만 표출을 하지 못하고 약자에게 불만을 전치[17]시킨 과정이 개입되어 있다.

불만의 전치는 왜 생기는 것일까? 이것은 원인제공자가 힘과 권력이 있어서 감히 불만을 표출할 수 없거나, 또는 사회나 국가와 같이 책임 소재가 애매해서 딱히 불만을 표출할 대상이 없는 경우에 생길 수 있다. 그러나 억울한 일을 당했다고 누구나 약자에게 화풀이를 하지 않으며, 설령 화풀이를 했다 하더라도 양심이 있는 사람이라면 죄책감을 느끼게 된다. 즉 양심의 가책을 못 느끼거나 자기중심적이어서 타인의 입장을 살피지 못하는 성격이 불만의 전치 과정을 완성시킨다.

---

17 부정적 감정이 약한 대상에게 잘 못 옮겨져 표현되는 과정을 전치(displacement)라고 한다. 속담에 '종로에서 뺨 맞고 한강에서 분풀이한다'는 것이 있는데, 감정의 전치를 풀이한 것이다.

애매하거나 힘있는 원인 제공자 + 자기중심성과 양심 부족 → 약자에게 불만 전치

상담자 인권 의식 및 보호 장치의 부족

앞서 폭언이나 협박과 같은 문제는 본질적으로 권력의 불균형 문제라고 하였다. 상담자에게 폭언과 협박을 하는 것, 그리고 성희롱을 하는 것은 고객의 정당한 권리를 넘어서는 것이다. 상담자를 상습적으로 괴롭히는 민원인은 상담자가 무조건 참아야 하는 약자 위치에 있음을 잘 알고 있으며, 자신에게 별다른 제제가 돌아오지 않음을 잘 알고 있다. 이것은 상담자의 친절 응대를 강조하는 문화권에서 특히 그러하다. 상담자를 폭언과 협박, 성희롱에서 보호할 장치가 부족한 한 상습적인 괴롭힘은 계속될 것이다.

다행히 최근에는 상담자의 인권 및 상담자를 보호하는 제도적 장치에 대해서도 관심이 생기는 것 같다. 상습적으로 폭언과 협박을 일삼는 고객이나 민원인에게 법적으로 대응하는 경우가 생기고 있다. 그런데 이 부분에서 균형이 중요함을 다시 한 번 강조하고 싶다. 상담자를 보호하기 위한 제도가 자칫 고객을 약자로 만들 수도 있기 때문이다. 제도라는 게 일단 만들어지면 힘을 발휘하는데, 이때 역으로 고객이 권력 관계에서 약자가 될 수 있다. 그러면 상담자들은 무성의하게 고객을 대할 수도 있고, 또 문제 해결을 위한 전문 역량을 기르는데 소홀해질 수도 있다. 추후 많은 연구를 통해 고객의 권리와 상담자 권리 사이에 섬세한 균형을 맞추어야 할 것이다.

익명성과 권력 불균형

한때 인터넷 실명제의 효과에 대한 논쟁이 있었다. 익명으로 악성 게시글이나 댓글을 게시하는 폐해가 있었고, 실명제를 실시하면 이를 줄일 수 있다고 생각했기 때문이었다.

사람들은 익명성이라는 가면을 쓸 경우 비도덕적이거나 은밀한 욕구를 더 쉽게 표현하기도 한다. 공공서비스 장면에서 전화로 상담자를 괴롭히는 사람들의 경우 익명성의 가면을 잘 활용한다.

그런데 신분을 감출 수 있다고 해서 반드시 비도덕적이거나 몰상식한 행동을 하지는 않는다. 익명성에는 다른 요인이 개입되어 있는데, 그것은 앞에서 언급한 권력이라 볼 수 있다. 기술이 발달한 현대사회에서는 더 이상 익명성을 유지하는 것이 불가능하다. 고객의 통화 내용은 녹음되고, 고객의 발신 번호는 추적될 수 있다. 그런데 문제는 콜센터에서 이런 자료가 있다 하더라도 고객을 공격하는 데 사용하지 않는다는 것이다. 고객과 상담원 사이에 갈등이 생겼을 때, 고객은 상담원의 정보를 요구할 수 있지만 상담원은 고객 정보를 당당히 요구하지 못한다. 즉 상담원의 익명성은 보장되지 않고 고객의 익명성은 보장되는데, 이것은 고객 쪽으로 기울어진 권력의 불균형 때문이다.

■
어떻게 문제를 해결할 수 있는가?
■

이 장에서 언급한 문제를 해결하기 위해서는 방향을 잘 잡아야 한다. 권력남용과 착취의 구조적 문제를 상담자가 해결할 수는 없다. 반사회적 성격이나 미성숙한 자기중심성을 고치기도 쉽지 않다. 따라서 문제해결의 방향을 다른 쪽으로 잡아야 한다. 효과적으로 고객불만을 해결하는 쪽이 아니라, 상담자를 보호하고 상담자의 정서적 소진을 막는 쪽으로 방향을 잡아야 할 것이다.

상담자 소진의 문제 해결

소진exhaustion은 다 써서 없어져버렸다는 뜻이다. 불꽃이 힘을 다 써버리고 사그러드는 것을 생각하면 이해하기 쉽다. 다른 영어 표현으로 번아웃burn-out이 있다. 소진증후군burn-out syndrome이란 것도 있는데, 어떤 일에 열정을 가지고 시작했다가 에너지를 다 써버리면서 탈진, 피로, 무기력감, 우울 등을 경험하는 현상을 말한다. 상담자도 소진될 수 있다. 특히 성과가 없거나 보람없는 업무를 맡았다면 쉽게 소진될 것이다. 흔히 상담이란 게 사람들의 문제 해결을 돕는 것이어서 보람 있는 일이라 여겨지는데, 상담 업무 중에서도 상습적인 폭언이나 협박을 받아 내거나 성희롱을 참아내는 업무는 아무런 가치도 보람도 찾을 수 없다. 그것을 견뎌 줌으로써 상대방이 정신적으로 성숙해지고 발전하는 것도 아니다. 따라서 이런 일을 맡은 상담자는 업무의 속성을 객관적으로 파악하고 미리 마음의 준비를 하며, 고객응대에서는 좀 더 가볍게 관여하여 에너지를 아끼는 것이 좋겠다.

친절하면서도 가벼운 설명

> 고　객 : "우리집 앞 약국은 왜 문을 안 여는 거야?"
>
> 상담자 : "휴일이라 약국이 열지 않았나 봅니다. 당번 약국을 알려드리겠습니다."

친절하고 가벼운 관여만으로 되지 않는다면 좀 더 적극적으로 고객의 괴롭힘에 대응할 수 있다. 상담자 개인이 고객 권리의 한계를 알리거나, 좀 더 적극적인 경고 조치를 취할 수 있다. 또는 콜센터 차원에서 전문 팀을 꾸려 대응할 수 있다. 그러나 이 경우에는 권력의 역 불균형이 초래될 수 있으니 신중해야 할 것이다.

고객의 권리 한계를 알리는 설명

> 고　객 : "남자 친구가 있나?"
>
> 상담자 : "회사 규칙상 상담자 사적 정보를 알려드리지 못합니다."

고객이 상습적으로 상담자를 괴롭히는 문제에 대해서는 더 많은 연구를 통해 현명한 해결책을 계속 찾아나가야 하겠다. 여기서는 이 정도로 마치고, 상담자 개인 차원에서 자존감을 보호하고 정서적으로 덜 소진되는 훈련 방법에 대해 살펴보도록 하자.

감정노동에서 자신을 지키는 상담자 훈련하기

적당한 관여

흔히 상담자가 되려는 사람 중에는 자신을 내세우기보다 타인의 말을 경청하는데 익숙한 사람이 많다. 이들은 쓸데없는 불평이나 짜증도 인내심을 가지고 들어준다. 그런데 상담에서는 쓸데없는 불평이나 짜증까지 모두 들어 줄 필요는 없으며, 내담자의 핵심 욕구나 핵심 감정에 반응하면 된다. 큰 줄기를 따라가며 곁가지는 쳐내는 것이다. 훈련되지 않은 상담자는 내담자의 모든 말을 경청하려고 집중하지만 그러면 오히려 쉽게 소진될 수 있다. 여유를 가지고 적당하게 관여하면서 쓸데없는 말들은 쳐내고 꼭 필요한 말을 들을 수 있어야 한다.

적당한 관여는 상담자의 소진을 막고 궁극적으로는 고객과의 관계 악화를 막는데 기여할 수 있다. 고객상담과 다소 거리가 있지만 비행청소년 상담의 예를 들어 설명해보자. 소년원 보호를 받고 있는 청소년들을 도울 때 간혹 그들이 돈을 꿔달라고 하는 경우가 있다. 딱한 사정이 이해가 되고, 실제로 경제적으로 열악한 상황에 있어서 돈을 꿔줄 수 있다. 그러나 상담자가 돈을 꿔준다 해도 그는 자립하지 않고 다음에 상담할 때는 또 돈을 꿔달라고 요구하게 된다. 따라서 상담자는 그를 돕기 위해서는 돈을 꿔주지 말아야 하며, 그에게 돈을 꿔줌으로 인해서 둘 사이의 관계가 오히려 안 좋아질 수 있다는 것을 알리면서 거리를 유지해야 한다.

적당히 관여하고 억지 부릴 때는 뒤로 발을 빼는 것도 상담자에겐 필요하다. 그런데

168

어떤 사람들은 앞으로 다가갈 줄만 알았지 뒤로 후퇴할 줄은 모른다. 이것은 자신의 마음을 조절하지 못하는 것이다. 이럴땐, 몸의 힘과 자세를 조절하기 위해 연습하는 것처럼 마음의 힘과 방향을 조절하는 훈련을 해야 한다. 전문가라면, 누군가를 도우려는 마음이 과하면 오히려 부작용이 생길 수 있음을 알아야 한다. 적당한 관여를 통해 그에게 최선의 도움을 제공할 수 있다.

물론 적당한 관여를 하라는 것이 불성실하게 상담해도 된다는 뜻은 아니다. 상담이란 직업은 고객에게 도움을 주는 보람 있는 직업이다. 습관적으로 억지를 부리거나 상담자를 희롱하거나 괴롭히는 고객을 대할 때, 과도한 책임감으로 잘 하려고 노력하거나 또는 상담이 만족스럽지 않다고 해서 자신을 책망하지는 말자는 것이다.

자신을 소중히 여기기

거리를 지나가다 보면 거리낌 없이 도로에 침을 뱉는 사람들이 있다. 가족이나 사회에 대한 불만을 토로할 데가 없어 괜히 공공 콜센터에 전화해서 불만을 뱉어내는 사람들은 도로에 침을 뱉는 것과 유사하다. 이들에게 상담원은 쓰레기통과 같은가 보다. 콜센터 상담자는 이런 불쾌한 대우를 몸소 받아내야 한다. 이런 일을 반복적으로 겪게 되면 상담자는 자신이 쓰레기통처럼 여겨지고 자존감이 저하되며 상담자 직업 장면을 떠나고 싶을 것이다.

불쾌한 대우를 받았을 때 상담자는 어떻게 자신을 보호하며 자존감을 지켜낼 수 있을까? 먼저 사람의 가치는 어떤 사건이나 상황이 결정하지 못함을 기억해야 한다. 누구나 고유한 인간이며 가치가 있다. 그러나 사람들은 살아가면서 실수하거나 실패하거나 무시당할 때마다 자신의 가치를 의심한다. 그런데 이것은 매일 벌어지는 일상으로, 마치 밀려왔다 밀려가는 파도와 같이 자연스러운 것이다. 그리고 누구에게나 마찬가지로 벌어지는 일이다. 의심의 파도가 밀려올 때 사람들의 자존감은 떨어지며, 의심이 밀려가면 자존감은 회복된다. 상담자는 이 점을 기억하며, 자존감이 떨어지더라도 다시 회복될 수 있음을 믿어야 한다.

인정할 건 인정하기　　　　자존감과 다르게 자존심이란 표현이 있다. 자존심이 세다는 것은 사소한 약점도 인정하지 못한다는 뜻으로도 쓰인다. 누군가에게 소심하다거나 겁이 많다고 놀릴 때 '그래 나 소심한 것 맞아'라고 대답하는 사람은 자신의 약점을 인정하는 사람이며, 괜한 자존심을 세우지 않고 자기 자존감을 지킬 수 있는 사람이다. 반면 소심하면서도 소심하다는 평가에 화를 낸다면 자신의 한 면을 부정하는 셈이 된다. 이들은 소심하다는 것을 감추기 위해 더 허세를 부리거나 긴장하며 살게 된다.

　사람이 자신의 약점을 알고 인정할 줄 알아야 하듯이, 자신의 일에 대해서도 마찬가지다. 자신이 하는 일의 의미가 무엇인지 명확하게 알아야 한다. 자신이 하는 일의 의미를 과대포장할 필요도 없고 과소평가할 필요도 없다. 전화로 장난을 치거나 희롱하거나 협박하는 사람을 자주 대한다면, 상담자는 불평불만에 가득한 부적응자를 응대하는 일을 하는 셈이다. 따라서 만일 부적응자의 불평불만에 지친 상담자라면 혹시 너무 잘 하려고 한 것은 아닌지 점검해 볼 필요가 있다. 불평불만을 들어준다고 해서 이 사람들이 건설적이고 긍정적으로 변하지 않으며, 또 들어주었다고 고마워 하지도 않는다.

　상담자는 자신의 직업 특성이나 업무 성격을 정확히 알아야 자존감을 지킬 수 있다. 감정교류가 안되는 사람들이라면 마음의 준비를 하고 적당히 관여하면서 덜 소진되게 자신을 지킬 수 있다. 반면 보람 없는 일임에도 불구하고 보람을 얻으려고 에너지를 쏟는다면 금세 소진될 것이다.

감정조절과 스트레스 해소하기

최근 음성노동 상담자들의 스트레스 해소하기에 대한 관심도 증가하고 있다. 운동할 수 있는 공간이나 휴게실을 설치하는 콜센터도 생기고 있다. 이것은 그만큼 감정노동이 심각하고 상담자를 소진시키는 위험요인임을 인식한 것이다. 또 적당히 스트레스를 해소하지 않으면 부작용은 다시 고객에게 돌아갈 수 있다. 이와 관련하여 상담자의 스트레스가 고객상담에 미치는 영향이나 효과적인 스트레스 해소법과 같은 주제의 연구가 많

170

이 이루어져 효과적인 대책을 제안하면 좋겠다.

원래 감정이나 마음과 같은 것은 다스린다는 표현이 적절하지는 않다. 감정은 자연스럽게 생겼다가 사라지는 것으로 다스릴 필요가 없는 것이다. 그런데 자연스런 감정 해소에는 시간이 필요하지만, 업무상 신속히 감정을 추슬러야 하기 때문에 특별한 방법들을 개발하고 활용할 필요가 있다. 예를 들어 거울보고 웃기, 웃긴 글 읽기, 좋아하는 사람과 수다떨기, 운동하기 등등의 방법이 활용될 수 있다. 이런 방법들은 양립할 수 없는 감정을 이용하는 방법이다. 즉 동시에 존재할 수 없는 조건을 만드는 것인데, 예를 들어 거울을 보고 웃으면 마음 속의 불쾌한 감정은 사라질 수밖에 없다. 이와 비슷하게 사랑스런 감정을 유발하는 것은 미운 감정을 몰아내는 효과가 있다. 서로 양립할 수 없는 조건일수록 감정 조절 효과는 신속히 나타난다.

감정노동과 감정조절의 구분

여기서 한 가지 주의할 부분이 있다. 상담자라는 직업의 특성상 고객에게 친절하게 응대하기 위해 감정을 추스르는 것은 필요한 일이다. 고객이 화를 낸다고 해서 맞서 싸울 수는 없을 것이다. 따라서 감정을 조절하고 스트레스를 해소하도록 노력해야 하는데, 과연 이것이 감정노동과 뭐가 다르다는 말인가? 감정이 자연스럽게 해소되는 것이 아니라 인위적으로 조절하거나 해소시킨다면 이것은 또 다른 감정노동이 아닐까?

감정조절emotional regulation은 감정관리emotional management와 같은 맥락인데, 이것은 자아기능ego function과 관련된 개념이다. 쉽게 설명하면 감정조절이나 감정관리는 자아의 능력 중 하나로, 감정조절 능력이 부족한 것은 자아가 건강하지 못하다는 뜻이다. 감정조절력이 저하되면 분노를 참을 수 없거나 눈물을 주체할 수 없는 등의 증상이 나타난다. 사소한 일에도 버럭 화를 내고 자녀에게 손찌검을 하는 부모는 감정조절력이 약화된 것이다. 이것은 전체적인 조절력의 문제로서 감정조절 외에도 행동조절이 잘 되지 않아 알코올중독 같은 문제행동이 나타날 수도 있다. 또한 깊은 우울감이나 무력감이 동반될 수 있다. 반면 감정노동은 감정부조화emotional dissonance에서 출발한다. 내적으로 느껴지는 감정과 외적으로 표현하는 감정 사이에 부조화가 생기는 것인데, 이것은 개인의 자아와 관련이 없고 대신 조직이나 규범의 압력에서 비롯된 것이다. 따라서 억지로 감정조절을 해야 한다면 이것 또한 감정노동이 될 수 있다. 그러나 대개 감정조절이라 하면 스스로 마음을 좀 더 편안하고 안정되게 만들려고 하는 시도를 의미한다.

치료적 상담자의 감정노동

필자는 치료적 상담을 전문으로 하고 있다. 잠깐 치료적 상담자의 감정 노동에 대해 얘기해보자.

필자가 직업으로 상담을 한다고 할 때, '사람들 안 좋은 얘기 들으면 힘들지 않나요?'라는 질문을 자주 듣는다. 물론 이야기를 듣다 보면 답답할 때도 있고 짜증날 때도 있다. 그러나 이런 마음들은 안타까운 마음에서 생기는 것이며, 내담자의 발전을 위해서 얼마든지 표현하지 않고 담아두고 견딜 수 있다. 또 우울하고 슬픈 얘기를 듣다가 상담자의 기분이 가라앉을 때도 있다. 그러나 이것은 적어도 두 사람의 마음이 교류하는 것이므로 마냥 고통스럽지만은 않다. 때로 슬픔을 함께 나누다보면 포근하고 유대감도 느낄 수 있다. 그리고 대개의 치료적 상담자는 부정적 감정의 영향으로부터 자신을 지킬 수 있을 정도로 수련을 받는다.

치료적 상담자가 답답하거나 슬픈 이야기를 듣는 경우는 막무가내로 상담자를 무시하거나 협박하며 폭언하고 희롱하는 고객을 만나는 경우와는 180도 다르다. 이것은 감정의 강도에도 차이가 있지만, 본질적으로 상담자와 내담자(또는 고객)의 권력 균형에 차이가 있는 것이다. 치료적 상담의 경우 내담자는 상담자에게 도움을 청하는 입장이며, 도움의 대가로 비용을 지불한다. 권력 균형이 다소 상담자에게 기울어진 것으로 보이지만, 내담자는 상담이 효과적이지 않을 경우 상담을 그만둘 수 있다. 그러나 상담자를 상습적으로 괴롭히는 고객은 상담자에게 도움을 청한다는 의식이 없이 당연한 권리라고만 여기며, 아무런 비용도 지불하지 않는다. 이런 불균형은 치료적 상담 장면과 큰 차이가 있다. 치료적 상담의 경우 상담자와 내담자 간 심각한 권력 불균형이 없기 때문에 감정노동으로 보기는 어렵다.

고객상담과 심리상담의 길잡이

동료의 지지

스트레스 대처는 심리학 분야의 주요 연구 주제이다. 모리스Morris와 라일리Reilly(1987)는 스트레스 대처 유형을 크게 3가지로 구분하였는데, 첫째, 스트레스에 대해 재평가해보거나, 둘째, 감정을 털어놓거나, 셋째, 해결책을 생각해내서 실행하는 것이다. 재평가라는 것은 스트레스를 안 좋은 것으로만 보지 않고 다른 측면, 즉 다행인 측면이나 오히려 기회라고 다시 생각해보는 것이다. 집에 화재가 났는데, 어차피 다시 짓고 싶었는데 잘 되었다고 생각하는 식이다. 감정을 털어놓는 것은 울거나 친구에게 수다를 떨거나 함으로써 속상했던 마음을 풀어내는 것이다. 해결책을 실행하는 것은 스트레스를 일으킨 문제를 해결할 방법을 생각해내고 실행에 옮기는 것이다.

사람마다 개인차가 있어 스트레스에 대처하는 3가지 접근법 중 선호하는 접근법은 다르다. 어떤 사람들은 문제의 좋은 측면이나 다행인 측면을 잘 찾아내고, 어떤 사람들은 친구에게 수다를 떨며, 어떤 사람들은 당장 문제를 해결하려고 시도한다. 그런데 어떤 접근법이든 성공하기 위해서는 주변 사람들과의 협력과 지지가 매우 중요하다. 인간은 타인과 관계를 맺는 사회적 동물이며, 성공적으로 관계를 맺은 사람들이 생존하고 진화되어 왔다. 사람들은 타인과 함께 있을 때 안정을 느끼는데, 특히 대화를 나눌 때 더욱 그렇다. 사람들은 대화를 나누면서 스트레스에 대해 다시 생각해 볼 수도 있고, 속상했던 마음을 털어놓을 수도 있으며, 문제를 해결할 해결책에 대해 힌트를 얻거나 장애물을 미리 예상해 볼 수도 있다.

슈퍼바이저와의 관계

상담자들이 고객을 1:1로 대한다는 점에서 어쩌면 상담은 외로운 직업일 수 있다. 상담 순간만큼은 모든 책임을 혼자서 지며 스스로 결정을 내려야 한다. 따라서 고객응대에서 스트레스를 받았다면 이를 동료와 나눔으로써 지지와 위로를 얻는 것이 좋겠다. 특히 자신의 지도감독자인 슈퍼바이저에게 지지를 얻는다면 훨씬 더 안정되고 자신감 있게 고객을 대할 수 있을 것이다.

흔히 슈퍼바이저는 교육생이나 수련생을 지도·감독하는 사람으로, 상담 분야의 슈퍼바이저는 전문적인 상담 역량을 갖추고 교육생의 강점과 약점을 세세히 지적해주고 보완해준다. 그런데 현실적으로 볼 때, 고객상담 현장의 슈퍼바이저는 상담자를 지도해주고 보완해주기보다는 단지 실적관리 업무를 수행하거나 근무태도를 감독하는 경우가 많다. 그러다보니 상담자들은 고객에게 스트레스를 받을 뿐만 아니라 슈퍼바이저에게도 스트레스를 받게 된다. 이것은 안타까운 상황이다. 슈퍼바이저는 상담자들을 단지 부하직원으로 여기고 관리만 할 것이 아니라 상담자의 어려움을 들어주고 격려해주거나, 상담자의 상담 기술을 보완해주거나, 상담 현장의 구조적 문제들을 해결함으로써 상담자가 원활하게 고객을 응대할 수 있도록 지원해야 할 것이다.

정리하기

06

1 / 최근 상담자의 감정노동에 관심이 많아졌다. 상담자가 친절해야 한다는 점을 빌미삼아 상담자에게 아무 이유없이 폭언이나 협박, 성희롱을 일삼는 사례가 있다. 이것은 고객의 우월한 지위를 남용하는 문제이자 상담자의 서비스 정신과 책임감을 착취하는 문제이다.

2 / 상담은 대화를 통한 상호작용인데 그 목적은 내담자의 고민을 해결해주거나 도와주는데 있다. 폭언이나 협박, 성희롱을 참아내는 것이 내담자를 도와주는 것이 아니라면 이것은 상담이 아니라 감정노동일 뿐이다.

3 / 상담자로서 보람 있는 일을 하고 싶지만 때로는 가치 없고 비생산적인 일을 맡게 되는 경우도 많다. 만일 헛된 일을 반복하게 되면 상담자는 정신적으로 소진될 것이다. 따라서 상담자는 업무 속성을 객관적으로 파악하고 마음의 준비를 단단히 하는 것이 필요하다.

4 / 상습적으로 상담자에게 폭언, 협박, 희롱을 일삼는 사람들은 대개 미성숙하고 자기중심적이며 간혹 반사회적 성격의 소유자이기도 하다. 이들은 상담을 통해 개선될 소지가 별로 없으며, 따라서 상담자는 정서적으로 많이 관여하지 말고 가볍게 응대하는 것이 바람직할 것이다.

5 / 상담자는 소진을 막기 위해 감정노동으로 인한 스트레스를 잘 해소해야 한다. 상담은 외로운 작업일 수 있으므로 동료 및 슈퍼바이저와 우호적인 관계를 맺고 지지를 얻는 것이 중요하다.

CHAPTER 07

적응문제에 대한
자문과 조언

CHAP TER 07

적응문제에 대한
자문과 조언

자문과 조언은 보통 사람들이 흔히 상담이라 여기는 활동이다. 친구와 나누는 수다와 달리 상담은 문제해결을 전제로 하며, 사람들은 문제를 해결하기 위해서는 경험이 풍부한 상담자가 뭔가 자문이나 조언을 해주어야 한다고 여긴다. 상담자의 지혜를 빌리는 것이다. 그래서 보통 상담자라 하면 나이가 지긋하고 연륜이 풍부한 사람을 떠올린다. 그러나 한 사람의 인생 경험이 다른 사람의 경험과 같지 않고, 한 사람에게 효과가 있었던 방법이 다른 사람에게는 적용되지 않을 수 있다. 자문과 조언이 효과를 갖는 것은 그것이 지혜롭기 때문이기도 하지만 더 중요한 다른 비밀이 숨어 있다. 그것은 지속적인 관심과 보살핌이다.

문제는 무엇인가?

이 장에서부터 본격적으로 심리상담에 대해 다룬다. 즉 심리적 고민을 상담하는 것에 대해 다룬다. 심리적 고민이라면 어떤 것들이 있을까? 그리고 고민 상담은 어떻게 하는 것일까? 다양한 예를 먼저 살펴보자.

직원 간 갈등에 대한 고민

대리 : "부장님, 이번 신입사원이 버릇이 없고 이기적이어서 다루기 어렵고, 다른 직원들에게도 안 좋은 영향을 끼치는 것 같습니다. 어떡하면 좋을까요?"

부장 : "요즘 젊은이들이 조직보다 개인을 더 우선시하지. 그렇다고 신입사원을 혼내면 주눅들 수도 있으니 좋은 말로 잘 달래보는게 좋겠네."

친구 A : "아버지랑 대화하는 것이 너무 어색하고 불편해."

친구 B : "대화가 불편하다면 네 마음을 글로 적어 전달해 보면 어때?"

병사 : "여자 친구가 요즘 연락이 뜸해졌어요. 혹시 다른 남자가 생긴건 아닐까요? 매일 그 걱정만 하면서 경계근무에 집중도 잘 되지 않습니다."

장교 : "여자 친구가 대학생이라고 했지? 시험기간이라 바쁜것은 아닐까? 너무 걱정하지만 말고, 다음 휴가 때 나가서 근사한 이벤트로 감동시켜주면 어때?"

자문과 조언상담이 다룰 수 있는 문제 영역은 인간의 거의 모든 고민이라고 할 수 있다. 실연, 거절, 실패, 좌절, 상실 등 다양한 문제들이 다 해당된다. 이것을 가장 적절하게 설명하기 위해 '적응' 개념을 도입해보자.

적응의 문제

적응adaptation이란 유기체가 환경에 적합한 행동이나 태도를 취하는 것, 또는 환경에서 자신의 최적의 기능을 발휘하게 되는 것 또는 그 상태를 의미한다. 적응 문제란 개인이 새로운 환경에 잘 적응하지 못하여 생기는 문제다. 여기서 새로운 환경이란 새로운 업무나 문화, 또는 새로운 인물이 될 수 있다. 넓게 보면 환경의 변화를 포괄적으로 의미한다. 적응을 위해서는 기존의 습관이나 사고방식, 행동방식이 새로운 환경에 맞게 융통성 있게 수정해야 한다. 그러나 단기간에 사고방식이나 행동방식을 바꾸기는 어려우며, 성공적인 적응을 위해서는 시간이 필요하기 마련이다.

적응문제를 구성하는 부분을 크게 2가지로 구분하면, 하나는 환경의 변화이고 또 하나는 유기체(개인)의 반응이다. 환경의 변화는 스트레서stressor로 작용한다. 먼저 스트레서부터 살펴보자.

적응문제의 두 측면

스트레서와 적응

현대 사회에서는 스트레스란 표현이 매우 일반적인데, 업무 스트레스, 경제 스트레스, 학업 스트레스라는 표현을 자주 들어보았을 것이다. 이때 스트레스를 주는 사건을 스트레서stressor라고 한다. 스트레스 연구로 유명한 라자러스Lazarus(1977)는 세 가지 스트레서를 언급하였는데, 각각 다수의 사람에게 격변을 일으키는 중대한 변화, 일부 사람에게 영향을 주는 변화, 그리고 일상생활의 골치 아프거나 성가신 일의 세 가지이다. 여기서 주목할 만한 것은 변화가 스트레서가 된다는 점이다. 좋은 변화이든 나쁜 변화이든 모두 스트레서가 될 수 있는데, 예를 들어 큰 금액의 복권에 당첨되는 사건도 스트레서가 될 수 있다. 스트레서는 인간에게 스트레스 반응을 일으키는데, 스트레스 반응이 장기화되면 면역기능이 약화된다고 알려져 있다.

다음 표에는 스트레서가 될 수 있는 생활사건들이 소개되어 있다. Holmes와 Rahe(1967)는 스트레서의 강도에 점수를 부여하여 순위를 매겼는데, 표에서 알 수 있듯이 배우자의 사망이 가장 순위를 차지하고 있다. 그 밖에 이혼, 별거, 수감, 가까운 가족의 죽음과 같은 사건들도 매우 강한 스트레서임을 알 수 있다.

Holmes & Rahe(1967)의 재적응평정척도의 스트레스 점수

생활사건	평균값	생활사건	평균값
배우자의 사망	100	자녀의 출가	29
이혼	73	친척과의 문제	29
별거	65	뛰어난 개인의 성취	28
수감	63	배우자의 취직이나 퇴직	26
가까운 가족의 죽음	63	입학이나 졸업	26
개인적 상해나 질병	53	생활조건의 변화	25
결혼	50	개인적인 습관의 변화	24
해고	47	상사와의 문제	23
부부간 법적 조정	45	근무시간과 근무조건의 변화	20
은퇴	45	주거변화	20
가족의 건강 문제	44	전학	20
임신	40	레크레이션 습관의 변화	19
성적인 장애	39	교회활동의 변화	19
가족의 증가	39	사회활동의 변화	18
직업의 재적응	39	적은 부채나 담보	17
경제상태의 변화	38	수면습관의 변화	16
친한 친구의 사망	37	모이는 가족수의 변화	15
전업	36	식사 습관의 변화	15
부부간 언쟁횟수 변화	35	휴가	13
큰 규모의 부채	31	크리스마스	12
부채로 인한 권리상실	30	사소한 법규 위반	11
책임의 변화	29		

대인관계 적응 문제

앞에서 적응문제는 새로운 환경에 직면했을 때 나타난다고 하였는데, 이때 새로운 환경에는 새로운 사람이 포함된다. 예를 들어 취직에 성공한 후 조직에 들어가게 되면 다양한 성격의 소유자와 관계를 맺게 되는데, 이때 적응의 필요성이 강력히 대두된다. 또 다른 예로 결혼한 신부는 시댁 식구들과의 관계에 적응해야 할 것이다. 대개 스트레스나 적응 문제를 생각할 때 생활사건만 생각하기 쉽지만, 실제 거의 모든 적응문제에는 대인관계 문제가 포함되어 있다.

인간은 대인관계를 떠나서는 살 수 없다. 사회적 동물인 인간은 자라면서 다양한 대인관계 욕구를 지닌다. 보살핌의 욕구, 소속의 욕구, 애정의 욕구, 관심의 욕구, 인정의 욕

고객상담과 심리상담의 길잡이

구 등 다양한 대인관계 욕구가 있는데, 이런 것들이 충족될 때 인간은 행복하며, 만일 충족되지 않고 좌절된다면 스트레스를 받을 것이다. 아래 개인에게 스트레스를 주는 다양한 대인관계 상황의 예를 제시해보았다.

스트레스를 주는 다양한
대인관계 상황들

부모님의 자율성 간섭 | 일찍 다녀라, 짧은 치마 입지 마라, 물건 제자리에 두어라, 방 청소해라 등

관심 소망의 좌절 | 인기가 많았으면 좋겠지만 현실은 그렇지 못하다. 내가 나타날 때 환영해주지 않았다.

보살핌 소망의 좌절 | 내가 잠깐 나갔다 온 사이 동료들이 과자를 나눠 먹었는데 내 것을 남겨주지 않았다.

인정 추구의 좌절 | 내가 정성들여 저녁상을 마련했는데도 남편이 맛있다고 하지 않는다.

칭찬 추구의 좌절 | 좋아하는 선생님이라 특별히 열심히 과제를 했는데도 알아주지 않으시고 가볍게 넘어간다.

비난 | 언니가 되어 동생에게 양보 안 한다고, 나보고 욕심이 많다고 한다.

비교로 인한 자책 | 나는 성격이 나약하고 한심한데, 친구는 강인하고 성실하다. 나는 말재주가 부족한데, 동료는 유창하게 말을 잘 한다.

실연 | 나는 여전히 사랑하는데, 그는 나를 지겨워한다.

거절 | 공책을 빌려달라고 어렵게 말을 꺼냈는데 안 된다고 한다.

역기능적 반응

이번에는 적응문제를 개인의 반응 차원에서 살펴보자. 적응문제를 개인 차원에서 살펴볼 때 인지, 정서, 행동의 세 차원을 살펴봐야 한다.

부적응 인지기능 문제

인지 차원을 먼저 다루면, 먼저 인지cognition란 정신이 지식을 습득하고, 변형시키고, 부호화하고, 저장하는 과정 또는 내용을 의미한다. 주요 인지기능으로는 주의력, 기억력, 상황파악능력 등을 들 수 있다. 적응에 어려움을 겪고 있는

개인은 인지과정이 효율적이고 유연하게 작동하지 못하는 상태로 볼 수 있다. 다음과 같은 예가 가능할 것이다.

부적응 인지기능
문제의 예

건망증 ㅣ 최근 들어 자꾸 깜박깜박한다.

주의력 저하 ㅣ 산만해 보이고, 이야기를 해 주면 자꾸 다시 말해달라고 한다.

집중력 저하 ㅣ 한 가지 활동, 예를 들어 책읽기를 꾸준히 하지 못한다.

계획력 부족 ㅣ 계획을 세우지 못하고, 일이 닥쳐서 최소한의 것들만 해낸다.

충동성 ㅣ 뭔가를 물어보면 생각해보지 않고 아무렇게나 답한다.

융통성 부족 ㅣ 다른 방식으로 하라면 하지 못하고 기존의 방식만 고집한다.

부적응 감정문제

적응문제가 있다는 것은 감정의 상태를 살펴봄으로써 알 수도 있다. 대표적으로 기분이 가라앉는 것, 짜증이 많이 나는 것, 슬픈 상태가 오래 지속되는 것, 안절부절못하고 초조하고 불안한 것, 감정기복이 심한 것 등을 들 수 있다.

부적응 행동문제

적응문제가 있음을 부적응적이거나 엉뚱한 행동을 통해서도 알 수 있다. 다음과 같은 것이 대표적인 예이다.

신체 증상 ㅣ 과민성 대장 증상, 두통, 안면 홍조, 목소리 떨림, 심박 증가 등

충동성 ㅣ 생각 없이 아무 일이나 벌인다. 물건을 마구 산다.

알코올 중독 ㅣ 술을 마시지 않고는 잠이 오지 않는다.

행동 지연 ㅣ 꾸물거림, 지각 등

회피, 고립 ㅣ 사람을 만나려 들지 않는다. 밖에 나가려 하지 않는다.

184

자아 취약성의 문제는 배제함

자아ego는 사고, 감정, 의지와 같은 정신 기능의 주체를 말한다. 적응 문제는 순전히 새로운 환경에 맞닥뜨렸을 때 누구에게나 발생할 수 있지만, 자아가 취약한 사람에게는 더 심각하고 빈번하게 발생한다. 취약한 자아의 소유자에게서 발생하는 적응 문제는 순수한 적응 문제라기보다는 자신의 취약성이 만들어내는 문제다.

건강한 자아의 적응 문제와 취약한 자아의 적응 문제를 비교해서 설명해보자. 건강한 자아의 소유자는 새로운 업무 환경에 배치되었을 때 스트레스를 받긴 하겠지만 조만간 적응할 것이며, 업무 환경이 아닌 친숙한 생활환경이나 대인관계에서는 적절하게 잘 기능할 것이다. 그러나 취약한 자아의 소유자는 업무 환경에서뿐 아니라 친숙한 생활환경이나 대인관계에서도 늘 문제를 일으킨다. 이들의 문제는 본질적으로 적응 문제가 아니라 자아 취약성의 문제, 또는 성격의 문제이다.

취약한 자아는 왜 형성되는 것일까? 그것은 인간이 성장하면서 병리적인 가족 관계나 분위기에 노출되었기 때문이다. 따라서 자아 취약성으로 인해 생기는 적응 문제는 해결이 쉽지 않다. 멘토로서 상담자가 관심을 주고 보살피더라도 문제는 쉽게 해결되지 않을 수 있다. 취약한 자아의 소유자는 상황을 왜곡하여 지각하는데, 예를 들어 멘토의 관심을 사심이 있는 것으로 오해하거나 또는 자신을 이용하려는 것이 아닌가 의심하며 경계를 풀지 않을 것이다. 이처럼 자아나 성격적 취약성을 가진 사람의 경우 자문이나 조언만으로는 한계가 있으며, 이들을 치료적 상담 장면으로 의뢰하는 것이 바람직할 것이다.

섣부른 상담으로 인한 부작용

이번에는 섣부른 상담으로 인한 부작용에 대해 살펴보자. 이것은 적응 문제 자체가 아니라, 내담자가 상담자와 상담하는 과정에서 생기는 2차적 문제이다. 대표적인 것으로 심리적 의존과 이중관계의 문제를 들 수 있다.

먼저 심리적 의존이란, 상담자의 반복적인 조언을 통해 내담자가 도움을 얻는 것이 아니라 오히려 주체성을 잃어버리고 상담자 없이는 아무것도 못하게 되어 문제가 더 악화되는 것을 말한다. 이중관계란 상담자와 내담자가 상담자—내담자 관계 외의 다른 관계를 맺는 것을 의미한다. 이중관계에서는 힘이 있는 쪽이 자신도 모르게 상대방을 착취하거나 괴롭힐 수 있다. 이중관계에 대해서는 추후 더 자세히 살펴보기로 하자.

문제는 왜 생기는가?

적응문제는 환경의 변화에 개인이 적응하지 못해서 생긴다고 하였다. 환경 변화 측면과 개인 측면을 각각 살펴보자.

환경의 요구와 개인의 경험 부족

적응 문제가 생기는 원인은 환경의 요구 때문이다. 인간은 태어나서 죽을 때까지 다양한 환경의 변화를 경험하게 된다. 예를 들어 고등학교까지 지방도시에서 졸업한 학생이 대도시의 대학교에 진학하였을 때 주거환경이나 문화의 변화를 경험하게 될 것이다. 또 결혼을 하게 되면 기혼자라는 새로운 역할에 적응해야 하며, 각자 배우자의 가족들과 새롭게 인간관계를 맺어야만 한다. 이런 식으로 다양한 환경 변화는 개인에게 적응을 요구하게 되는데, 개인은 기존에 경험한 것이 없거나 또는 부족하기 때문에 바뀐 환경에 적응하지 못하고 어려움을 겪는다.

아울러 현대 사회에서는 개인이 겪어내야 할 환경의 요구가 과거에 비해 더 많다. 사회가 산업화, 고도화될수록 개인에게는 더 많은 요구가 부여되고 있기 때문이다. 버스 기사의 예를 들어보자. 예전에 버스 기사는 운전이 주요 업무였다. 승객의 안전이나 요금의 계산은 동승한 승무원이 담당하도록 되어 있었다. 그런데 기술의 발전과 사업주의 요

186　　고객상담과 심리상담의 길잡이

구로 인해 버스 기사가 혼자서 요금을 계산하게 되었다. 더 높은 생산성을 위해 승무원이 없이 기사가 혼자 버스를 운행하게 된 것이다. 기술의 발전이 인간을 자유롭게 할 것이라는 희망과 달리 기술의 발전은 점점 더 개인에게 더 많은 업무를 부과하고 있다.

현대사회 환경의 요구는 업무의 요구뿐 아니라 인간관계의 요구도 가중시킨다. 조직 내 인간관계를 살펴보자. 조직의 분업화, 전문화로 인해 개인은 맡은 분야의 업무만 하면 될 것으로 추측하였다. 그러나 조직이 분업화되고 전문화될수록 오히려 실제로는 더 많은 사람들과 관계를 맺어야만 성공할 수 있게 되었다. 개인은 자신의 분야 뿐 아니라 다른 분야의 업무도 파악해야 하거나 또는 다른 분야의 사람들과 상호작용해야만 한다. 이런 식으로 사회 환경의 변화는 점점 더 개인에게 많은 것을 요구하고 있으나 개인은 증가하는 환경의 요구를 따라가지 못하고 어려움을 겪게 되었다.

고지식한 사고방식과 경험 부족

적응문제는 환경의 변화 뿐 아니라 개인 요인 때문에 발생하기도 한다. 고지식한 사고방식은 적응의 대표적인 방해물이다. 신입사원에 관한 재미있는 에피소드를 책에서 읽은 적이 있는데 고지식한 사고방식의 대표적인 예라 생각되어 소개한다. 어떤 신입사원이 매일같이 복사 업무만 시킨 것에 대해 불만이 가득 찬 얼굴을 하고 있었다. 그는 복사란 허드렛일이고 중요하지 않은 업무라고 생각한 것이다. 상사가 이를 보고 다가와서 신입사원에게, 복사할 때 서류의 내용을 보면서 회사 재무제표나 경제 지표를 확인하는 기회로 삼으라고 말하였다. 신입사원은 복사 업무를 좀 더 넓은 안목에서 융통성 있게 이해할 필요가 있었는데 그렇지 못한 것이었다.

이 같은 고지식한 사고방식은 경험이 부족하기 때문일 수 있다. 경험은 사람을 성숙시키며 생각이나 대처를 유연하게 만든다. 그러나 경험이 부족한 사람은 사물이나 상황을 넓은 안목에서 보지 못하고 걱정하며 스트레스를 받는다. 사람들은 자신의 경험 한도 내에서 생각하고 일을 처리한다. 예를 들어 누군가에게 부탁하는 것이 그를 귀찮게 하는 것이라고 여기는 사람은, 부탁을 기다리는 상대방의 마음을 결코 헤아릴 수 없을 것이다. 상대방은 그가 부탁만 하면 기꺼이 도와줄 준비가 되어 있는데도 말이다.

개인의 변화에 필요한 시간

환경의 요구, 즉 변화의 압력을 받을 때 개인의 심리적 균형 상태는 깨지고, 개인은 균형 상태를 회복하기 위해 자신을 변화시킨다. 적응을 위해서는 기존의 습관이나 사고방식, 행동방식이 새로운 환경에 맞게 융통성 있게 수정될 필요가 있다. 그러나 단기간에 적응하기는 어려우며 시간이 걸리기 마련이다. 변화에 시간이 필요한 것은 인간이기 때문이다. 환경의 변화에 맞추어 즉각적으로 자신을 변화시킬 수 있는 인간은 없을 것이다. 겉으로는 잘 적응하는 것처럼 보이는 사람도 실은 변화된 환경에 적응하기 위해 속으로 고군분투하는 경우가 많다.

개인의 한계를 크게 능력의 한계와 경험의 한계로 나누어볼 때, 경험의 한계는 빠른 시간 내에 극복할 수 있겠지만 능력의 한계는 시간이 오래 걸린다. 경험의 한계는 주변 사람들의 도움이나 자문, 또는 직접 경험함으로써 해결될 수 있을 것이다. 그러나 능력의 한계는 극복하기가 쉽지 않다. 능력의 한계란 선천적으로 타고난 능력을 말하는 것이다. 손재주, 리듬감, 신체반응속도, 지능, 언어능력과 같은 것들 말이다. 이런 능력에는 개인차가 있으며, 만일 타고난 능력이 부족한 사람이라면 그 능력을 연습을 하거나 학원에 다니는 것만으로 보충하기는 쉽지 않다. 예를 들어 만일 타고난 언어 능력이 부족한 사람이라면 갑자기 영어권 국가로 이민을 가게 되었을 때 스트레스를 많이 받을 것이다. 사람들은 한두 해 살다 보면 영어를 배울 수 있을 것이라고 격려하지만 정작 본인은 의사소통에서 스트레스가 만만치 않을 수 있다. 이들에게는 다른 사람들에 비해 상대적으로 오랜 시간이 필요하다.

성격의 차이

대인관계 환경이 변한다는 것은 쉽게 말해서 새로운 스타일의 사람을 만났다는 뜻이다. 내가 기존에 경험해보지 못한 스타일의 사람과 만났을 때는 스타일의 차이, 쉽게 말해서 성격차이로 인해 갈등이 생기고 스트레스가 쌓이게 된다.

188

　성격personality(性格)은 환경과의 상호작용에서 형성한 개인의 사고방식, 감정, 행동방식의 집합체이다. 사람마다 성격은 다른데, 그것은 개인의 타고난 기질이 다르고 저마다 다른 부모와 가정환경 속에서 다른 경험을 하며 성장했기 때문이다. 제각기 다른 성격의 소유자가 만나서 가정을 이루거나 동료가 되는 경우 성격 차이로 인한 갈등이 당연히 생길 것이다. 예를 들어 설명해보면, 상대방에게 관심이 있을 때 장난을 치려는 사람과 조심스럽게 대하려는 사람은 서로 다르다. 만일 후자의 사람이라면, 누군가 자기에게 장난을 치면 자신을 깔본다고 여길 것이다. 그는 장난을 치는 것이 자기에 대한 관심의 표현이란 것을 이해할 수 없다.

　물론 충분한 시간이 주어지고 각자 융통성이 있다면 서로 타협할 수 있고, 상대방의 성격을 존중하며 조화를 만들어낼 수 있을 것이다. 그러나 성격적으로 유연성이나 융통성이 부족한 사람은 타인의 입장에서 생각해보는 역지사지의 태도를 취할 수 없어 타협이 어렵다. 그는 자신과 다른 사고방식이나 행동방식을 받아들이지 못하며 스트레스를 받고, 또한 동시에 자신의 고지식한 사고방식이나 행동방식으로 상대에게 스트레스를 준다. 만일 조직 내에서라면 융통성이 부족한 개인은 조직응집성을 저해하고 효율성을 떨어뜨릴 것이다.

　나와 스타일이 다른 사람을 만났을 때 내 스타일을 재빨리 변화시킬 수 없을까? 그것은 가능하지도 않지만 바람직하지도 않다. 먼저 가능하지 않은 측면을 살펴보면, 사람의 성격은 안정성stability과 일관성consistency을 지니기 때문이다. 안정성이란 여러 다른 상황에서도 한결같이 드러나는 것을 말하며, 일관성이란 시간이 지나도 잘 변하지 않는 것을 의미한다. 성격은 오랜 시간에 걸쳐 형성된 것이므로 안정성과 일관성이 있으며 변화에 저항하는 특징을 가지고 있다. 그리고 바람직하지 않은 측면을 살펴보면, 만일 상대방의 성격에 맞추어서 매 순간 자신을 변화시키는 사람이 있다면 그 사람은 진정한 자기 자신이 어떤 사람인지 헷갈리게 될 것이다. 이렇게 되면 자기정체감을 잃어버리게 되기 때문에 결코 바람직하지 않다. 따라서 스타일의 차이로 갈등이 생겼을 때, 각자가 자신의 스타일을 유지하고 상대의 스타일을 존중하면서 타협점을 찾는 것이 가장 바람직할 것이다. 자신의 틀로 타인의 행동을 섣불리 재단하기보다 있는 그대로 받아들이며, 만일 서로 맞지 않는 부분이 있다면 조금씩 양보하고, 요청할 일이 있다면 명령보다는 부탁을 해야 할 것이다.

귀인 오류와 대인 갈등

심리학의 귀인이론attribution theory은 문제의 원인을 무엇에 돌리느냐에 관한 이론이다. 사람들은 문제의 원인을 제대로 파악할 때도 있지만 잘못 파악할 때도 많은데, 그 중 대표적인 것이 기본적 귀인 오류fundamental attribution error다. 기본적 귀인 오류란 타인의 행동에서 상황적 요인을 충분히 고려하지 못하고 그 사람의 성격 때문이라고 결론 내리는 것을 의미한다. 예를 들어 고속도로에서 빠르게 차를 모는 운전자를 보면 급한 일이 있다고 여기기보다 성격이 급하다고 여기는 것이다. 이 같은 기본 오류 때문에 상대의 행동을 너그럽게 받아들이기보다는 비판적으로 받아들이기가 더 쉽다. 반대로 자기 자신의 행동에 대해서는 상황적 요인과 성격적 요인을 모두 고려하여 관대하게 해석하는 경향이 있다.

한편 모든 사람들은 자기가 세상의 중심이 되는 자기중심성egocentricity이 있기 때문에, 상대의 행동을 자신과 연관시켜 해석하는 경향도 있다. 예를 들어 누군가가 자신의 부탁을 거절했을 때, 그가 나를 싫어하거나 무시하기 때문에 부탁을 거절한다고 여기는 것이다. 실제로는 그 사람이 내 부탁을 들어줄 상황이 되지 않았는데도 말이다. 이와 같은 해석은 상대와 갈등의 골을 더욱 깊게 만들 뿐이다. 대개 나를 대하는 상대방 행동의 이유는 나 자신에게 있기 보다는 그 안에 있는 경우가 많다.

귀인 오류나 해석의 오류는 정보의 신뢰성 때문에 생긴다고 한다. 개인은 자신에 대해 잘 알기 때문에(자기 정보에 대한 신뢰성이 높음) 자기 행동의 원인을 다양하게 귀인할 수 있다. 그러나 타인에 대해서는 잘 모르기 때문에 그 사람의 행동의 원인을 성격에 돌리거나 또는 '나 때문이다'라고 여기는 것이다. 따라서 만일 상대방에 대해 더 많이 알게 되면 될수록, 즉 정보에 대한 신뢰성이 증가할수록, 그 사람의 행동의 원인을 편견 없이 파악하는 것이 가능할 것이다.

상담자와의 역기능적 관계

상담자와 내담자 간에도 성격 차이는 존재할 수 있다. 대개 상담자들은 부드럽지만 카리스마가 있고 리더십이 있다. 한편 조언을 원하는 내담자는 의존 욕구가 강하다. 서로 성격이 반대인데, 이것이 오히려 부작용을 일으키는 궁합이 되기도 한다. 상담자가 자신도 모르게 내담자를 평가절하하거나 답답하게 여기거나 함부로 대할 수 있는데, 이 경우에 아이러니하게도 내담자의 의존성은 증가하고 상담자에게 더 매달리게 된다. 이런 식으로 상담자—내담자의 성격 차이가 2차적 부작용의 원인이 될 수 있다.

어떻게 문제를 해결할 수 있는가?

지혜의 왕 솔로몬은 한 아이를 두고 서로 자기 아이라고 주장하는 두 사람에게 누가 진짜 어머니인지를 명쾌하게 판단해주었다. 이처럼 지혜로운 해결책을 제시하여 문제를 해결하는 것은 모든 상담자가 가지고 있는 이상일 것이다. 그러나 인간의 심리적 문제를 해결하는 작업은 이상과는 거리가 있다. 대개의 사람들은 자신의 심리적 고민이 왜 생겨났는지 어느 정도 파악하고 있으며 어떻게 해야 문제가 해결될 지에 대해서도 머리로는 알고 있다. 그렇지만 알면서도 안되는 것이다. 따라서 상담자는 명쾌한 해결책을 제시해 주는 것 외에도, 지속적인 관심을 기울이며 용기를 내라고 격려하거나 위로하면서 문제가 사라질 때까지 함께 있어 주는 것이 필요하다. 앞에서 언급했듯이 적응문제는 일시적인 환경변화로 인해 스트레스를 겪거나 또는 자신과 스타일이 다른 대인관계에서 어려움을 겪는 것으로, 시간이 흐르면 어느 정도 해결될 수 있기 때문이다.

상담자는 지혜로운 조언과 지속적인 보살핌을 동시에 제공하도록 노력해야 한다. 진행 순서상으로 보면 일단 어떤 문제인지 잘 듣고 안심시켜주거나 위로해주거나 힘과 용기를 북돋아주는 것이 먼저일 것이다. 만일 적응 문제로 인해 감정적으로 힘들다면 그것을 공감해주고 위로해주는 것이 필요할 것이다. 그 후에 꼬인 문제를 풀 수 있는 해결책이나 노하우를 조언해주면 될 것이다. 또 환경의 변화나 대인관계의 속성을 이해할 수 있도록 설명을 제공하거나, 가끔은 따끔하게 충고하는 것도 필요할 수 있다.

효과적인 조언상담의 두 요소

효과적인 조언상담 = 지혜로운 해결책 + 지속적인 관심과 보살핌

경청과 공감

앞에서 상담의 시작은 경청이라고 하였다. 적응 문제에 대한 자문과 조언에서 경청은 적절한 조언을 해 주기 위해 필수적인 요소이다. 잘 듣지 않는다면 어떻게 상대를 이해하여 그에 맞는 조언을 해 줄 수 있겠는가? 경청은 항상 두 가지 측면에서 유용하다. 첫째는 내담자의 문제가 무엇인지 정확하게 파악하는데 필요하며, 둘째는 내담자에게 잘 듣고 있다는 것을 전달하여 신뢰 관계를 형성하는 것이다.

경청의 방해요소　　경청하는데 방해가 되는 요소가 몇 가지가 있다. 이것을 점검하고 넘어가자. 첫째는 상대방에게 또는 상대방의 이야기에 관심이 없는 것이다. 이것은 상담자의 관심이 다른 데 가 있기 때문이다. 상담자도 사람이기 때문에 생활의 어려움이 있을 수 있고 또 주변 사람과의 갈등이 있을 수 있다. 상담자가 다른 고민이 있다면 내담자에게 관심을 둘 수가 없을 것이다.

　두 번째로 다 안다는 식의 태도이다. 내담자가 조금만 얘기하면 그것에 대해 다 알고 있다는 식으로 응답하는 사람이 있는데, 그러면 상대방은 하던 말도 멈추고 싶어진다.

고객상담과 심리상담의 길잡이

왜냐하면 얘기할수록 자신이 못났음을 증명하는 셈이기 때문이다. 너무 잘난 척 하는 태도를 보이는 사람 앞에서는 자신을 드러내기가 어렵고, 또 조금은 고집이나 반항심도 생기기 마련이다.

세 번째는 상대방의 행동이나 문제에 대해 선입견으로 평가하거나 비판적으로 바라보는 경우이다. 내담자의 고민에 대해 비도덕적이라든지 잘못되었다든지 하는 선입견이 있는 경우에는 상대방의 말을 경청하기 어렵다. 상담자의 경우에도 자신의 인생에서 형성했던 가치관이나 선입견이 있기 때문에 그것에 배치되는 내용을 듣는 경우 자동적으로 비판을 하게 된다. 두 번째와 세 번째의 경우 상담자는 듣기보다 자기 말을 더 하려고 한다. 그러나 사람의 입장은 다 다르므로 섣불리 평가하지 말고 있는 그대로 말을 들어봐야 할 것이다. 이런 태도로는 그 사람에 맞는 적절한 해결책을 찾아줄 수 없을 것이다.

네 번째는 지나친 동정심을 가진 경우이다. 동정심이 지나치면 상대방이 애처롭고 안쓰럽게만 여겨지며, 그 사람이 전달하는 세부 내용은 놓칠 수 있다. 예를 들어 상대방이 고부 갈등으로 힘들어한다면 그 모습이 너무 안쓰러운 나머지, 고부 갈등이 왜 생겼는지, 어떤 성격 차이가 있는지 정확히 듣지 못하게 된다. 동정심을 보여주는 것이 상담의 전부가 아니다. 동정심을 보여주는 것 뿐 아니라 세부 내용도 놓치지 말아야 할 것이다.

다섯 번째는 듣는 도중 다음에 무슨 말을 할 지 미리 생각하는 것이다. 내담자의 말을 들을 때는 여유를 가지고 유연하게 들어야 한다. 그런데 어떤 말을 들은 후에 '조금 있다가 나는 이런 말을 해주어야겠다'고 마음 먹은 후 계속 그 생각을 한다면 어떻게 될까? 상대방이 하는 말을 놓치는 것이 당연할 것이다. 이 밖에도 경청을 방해하는 요소로 신체적인 피로나 배고픔과 같은 것을 들 수 있다. 상담자가 피곤하여 졸립다면 상대방의 말을 제대로 들을 수 없을 것이다.

감정의 공감과 반영

경청은 자연스레 공감으로 이어진다. 공감은 상대방의 감정을 상대방의 입장에서 있는 그대로 함께 느껴주는 것이다. 반영은 느낀 바를 말로 표현해서 다시 되돌려주는 공감의 한 기법이다.

공감의 중요성은 아무리 강조해도 지나치지 않다. 이해받는 느낌은 사람에게 힘을 준다. 내 편이 있다는 느낌을 준다. 특히 부정적인 감정을 토로했을 때 그것을 비판하지 않고 공감해주면 내담자는 자신이 존중받고 있다고 느끼게 된다. 자신을 있는 그대로 받아들이고 있다고 느낌을 받게 된다. 이것을 인본주의 상담의 대가인 칼 로저스Carl Royers는 '무조건적 존중'의 느낌이라고 하였다.

위로와 격려

대개의 적응 문제는 시간이 지남에 따라 해결될 수 있다. 유기체는 자기실현을 위해 환경에 스스로 적응할 것이다. 따라서 특별한 조언을 해주지 않더라도 관심을 보여주고 격려해주며 기다려줄 때 문제가 해결될 수 있다. 만일 변화에 대한 부담으로 위축되거나 자신감이 떨어진다면 옆에서 격려해주고 희망을 고취시켜주면 될 것이다. '넌 잘할 수 있어', '넌 잘 하고 있어', '넌 최선을 다했어', '네 잘못은 아니야'라는 말들이 위로가 되고 격려가 될 수 있다.

특히 반복되는 고난에 힘이 빠지고 희망을 잃어버린 사람들에게는 위로와 격려가 큰 도움이 될 수 있다. 상담자는 입바른 소리가 아니라 진심이 담긴 위로와 격려를 해주어야 할 것이다. 진심을 담아 건네는 따뜻한 한 마디의 말은 사람의 마음을 안심시키고, 괴로움을 덜고, 힘을 되찾아주는 효과가 있다.

위로와 격려의 한계   그런데 위로와 격려의 말이 항상 효과를 내는 것은 아니다. 위로와 격려는 불일치감이 없을 때 효과가 있다. 즉, 본인도 어느 정도 가능성을 믿는데 '잘 할 수 있다'고 위로할 때 효과가 있는 것이다. 만일 본인이 마음 속으로 완전 실패했고 망했다고 여기는데 상담자가 '넌 잘 하고 있다'라고 말한다면 그런 말은 전혀 귀에 들어오지 않을 것이다. 오히려 나를 비웃거나 이해하지 못한다고 여길 수도 있다. 또 어떤 사람은 위로와 격려 같은 관심을 싫어하기도 한다. 이것은 위로나 격려 받는 것을 자신

고객상담과 심리상담의 길잡이

이 무능함의 증거로 여기기 때문이다. 이런 사람에게는 과도한 위로나 격려보다는 그냥 경청과 공감을 하는 편이 더 효과적일 것이다.

설명하기

이해되지 않을 때 좋은 설명을 들으면 마음이 놓인다. 개인은 경험의 한계로 인해 새로운 환경의 특징이나 의미를 다 알지 못하며 이때 불안해질 수 있다. 대인관계에서도 상대방의 의도를 객관적으로 파악하지 못하여 속뜻을 잘못 지각하거나 해석하여 섭섭해하거나 화가 날 수도 있다. 이때 누군가 그것에 대해 설명해준다면 얼마나 속이 시원할까? 즉 상황의 의미나 타인의 의도를 말로 설명함으로써 이해시키는 것이 가능하다. 이것은 '아는 것이 힘이다'라는 접근으로 볼 수 있다.

예를 들어 설명해보자. 남편을 위해 정성껏 음식을 준비했는데 맛있다는 칭찬이 없다고 속상해하는 사람과 그 친구의 대화를 보자.

> 고민녀 : "그렇게 시간과 공을 들여 특별히 만들었는데, 맛있다는 말 한 마디도 없지 뭐니? 이거 뭐 나를 무시하는 거 아니야?"
>
> 친　구 : "얘, 너희 남편은 좀 둔하더라. 그 사람이 너를 무시한다고 여기지만, 실은 그 사람이 둔해서 네가 특별히 만든 것을 잘 모르는거야."
>
> 고민녀 : "그런가?"
>
> 친　구 : "그럼! 네가 특별히 준비했다고 말을 했어야지. 말을 하지 않는데 그 사람이 어떻게 알겠니?"

이런 예는 비일비재하다. 직장에서 무뚝뚝한 상사를 보고 불편해하는 직원과 동료의 대화를 보자.

> 직　원 : "부장님은 나를 싫어하시나봐. 나를 보면 늘 무뚝뚝한 표정으로 노려보지 뭐니."
>
> 동　료 : "어머 얘, 부장님은 원래 표정이 그래. 누구한테나 다 그런걸."

설명의 한계

설명의 힘은 오해석이나 오지각을 교정해주고 미처 몰랐던 것을 알게 해 줌으로써 상황에 대처할 수 있도록 해주는 것이다. 그러나 설명이 항상 효과를 보는 것은 아니다. 설명은 논리적이고 합리적이고 이성적인 것인데, 인간의 많은 문제는 비논리적이고 비합리적으로 보이며 감성적인 측면이 있다. 즉 이성적인 설명을 들어도 쉽게 수긍할 수 없는 것이다. 또 사람들은 자신이 직접 생각하거나 느낀 것을 더 확신하기 때문에, 제3자의 설명이 객관적이라 할지라도 자신의 경우에는 적용되지 않는다고 여길 수 있다. 이런 이유로 전문 상담은 문제를 해결하기 위해 이성적인 설명에만 그치는 것이 아니라 좀 더 통합적으로 접근한다.

충고하기

때로는 따끔한 충고가 필요할 때도 있다. 충고는 남의 결함이나 잘못을 지적하여 타이름을 의미한다. 이때 상대방이 발전하고 행복해지기를 바라는 진심이 깔려 있어야 충고도 받아들여질 것이다.

> "더 이상 빚을 낸다면 곧 신용불량자가 될 거야."
> "제발 이제 그만 술을 끊어야지."

섣부른 판단이나 충고는 금물

어떤 사람들은 내담자가 고민을 얘기할 때 섣불리 판단하며 충고하는데 이것은 금물이다. 다음 대화의 예를 보자.

섣부른 판단 예 1

학부모 : "아이가 중학생이 되더니 자꾸만 치마가 짧아져서 걱정이에요. 예뻐 보이려고
 하는 마음은 이해할 수는 있어요. 그런데 그러다가 안 좋은 일들이 생길 수
 도 있잖아요."
동 료 : "요즘 애들은 다 짧게 입으려고 해요. 고리타분하기는…… 그 정도는 이해해
 줘야죠."

섣부른 판단 예 2

여학생 : "남친이 자꾸 자자고 해요. 성관계 말예요."
선생님 : "너희는 아직은 어린 나이가 아니냐……. 결혼 전에 성관계를 하는 것은 안될
 일이지."

 실생활에서 이런 식의 활동을 상담이라고 하는 경우가 자주 있다. 물론 이런 충고나
비판이 도움이 될 수도 있다. 그러나 그것은 충고나 비판이 타당함을 의미하는 것이 아
니라 내담자가 상담자에게 정신적으로 의존하고 있음을 의미한다. 이런 비판을 받아들
임으로써 더 의존할 수 있으니 마음이 조금이나마 편해지는 것이다.

 충고하지 않는 상담은 어떻게 진행될까? 필자가 상담 시연[18]을 하면서 나누었던 대화
를 소개한다.

 상담은 자신의 마음을 들여다볼 수 있게 도와주고 자신과 주변의 상황에 대해 좀 더
폭넓게 인식할 수 있도록 도와주는 것이다. 필자는 늘 이것을 강조하며, 상담 시연에서
그 작업을 직접 보여준다.

---

18 시연(demonstration)은 상담하는 것을 직접 보여주는 것을 의미한다. 상담수련생들에게 즉석에서
상담하는 장면을 보여주며 설명하면 상담이 무엇인지 생생하게 알 수 있고, 전문가가 어떻게 상담 기법
을 사용하는지 직접 보고 배울 수 있다.

내담자 : "아이가 중학생이 되더니 자꾸만 치마가 짧아져서 걱정이에요. 예뻐 보이려고 하는 마음은 이해할 수는 있어요. 그런데 그러다가 안 좋은 일들이 생길 수도 있잖아요."

상담자 : "안 좋은 일이 생길까 걱정하는군요. 어떤 안 좋은 일이 생길 것 같은가요?"

내담자 : "글쎄 그것까진 생각해보진 않았지만, 요즘 세상이 험하잖아요."

상담자 : "안 좋은 일이 생길까 걱정은 많지만 구체적이진 않네요."

내담자 : "네 그렇긴 하네요. 이게 아이 문제도 있겠지만, 제 마음이 불안해서 그런가 봐요."

효과적인 조언하기

조언은 말로 살짝 거들어 해결방법을 알려줌으로써 문제를 해결할 수 있도록 도와주는 것을 의미한다고 하였다. 만일 경험이 부족하여 어떤 좋은 해결책이 있음에도 잘 모르는 경우라며 그 방법을 조언해주면 될 것이다. 다음의 예를 보자. 회사에서 상급자가 후배에게 조언하려고 하는 상황이다.

김 과장 : "이 대리, 자네 요즘 아침에 조금씩 출근이 늦어지고 있어. 내가 좀 염려가 되는데, 잠깐 얘기 좀 할까?"

이 대리 : "네."

김 과장 : "무슨 일인지 좀 말해보게나."

이 대리 : "실은, 한 달 전에 부부싸움을 했는데, 아내가 짐을 싸 들고 혼자 친정으로 가버렸어요. 아이들은 내버려 둔 채요. 저는 아내가 잘못했다고 생각하기 때문에 사과할 생각은 없고요 ……. 어쨌든 아침마다 아이들을 챙겨서 학교에 보내고 출근하느라 자꾸 출근이 늦어지네요, 죄송합니다."

김 과장 : "그런 일이 있었구만, 이제야 이해가 되네."

이런 상황에서 김 과장은 이 대리의 고민에 어떻게 접근할 수 있겠는가? 김 과장은 대화를 통해 이 대리의 어려움을 공감하였다. 그러나 이 상태로 마무리 할 수는 없다. 왜냐하면 회사와 같은 조직체에서는 구성원의 문제를 해결하여 조직생산성을 높이라는 압력이 있기 때문이다. 김 과장은 결국 어떤 식으로든 제안이나 조언을 하게 될 것이다. 김 과장은 다음과 같이 조언할 수 있다.

> 조언 1 : "자네 계속 그런 식으로 지낼 수는 없을 거야. 아내에게 연락해서 진지하게 대화를 나눠보게나."
>
> 조언 2 : "음 …… 그렇다면 자네 사정을 고려해서 당분간 출근 시간을 늦춰보면 어떨까? 1시간 늦게 출근하고 대신 1시간 늦게 퇴근하게나."

이 둘 중에 어느 것이 더 실현가능하고 현명한 조언인지는 차이가 있을 것이다. 이 대리의 마음에 드는 조언은 1번일 수도 있고 2번일 수도 있다. 그러나 본질적으로 조언이라는 점은 같다.

풍부한 경험과 효과적인 조언

적절하게 조언하기 위해서는 풍부한 경험과 지식이 도움이 된다. 앞서 이 대리에게 조언해주는 김 과장의 경우, 이 대리와 비슷한 경우를 이전에도 겪어보았기 때문에 더 쉽게 조언해줄 수 있는 것이다. 인생과 인간에 대한 경험이 풍부한 사람은 어떤 경우에 조언해줘야 하는지, 어떤 사람에게는 조언해줘도 소용 없는지, 언제 조언해줘야 하는지 등의 요령을 잘 알 것이다. 업무 분야에서도 마찬가지인데, 어려움에 봉착했을 때 누구를 찾아가야 일이 해결되는지, 어떤 절차로 일을 진행시켜야 하는지 등등 조언해줄 수 있으려면 그 분야의 경험이 있어야 할 것이다.

아울러 효과적인 조언의 특징은 고민의 틀을 깬다는 것이 있다. 대개 사람들은 갈등으로 이러지도 저러지도 못하다가 조언을 구하는데, 어느 한 쪽 방향으로 조언한다면 결코 만족시킬 수 없다. 이쪽저쪽 갈팡질팡하는 상태에서는 어느 쪽으로 가도 후회가 생길 것이다. 이때 둘 중 하나를 선택해야 한다는 고정관념을 깨는 조언을 하면 좋을 것이다. 갈등하는 사람들은 자신의 고정관념이나 틀에 사로잡혀 있다. 따라서 미처 생각하지 못했던 부분을 짚어주며 고정관념에서 벗어나도록 도와주는 것이다. 예를 들어 어떤 것을 선택할까 고민하는 사람의 고정관념은 반드시 둘 중 하나를 골라야 한다는 것이다. 여기서 고정관념을 깨는 조언이라고 하면 아무거나 선택하기, 아무것도 선택하지 않고 미루기, 또는 둘 다 선택하기가 있다.

고정관념을 벗어나도록 도와주는 조언

조언의 한계 대개 조언은 감정적 위로나 공감보다 문제 해결이 더 가치 있다고 여길 때, 그리고 문제를 해결해야 한다는 압력이 있을 때 하게 된다. 외부 압력이 있을 수도 있고, 상담자의 성격에서 출발하는 내부 압력(멋진 조언으로 도와줘야만 한다는 압력)일 수도 있다. 하여튼 문제해결의 압력을 받는 상황에서 상담자는 뭔가를 조언하고 싶어한다. 그러나 앞에서 설명과 마찬가지로 조언은 한계가 있다. 조언을 통해 당장 문제를 해결할 수도 있겠지만 그것은 일시적인 해결일 뿐이다. 앞의 예에서 이 대리는 머지않아 다시 아내와 갈등을 일으켜 새로운 문제를 만들어낼 것이다. 조언은 문제의 일시적인 해결책을 제공할 뿐 그 사람을 근본적으로 변화시키지 않는다.

또 다른 한계로는 앞에서 언급한 것처럼 조언을 주는 사람에게 의존하는 것이다. 의존하게 되는 것은 또 다른 문제를 야기한다. 위 예에서 이 대리가 김 과장의 조언에 효과를 보았다면 그는 이후에도 무슨 일이 생기면 계속 김 과장에게 의존하려 할 수 있다. 김 과장은 리더로서 멘토로서 자부심을 느낄 수 있겠지만, 만일 이 대리의 의존이 계속적으로 지속되고 반복된다면 어떤 느낌을 갖게 될까? 김 과장은 자꾸만 의존하려고 하는 이 대리가 부담스럽고 짜증이 날 수도 있다. 그런 날이 오면 김 과장은 이 대리를 피하게 되고, 이 대리는 더 의기소침해질 수 있다.

안심시키기의 효과와 한계

조언과 더불어 일반적 대화에서 자주 쓰일 수 있는 기법은 안심시키기reassuring이다. 안심시키기는 염려하지 말고 잘 될 것이라는 희망을 불어넣어줌으로써 상대방을 부정적인 기분에서 벗어나도록 유도하는 기법이다. 다음의 예를 보자.

> 병　사 : "이전 부대에서도 힘들었지만, 여기서도 힘들 것 같아요. 훈련이 너무 힘들고
> ……. 동료들도 저를 다 싫어할 것만 같아요."
> 상담관 : "여기 병사들은 다 심성이 고와. 동료들이 자네에게 잘 대해줄 테니 걱정하지
> 말게."

> 학　생 : "선생님, 아무리 노력해도 성적이 오르지 않아요."
> 선생님 : "조금만 더 해보자. 분명히 좋은 결과가 나올거야."

안심시키기는 적절하게 사용한다면 효과가 있다. 그런데 안심시키기 효과의 원천은 안심시키기 자체에 있다기보다는 안심시키기를 사용하는 사람이 누구냐에 달려 있다. 경험이나 전문성이 부족하고 나이가 어린 사람이 안심시키기 기법을 사용하는 경우와, 경험이나 전문성이 풍부하고 나이가 많은 사람이 안심시키기 기법을 사용하는 경우의 효

과는 매우 다를 것이다. 즉 권위자나 전문가의 안심시키기만 효과가 있다는 것이다.

지속적으로 관심을 보여주고 보살피기

적응문제의 해결을 위해 위로와 격려, 설명, 직면, 조언, 안심시키기 등 다양한 활동을 전개할 수 있다. 그런데 이런 개입을 한두 번 한다고 해서 적응 문제가 바로 해결되는 것은 아니다. 적응 문제의 해결에는 시간이 필요하다. 만일 경험과 노하우를 전수한다고 할 때에도 한 번 설명하는데 그칠 것이 아니라 그것을 몸에 익힐 때까지 옆에서 관심을 가지고 지켜봐 주고 보살펴주는 것이 필요할 것이다. 이를 위해 단발성 상담에 그쳐서는 안되며 반복적인 만남을 통해 문제해결에 대한 조언의 실행, 결과, 문제점 등을 꾸준히 점검해야 할 것이다.

경험과 노하우를 전수한다는 것은 단순히 지식을 전달한다는 의미는 아니며, 경험자가 애정과 관심을 가지고 초심자를 보살핀다는 의미가 있다. 초심자로서는 경험자의 보살핌을 받는 셈이다. 인간은 사회적 동물로 태어나면서부터 누군가의 도움을 필요로 하며, 타인의 관심을 받을 때 자신의 잠재력을 발휘할 수 있다. 특히 자신이 전문가나 능력자로 인정하는 중요한 인물에게서 관심을 얻는 것은 큰 심리적 보상이 될 수 있다. 지속적인 상담자의 관심과 보살피기는 자신감을 회복시키고 희망이나 긍정성을 유지할 수 있게 도와준다. 긍정적인 기대는 새로운 시도로 이어지고 어려운 국면을 돌파할 수 있게 될 것이다. 따라서 조언할 때는 항상 지속적인 관심의 바탕 위에서 조언하는 것이 중요하다. 또 늘 관심을 두고 있거나 둘 것임을 전달하는 것도 중요하다.

참고로 아래 대사에는 관심을 전달하는 두 가지 방식이 나와 있다. 의사와 환자 간 대화의 예를 든 것인데, 환자 입장에서 어느 쪽을 더 다정하게 여길 지 추측해보자. 후자일 것이다. 전자의 경우, 환자의 치료가 우선인 의사의 맘은 잘 알겠지만 환자에겐 냉정하게 들릴 수도 있다. 후자의 경우, 환자에게 지속적으로 관심을 쓸 것임을 전달하고 있다. 환자는 보살핌을 받는 것으로 느낄 수 있다.

고객상담과 심리상담의 길잡이

의사 1 : "약 잘 드세요. 좋아지면, 다음에 또 오지 않아도 됩니다.

의사 2 : "약 잘 드시면 좋아지실 거에요. 경과를 볼 테니까 다음에 또 오셔야 되요."

자발적 관심과 정기적 관심

지속적으로 관심을 가질 때 자발적이냐 아니냐가 중요하다. 자기주장이 강하지 않은 사람들은 타인의 부탁을 잘 들어주는 경향이 있어 지속적으로 관계를 맺을 수 있지만 이것은 비자발적인 관심일 수 있다. 일반적으로 비자발적인 관심보다는 자발적인 관심이 상대방에게 더 큰 위로와 힘을 줄 것이다. 물론 예외적인 경우도 있는데, 자발적 관심과 조언을 간섭으로 여기는 사람이 있다. 이런 사람은 도움을 요청할 때까지 기다리는 것이 좋다.

자발성 외에 정기성의 구분도 중요하다. 누군가에게 관심이 있다면 단발성 조언에 그치지 않고 반복적인 조언을 하게 될 것이다. 그런데 이때 기분 내키거나 기회가 될 때마다 조언해줄 수도 있지만 사전에 약속을 통해 정기적으로 만나서 조언해줄 수도 있다. 비정기적인 조언과 정기적인 조언은 각각 장단점이 있다. 정기적인 조언은 비정기적인 조언에 비해 상담을 좀 더 체계적으로 진행시킬 수 있지만, 반면 내담자가 상담자에게 심리적으로 의존할 수 있는 가능성도 커진다. 따라서 심리적 의존이 가져오는 부작용을 처리할 수 있을 정도의 전문가가 정기적 상담을 시도하는 것이 좋다. 이상에서 상담자의 관심과 조언을 구분해 보았는데, 이를 요약한 것이 아래 도식에 나타나 있다.

조언에서 자발성과 정기성에 따른 차이

의뢰하기

적응 문제는 기본적으로 개인이 적응 문제를 해결할 자원이 있음을 가정한다. 즉 정신적으로 건강하지만 환경 변화로 인해 일시적으로 스트레스를 받아 정신건강의 균형이 무너진 상태로 본다. 그러나 만일 환경 변화로 인한 적응 문제가 아니라 개인의 정신 자체가 문제라면 이 경우에는 치료를 담당하는 전문가에게 의뢰하는 것이 옳을 것이다. 물론 처음부터 정신적 취약성이 문제인지 환경 변화의 문제인지 판단하기는 어려울 것이다. 그리고 대부분의 인간 문제는 환경적 스트레서와 정신적 취약성의 복합적 산물이다. 아무튼 상담자로서는 지속적인 관심과 조언을 해주어도 문제가 해결되지 않고 꼬여만 간다면 스트레서 보다 정신적 취약성이 근본 원인으로 추측해볼 수 있다.

예를 들어 설명해보자. 학교나 회사에 적응하지 못하는 사람이 전학이나 이직을 고려하고 있다. 이 사람은 동료들이 문제라고 여기지만 언제까지나 동료나 주변 환경 탓만 할 수는 없다. 조직에서 적응이 어려운 것은 주변 환경 때문이기도 하지만 때로는 개인의 성격이나 정신력 자체의 문제일 수 있다. 성격적 병리로 인해 피해의식이 있는 사람들은 언제 어디서 누구를 만나든 문제를 일으킨다. 문제가 자기 자신 안에 있기 때문이다. 이들은 전학을 가거나 이직을 해도 소용이 없다. 따라서 이런 사람들은 관심을 가져주는 것만으로 해결하기 어려우며 전문적인 치료적 상담 과정을 거쳐야 할 것이다. 이런 사람들의 성격적 병리는 너무나 강력해서 주변 사람들을 자신의 병리적 틀 안으로 끌어들이게 된다. 다시 말하면, 어떤 환경에서 누구를 만나도 자신의 피해의식을 재확인하는 증거를 찾는다는 것이다. 아무리 잘 해주고 관심 가져주고 조언을 해 준다 해도, 단 한 번의 실수를 잡아서 자신의 왜곡된 사고방식이나 성격 병리를 강화할 것이다.

성격 문제가 심각하다고 판단되고 상담자의 역량 밖이라고 판단될 때 의뢰가 정답이다. 이때 의뢰라는 것이 귀찮으니까 전문가에게 넘긴다는 식이면 곤란할 것이다. 전문가 의뢰는 별도로 추가 진행하며, 기존에 진행하던 관심과 격려, 조언하기는 계속 하는 것이 좋다. 만일 의뢰하면서 관심을 끊어버리면 내담자는 버림받는 느낌을 받는다.

효과적인 조언을 위한 상담자 훈련하기

직장인을 위한 상담자 훈련을 실시하다 보면 가장 안 되는 부분이 경청과 공감이다. 이들은 인생 선배이자 경험자이기 때문에 말을 듣기보다는 말을 해주고 싶어한다. 또 어떤 경우에는 자기도 모르게 상대방에게 충고하거나 비판하여 상대방을 위축되게 만든다. 엘리트라고 불리는 지식인들은 더욱 그렇다. 나름대로 냉철한 분석 결과를 전달하는 것이지만 듣는 사람 입장에선 질책이나 비난으로 들릴 수 있다. 상담자는 기본 기술부터 익히고 전개해야 한다. 기본은 들어주고 받아주는 것이다.

상담기법의 훈련

경청과 재진술

경청은 잘 듣는 것이다. 이때 간혹 상대방이 말하는 것을 따라 말하는 경우가 있다. 재진술restatement은 상대방이 말한 내용을 다시 한 번 반복해서 말하는 것을 의미한다. 즉 앵무새처럼 따라 말하는 것인데, 상대방이 말한 것을 잘 듣고 있다는 메시지를 전달하는 효과가 있다. 적절하게 재진술을 사용할 경우, 혼란된 내용을 간결하게 정리해줌으로써 이야기의 주제를 부각하고 내담자에게 핵심으로 다가가도록 유도할 수 있다. 재진술이 효과를 보려면 상대방이 의식하지 못할 정도로 부지불식간에 하는 것이 좋다. 내담자는 자신의 대화가 방해 받는다고 여기지 않을 것이다. 예를 들어보자.

> 내담자 : "어제 드디어 용기를 내서 그 친구에게 연락을 했어요."
> 상담자 : "드디어 용기를 냈구나."

> 내담자 : "나로서는 그 학생에 대한 판단을 잘 못하겠습니다. 어떤 때는 더할 나위 없
> 이 좋은 학생이다가 또 어떤 때는 형편없거든요."
> 상담자 : "그러니까 그 학생이 일관성이 없다는 얘기군요."

그런데, 재진술 기법을 사용할 때는 상대방이 말한 대로 100% 똑같이 말하는 것이 아니라 상대방이 한 말을 유사한 단어로 바꾸어 따라 해주면 좋다. 가급적 상대 말의 흐름을 끊지 않도록 짧게 말하는 것도 요령이다.

공감과 반영　　인간의 문제 해결에서는 감정적인 부분이 중요하다. 앞에서도 언급했듯이, 반영reflection은 내담자의 말 속에 흐르는 감정을 놓치지 않고 언어로 되돌려 전달해주는 것을 의미한다. 감정을 반영해주면 내담자는 이해 받고 지지 받는다고 느끼며 이를 통해 힘을 회복할 수 있다. 반영의 표현 방법은 의외로 간단한데, 상대방이 한 말을 재진술한 후에 말 속에 담긴 감정을 언급해주면 된다. 다음과 같은 표현 방식이 일반적이다.

반영의 표현 방식

감수성과 언어 능력　　반영을 잘 하기 위해서 상담자는 상대방의 감정을 예민하게 느낄 수 있는 감수성이 필요하다. 뿐만 아니라 포착한 감정을 언어로 표현해주어야 하므로 언어구사능력도 필요하다. 감수성을 동원하여 감정을 포착하여 정곡을 찌르는 언어

로 되돌려 줄 때 내담자는 마음 속 깊이 이해 받는다고 느끼게 되고 힘을 되찾게 될 수 있다. 아래 예로 취업재수생이 취직시험에서 또 떨어진 경우를 들었는데, 이때 상담자 반응 중 어느 것이 더 정곡을 찌르는 것 같은지 추측해보자.

> 상담자 반응 1 : "시험에 또 떨어지다니 정말 속상하겠구나."
> 상담자 반응 2 : "인생이 망가진 것 같겠구나."

조언과 설명의 타이밍

조언은 말로 살짝 거들어 해결방법을 알려줌으로써 문제를 해결할 수 있도록 도와주는 것을 의미한다고 하였다. 즉 문제를 해결하는데 유용한 지식이나 구체적인 정보를 알려주는 것이다. 설명은 사람의 마음이나 상황의 원리를 설명해주는 것이다. 그런데 조언과 설명의 효과를 높이기 위해 상담자는 타이밍timing을 훈련할 필요가 있다. 조언의 경우, 막연하게 어려움을 호소한다면 아직은 조언해줄 타이밍이 아니며 이럴 때는 그냥 들어주기만 하면 된다. 내담자가 뭔가 조언을 해달라고 요청할 때 조언을 해주어도 늦지 않다. 그 전에 선불리 조언해주어도 내담자는 준비가 되지 않아 받아들이지 않을 것이고, 상담자는 지치게 될 것이다. 그리고 조언 요청이 얼마나 구체적인가를 살피는 것도 중요하다. 막연하게 한마디 해달라고 하면 위로해주는 것으로 충분하다. 하지만 상대방이 원하는 것이 구체적일 때는 상담자도 구체적인 해결책을 제시할 수 있고 이때 상담 효과도 클 것이다. 다음 두 개의 예 중에서 구체적인 조언 타이밍이 되었다고 보는 것에 체크해보자.

[구체적 조언 타이밍 예제 1]

(   ) "성격을 어떻게 고칠 수 있을까요?"

(   ) "빌려준 돈을 받고 싶은데, 돈을 돌려달라고 어떻게 말할 수 있지요?"

[구체적 조언 타이밍 예제 2]

( ) "남편하고 이혼을 해야 할까요?"

( ) "남편하고 이혼하려고 맘먹었는데, 이 얘기를 어떻게 꺼내야 좋을까요?"

이 예를 살펴보면 두번째 대사는 구체적 조언의 타이밍인 반면 첫번째 대사는 조언의 타이밍이라기보다 추가적인 질문을 해야 할 타이밍일 것이다. 상담자는 왜 성격을 고치고 싶은지, 왜 남편과 이혼하고 싶은지 더 이해해야 한다. 내담자 입장에서도 아직 마음의 결정을 못 내린 상태라면 조언을 해줘도 받아들이지 못할 것이다.

설명의 경우도 마찬가지다. 상대방이 받아들일 마음의 준비가 되었을 때 해야 효과가 있다. 특히 아직 감정이 추슬러지지 않은 상태에서는 설명을 받아들이기 어렵다. 마음이 아픈 사람들은 흔히 '내가 원하는 것은 설명이 아니라 그냥 내 말을 들어주는 거야!'라고 말한다. 격한 감정이 가라앉고 안정된 후에 설명해야 효과를 볼 것이다.

풍부한 경험과 균형 잡힌 시각

앞에서 고정관념과 틀을 깨는 효과적인 조언에 대해 언급했는데, 누구나 처음부터 고정관념과 틀을 깰 수 있는 것은 아니다. 살아가면서 시행착오와 경험을 통해 분별력을 키우고 문제를 해결하는 지혜를 터득한 것이다. 따라서 상담자는 문제를 회피하기보다는 도전적으로 맞서면서 풍부한 경험을 쌓을 필요가 있다. 또 인간의 문제는 대개 대인관계의 문제인 경우가 많다. 그런데 어떤 사람들은 타인의 감정과 욕구에 민감하며 상황에 적절하게 행동하지만 반대로 그렇지 못한 사람들도 있다. 특히 아직 젊은 사람의 경우엔 자기중심성egocentricity 때문에 타인의 욕구나 감정을 소홀히 하는 경우가 많다. 나이가 들면서 사람들은 자신의 욕구와 타인의 욕구가 배치되는 상황 속에서 어떻게 행동해야 하고 문제를 해결해야 하는지를 깨닫게 된다. 따라서 대인관계 문제에 대해 효과적인 조언을 해주려는 상담자는 다양한 인간관계 경험을 통해 폭넓고 균형 잡힌 시각을 갖도록 노력해야 할 것이다.

고객상담과 심리상담의 길잡이

같은 회사에서 일하는 동료 A와 B의 예를 들어 설명해보자. A가 급하게 보고서를 작성하느라 바쁜데 B가 다른 친구를 소개시켜주는 상황이 있다. A는 잠깐 인사를 나눈 후 보고서를 작성하여 제출하고 돌아왔는데, 그 때부터 B는 싸늘한 분위기를 풍기며 A를 피하기 시작했다. 도대체 무슨 일이 생긴 것인가? A는 상담자 C에게 조언을 구했는데, C의 설명은 다음과 같았다.

- B가 기껏 친구를 소개해주었는데 A가 차 한 잔 대접하지 않고 일을 하니 B는 무안했을 수 있다.
- 또는 B의 친구가 B에게 A의 무성의한 태도에 대해 불평했을 수도 있다.
- 어쨌든 B는 A가 바쁜 줄 알지만 좀 더 성의를 보여주길 기대했을 수 있다.
- B의 입장에서는 A가 자기를 무시했다고 여길 수 있다.

이 설명을 들은 A는 B가 자기중심적이라고 생각했다. 그러나 인간은 누구나 자기중심적이며 A도 마찬가지다. A는 보고서가 급하다는 이유로 B의 마음을 미처 헤아리지 못하였다. 단 상담자 C만 양 쪽의 마음을 모두 헤아리고 있다. 이처럼 전문 상담자가 되기 위해서는 상황 속에 얽혀 있는 복잡한 욕구를 날카롭게 파악할 수 있어야 한다. 그러나 앞에서도 언급했듯이 문제의 원인을 재빠르게 파악할 수 있다 하더라도 이것을 어떻게 전달하느냐에 따라 내담자에게 도움이 될 수도 있고 혹은 전혀 도움이 되지 않을 수도 있다. 섣부른 충고나 너무 이른 설명을 들은 내담자는 오히려 마음을 닫아버릴 수 있다.

지속적으로 관심 갖기

상담자는 적응문제가 해결될 때까지 지속적으로 관심을 갖고 보살펴야 한다. 한 번의 위로나 조언으로 문제가 해결되지는 않는다. 따라서 한 번 고민을 들어준 후 다음번에 또 상담할 기회를 마련하는 것이 중요하다. 상담자는 내담자의 적응 문제 해결에 몇 번 정도의 만남이 필요하겠다는 계획을 갖고 있어야 한다. 그리고 한 번의 상담이 끝날 때 다음번에 다시 만날 것에 대해 구체적으로 계획을 세우고 합의해야 할 것이다.

상담자 : "시간이 많이 지났구나. 오늘은 일단 여기서 마치자. 내 생각엔 오늘 나누었던 대화를 앞으로 몇 차례 더 이어가는 게 필요할 것 같아. 일주일쯤 후에 여기서 다시 만나 이야기를 하면 어떨까?"

상담자 : "너의 고민을 해결하기 위해서는 한 번으로는 안되고 여러 번 만나는 게 필요할 것 같구나. 나는 준비가 되어 있는데, 너는 나와 몇 번 정도 만나서 얘기하고 싶니?"

그런데 어떤 상담자는 성격상 한 사람이나 한 문제에 지속적으로 관심을 갖는 것이 어려울 수 있다. 예를 들어 매우 총명하여 한 번 사정을 듣고 모든 것을 꿰뚫지만 지속적으로 그 사람에게 관심을 가지고 어려워하는 상담자가 있다. 이런 상담자는 지속적으로 관심을 갖는 것에 대한 훈련이 필요할 것이다. 사람에 대한 관심을 갖는다는 것은 너무도 당연하고 쉬운 것 같지만 어떤 사람들에게는 결코 쉬운 일이 아니다. 어떤 사람들은 자신에게만 관심이 쏠린 나머지 다른 사람에게 관심을 '지속적으로' 쏟지 못한다. 또 어떤 사람들은 문제 그 자체에 대해서는 관심을 갖지만 문제의 주체인 인간에게는 관심을 두지 못한다.

문제가 아니라 인간에 대한 관심　　　상담에서 주목해야 할 부분은 문제 자체가 아니라 인간이다. 상담은 인간과 인간의 관계에서 대화를 통해 문제에 접근하는 것이다. 따라서 어떻게 하면 문제를 해결할 수 있을까 보다 어떻게 하면 이 사람을 더 잘 알고 이해할 수 있을까에 초점을 맞추어야 한다. 그것이 오히려 문제 해결의 지름길이다. 성장하면서 충분한 관심을 얻지 못하였거나 다른 사람을 도와줄 능력이 부족했던 사람은 문제를 해결해주고 싶은 마음이 너무 간절한 나머지 빠른 조언이나 충고를 해주기 쉽다.

고객상담과 심리상담의 길잡이

그러나 급한 마음에 주는 조언이나 충고는 인간의 내적 갈등을 어루만지지 못하기 때문에 효과가 일시적이거나 약할 수밖에 없다. 이럴 때 상담자는 마음이 급해지고, 문제가 해결되지 않는 이유를 내담자의 탓으로 돌린다. 그리고서는 더 강한 충고를 하게 된다. 내담자가 상처받을게 뻔한데, 문제를 해결해야겠다는 마음에 더 강한 충고를 하는 것이다. 이것이 자신의 의무라고 여기면서 말이다.

그러나 상담에서 해결하는 것은 인간의 문제이지 법률이나 세무의 문제가 아니다. 그리고 인간의 문제를 해결할 때는 항상 관심과 신뢰의 바탕, 즉 라포의 기반 위에서 해결이 가능하다. 라포가 깨진다면 더 이상 기회는 없을 것이다. 내담자가 아직 받아들일 마음의 준비가 되지 않았음에도 불구하고 직언을 한다면, 내담자가 상담자를 미워하게 되는 결과를 피할 순 없을 것이다. 물론 상담자는 의무를 다했다고 자위할 수 있다. 그러나 상담자는 자기 자신과 내담자를 동시에 보호하는 성숙한 모습을 보이지 못했다. 미움 받을 것을 각오하고 직언을 하는 것은 상담자의 한계이다. 상담자는 미움 받지 않으면서 비폭력적으로 상대방을 깨우치는 성숙한 모습을 보여주었어야 했다. 좋은 상담자가 되려면 인간에 대한 관심, 그리고 비폭력적으로 관계를 맺는 방식 등을 꾸준히 훈련해야 할 것이다.

자기몰입에서 빠져 나오기

인간적인 관심을 유지하는데 방해가 되는 것에 자기몰입self-absorption이 있다. 어떤 사람들은 돈이나 외모에 대한 집착, 즉 자신의 관심사에 몰입되어 있으면서 다른 사람의 마음이나 행동을 관찰하고 돌볼 여유가 없다. 예를 들어, 현재 투자한 주식이 큰 손실이 난 인사관리 상담자가 부하 직원에게 관심 갖지 못할 것은 당연할 것이다. 특히 돈에 얽매인 사람이라면 더욱 그럴 것이다. 부하 직원에게 일시적으로 관심을 보여줄 순 있겠지만, 그것을 지속하기는 어려울 것이다. 자기 문제가 더 급하기 때문이다.

이와 관련하여 성장 과정에서 상처나 결핍이 있는 사람이 상담자가 되는 가능성과 한계에 대해 언급할 필요가 있다. 성장 과정에서 상처나 결핍이 있는 사람은 동병상련으로 상처 입은 사람을 세심하게 이해하고 도와주려는 마음이 있기 때문에 상담자가 될 가능성을 보인다. 그러나 반면, 자신의 상처나 결핍에 집착하게 되어 상대방에게 관심을 갖거나 또는 유연하고 폭넓은 사고방식을 보유하지 못하게 될 수도 있다. 이런 이유로 과거에 상처나 결핍이 있는 사람이 상담자가 되려면, 먼저 자기 자신이 내담자가 되어 상처나 결핍을 치료하는 것이 바람직하다. 어린 시절의 상처나 결핍은 일시적인 투자 손실과 같은 것이 아니며, 성격적으로 자신에게 몰입되도록 영향을 미쳐 타인에게 관심을 유지하지 못하도록 방해한다.

이중관계를 이해하고 극복하기

적응문제나 인생의 고민을 상담해주려는 상담자가 훈련해야 할 것 중 이중관계에 대한 것이 있다. 자문이나 조언을 해주는 관계라면, 상담에서 처음 알게 된 것이 아니라 상담 이전부터 상담자와 내담자가 서로 알고 있는 관계일 가능성이 높다. 이 관계는 상사와 부하 직원, 장교와 병사, 선생님과 제자의 관계 등이 될 것이다. 이런 관계의 특징은 한쪽이 더 어른이고 권위자이며 다른 한 쪽은 더 어리고 미숙하다는 것이다. 상담자는 내담자의 본보기나 모범이 되는 사람이자 멘토[19]이다.

이중관계   두 사람이 상담 이전에 미리 알고 있는 것이 라포에 어떤 영향을 미칠까? 상담자와 내담자가 상담자―내담자 관계 이외의 다른 관계를 이전부터 맺고 있는 경우를 이중관계라고 한다. 상담자이면서 교사인 경우, 상담자이면서 직장 상사인 경우가 이에 해당할 것이다. 이런 경우는 인사관리 장면에서 흔하다. 즉 인사관리 상담 장면에서는 이중관계 문제가 거의 항상 발생하게 된다. 흔히 이중관계는 라포 형성을 방해한다고 하는데, 그것은 이중관계로 인해 솔직하게 마음을 터놓을 수 없는 경우가 생기기 때문

---

19 지혜롭고 신뢰할 수 있는 스승이나 선배를 멘토(montor)라고 한다. 멘토라는 단어는 그리스 신화에 나오는 오디세우스의 충실한 조언자의 이름에서 유래하였다. 멘토의 가르침을 받은자를 멘티(mentee)라고 하며, 멘토링(mentoing)은 경험과 지식이 많고 스승이 멘티의 잠재력을 개발시켜주는 과정을 의미한다.

이다. 예를 들어 직장 상사에게 다른 상사나 회사에 대한 불만을 표시하기 어려운데, 왜냐하면 혹시라도 그것을 상담자가 싫어할 수 있기 때문이다. 즉 개인적 고민을 상담하게 되더라도 일부 영역에 대해서는 얘기할 수 없는 한계가 생긴다. 허심탄회하게 모든 것을 말할 수 없는 관계는 충분한 라포가 형성된 관계라 할 수 없을 것이다.

권위적인 조언의 문제

한편 이중관계 속에서는 상담자의 조언이 때로는 압력이 될 수도 있다. 상담자가 순수한 마음으로 조언을 하더라도 상사이기 때문에 따라야만 하는 압력을 느낄 수 있다. 조언이란 말 그대로 '거드는 말'인데, 조언은 따를 수도 있고 따르지 않을 수도 있다. 그러나 상사의 조언, 선생님의 조언, 장교의 조언이라면 달라진다. 조언이 마음에 들어서 따르는게 아니라 상사이기 때문에 따르는 것이 될 수 있다. 따라서 상담자는 이중관계를 알아차리는 훈련, 이중관계가 상담 과정에 미치는 영향을 알아차리는 훈련, 그리고 이중관계의 부작용을 최소화하기 위한 기법 등을 훈련할 필요가 있다. 조직 구성원을 상담하거나 종교 장면, 학교 장면에서 상담할 때 이중관계를 피할 수 없는 경우도 있다. 따라서 이런 경우 내담자에게 이중관계임을 설명하고, 이중 지위에 있는 상담자로서 보장해줄 수 없는 것도 있음을 사전에 알려야 한다.

적응문제와 인사관리상담

　　적응문제가 가장 빈번하게 발생하고 또 중요하게 다루어지는 곳이 조직 장면이다. 조직에서는 새로운 업무 환경이나 새로운 사람과 빈번하게 만나게 되고, 이때 잘 적응하면 조직생산성의 향상으로 이어지지만 적응에 실패하면 개인 뿐 아니라 조직생산성에도 문제가 생기기 때문이다. 따라서 대부분의 조직에서 직원의 적응문제를 해결하기 위해 상급자가 부하 직원에게 조언이나 자문을 해주는 것이 필요하다. 이것이 인사관리상담 영역이 될 수 있다.

　　인사관리상담 분야는 상담의 전문 분야라 하기는 어려운데, 왜냐하면 이 분야는 상담 과정을 전문적으로 다루는 분야가 아니기 때문이다. 인사관리 상담은 사람들이 생각하는 것만큼 결코 단순하지 않다. 여러 가지 이유가 있는데, 첫째 인사관리자가 상담이 전문직이 아니라는 점, 둘째 인사관리 상담의 경우 상담 장소나 상담 시간의 구조가 빈약한 점, 그리고 마지막으로 앞에서 언급한 이중관계의 한계와 같은 것이 있다. 그럼에도 불구하고 현대 사회는 조직 사회라서 인사관리 상담이 현실적으로 필요하다. 현대 사회에서는 조직원의 적응이 곧 조직 효율성과 생산성으로 이어진다는 것을 알게 되었다. 따라서 법규나 물품을 통한 관리보다는 인간적 유대를 통한 상담이 더 강조되고 있으며, 여기에 인사관리 상담의 가능성이 존재한다.

　　인사관리자는 조직의 상급자로서, 해당 영역에서 경험이 풍부하며, 시행착오를 통해 문제해결의 노하우를 알고 있는 사람들이다. 따라서 부하직원들에게 업무와 관련된 고민을 들어주고 선배로서 후배를 이끌어주는 멘토의 역할을 할 수 있을 것이다. 이들은 신입직원이나 부하직원 시절을 거쳐왔으며, 언제 어떠한 어려움이 닥치는지 잘 알고 있다. 따라서 만일 부하직원이 적응에 어려움을 호소한다면, 상담자는 그 당시에 느꼈던 어려움에 대해 잘 공감할 수 있을 것이다. 어떤 문제들은 시간이 흐르면 자연스럽게 해결될 수 있고, 새로운 환경에는 적응 기간이 필요한 법이다. 다만 옆에서 조금 거들어주는 조력자가 있다면 본인이 충분히 해결해 나갈 수 있다. 물론 이때 수동적으로 요청이 들어왔을 때만 조력하는 것이 아니라 적극적이고 자발적으로 부하직원에게 관심과 정성을 보여주어야 할 것이다.

정 리 하 기

1 / 환경에 변화가 생길 때 개인은 적응 문제를 겪게 된다. 새로운 환경, 새로운 사람을 만났을 때 사람들은 적응이 필요하다. 이때 연륜이 풍부한 사람(직장상사, 선배, 목회자, 선생님 등)이 해당 문제를 해결할 수 있는 방법에 대해 조언하거나 자문해줄 수 있다.

2 / 자기 스타일과 반대인 사람을 만났을 때 자기 식으로 상대를 이해하면 갈등이 생긴다. 상담자는 어려움을 공감하고 위로할 뿐 아니라, 설명을 통해 상황을 이해시키고, 충고 및 조언을 통해서 재적응을 유도할 수 있다.

3 / 풍부한 경험의 소유자는 효과적인 조언을 할 수 있다. 효과적인 조언의 특징은 고민의 틀을 깬다는 것이다. 상담자는 고정관념에서 벗어나도록 도와주어야 한다.

4 / 아무리 좋은 조언이라도 부작용이 있게 마련인데 그 중 대표적인 것이 심리적 의존이다. 조언해준 사람에게 점점 더 의존하게 되고 스스로 문제를 해결하려는 의지가 약해질 수 있다.

5 / 조언을 해줄 때 상담자는 문제가 아니라 인간에 대한 관심을 유지한 채 지속적으로 관심을 가져주는 것이 필요하다. 자발적이면서도 정기적으로 관심을 가지고 잘 적응해 나가는지 지켜봐야 할 것이다.

CHAPTER 08

자아 문제와
치료적 상담

CHAP
TER 08

자아 문제와
치료적 상담

치료적 상담은 우울이나 불안, 공포, 피해의식 등 심리적 증상을 대화를 통해 '치료'하는 작업이다. 치료적 상담의 다른 표현으로 심리치료, 정신치료, 심리상담, 전문적 심리상담과 같은 것이 있다. 이 상담 분야는 특히 전문분야로 여겨지는데, 심리적 증상의 치료를 위해 전문적 이론과 경험을 갖추어야 하기 때문일 것이다. 실제로 이 분야에서 전문가가 되려면 의학, 심리학, 교육학, 간호학, 사회복지 등의 전문분야에서 석사학위 이상의 공부를 하고, 현장 실무 경험을 풍부하게 쌓으며, 체계적인 자격제도를 통과해야 한다. 치료적 상담은 심리적 증상을 치료하는 작업이지만, 증상의 치료 만이 아니라 인간의 내면을 만나고 자아를 회복시켜주는 것이 핵심이다. 이런 이유로 본질적인 의미의 심리상담에 가장 가깝다고 할 수 있다.

문제는 무엇인가?

증상이 아닌 인간의 문제

흔히 치료적 상담은 우울증이나 불안증과 같은 증상을 치료하는 상담으로 생각할 수 있다. 그러나 엄격히 말하면 이것은 맞지 않다. 이를 설명하기 위해 사람의 이름과 별칭의 비유를 들어보자.

사람은 누구나 하나쯤 별칭이 있다. 그런데 별칭은 다양하지만 결국 그것은 다 그 사람을 가리키는 것이다. 우울증의 경우도 별칭과 같이 이해할 수 있다. 홍길동은 밝고 명랑한 홍길동도 있지만 의기소침하고 우울한 홍길동인 경우도 있는 법이다. 따라서 우울증에 걸린 홍길동은 인간 홍길동이 한 모습이며, 홍길동이란 인간의 성격과 내면의 상처, 갈등이 우울증이란 표현으로 드러난 것이다. 인간에게서 한 부분만을 떼어 놓을 수 없듯이, 홍길동에게서 우울증만 떼어내어 치료할 수는 없다. 우울증을 치료하기 위해서는 홍길동이란 인간 자체가 달라져야 한다.

전문적인 개념으로 설명하면, 치료적 상담에서 다루는 문제는 자아ego의 문제나 성격personality의 문제로 볼 수 있다. 자아는 한 개인을 총체적으로 의미하는 용어이다. 자아는 사고, 감정, 의지 등의 주체를 말한다. 자아는 타고난 기질을 기반으로 하여, 어린 시절에 주요 인물(대개는 부모)과의 상호작용 과정에서 천천히 형성된다. 자아가 건강하게 형성된 사람은 합리적으로 사고하고, 긍정 감정을 느낄 수 있으며, 타인과 의사소통을 즐길 수 있고, 자신의 일을 주체적으로 결정하고 실행할 수 있다. 건강한 자아의 소유자는 스트레스를 겪을 때 자신을 유연하게 변화시켜 환경에 적응할 수 있다. 그러나 자아가 병이 든 채 성장한 경우, 조금만 스트레스를 받아도 자아가 과부하 상태가 되거나 또는 붕괴되어 버린다. 이때 환청이나 망상과 같은 정신증 증상이나 대인 의심, 우울, 불안, 강박과 같은 신경증 증상이 나타난다.

비의식의 문제

의식consciousness(意識)은 자기 자신이나 사물에 대해 인식하는 작용이다. 의식은 고등 생물에게만 존재하는 정신 현상이다. 인간은 특히 자기 자신에 대해 폭넓고 깊게 의식할 수 있다. 그러나 인간이 자기 내면의 모든 측면을 다 의식할 수 있는 것은 아니다. 의식되지 않은 측면이나 영역을 통틀어 비의식non-consciousness의 영역으로 볼 수 있다.

인간은 왜 자신의 모든 측면을 모두 의식하지 못할까? 인간은 신이 아니기 때문에 당연한 결과일 것이다. 그런데 인간의 한계를 인정하면서도 때로는 충분히 의식할 수 있는 것도 의식하지 못하는 경우가 있다. 여기에는 크게 두 가지 이유가 있다. 첫째는 너무나 자연스럽게 몸에 습득되어 의식하지 않은 채 살다가 그렇게 된 것이다. 대표적인 예로 습관(행동이나 말투)을 들 수 있다. 사람들은 자신의 습관에 대해 잘 모르다가 남이 지적해줄 때에서야 비로소 그것을 의식하게 된다. 그러나 잠시 의식하다 말기 때문에 습관

고객상담과 심리상담의 길잡이

적인 행동이나 말투는 잘 고쳐지지 않는다. 두 번째는 자기 스스로 의식하지 못하게 만드는 경우가 있다. 이것은 비의식의 영역 중에서 특히 무의식unconsciousness이라고 한다. 일찍이 프로이트는 무의식의 중요성에 대해 언급하였다. 내면에서 결코 인정할 수 없는 욕구나 감정, 생각, 기억에 대해 사람들은 자신도 모르게 억압하여 의식하지 못하게 만든다. 그러나 무의식 영역에 들어있다고 해서 존재하지 않는 것은 아니다. 무의식 영역에 들어있는 욕구나 감정, 생각, 기억 등은 인간에게 영향을 미치며, 어떤 독특한 행동이나 증상으로 나타나게 된다. 즉 나는 잊어버렸거나 알지 못한 무언가가 나에게 여전히 영향을 미치고 있는 것이다.

무의식의 문제를 설명하기 위해 예를 들어보자. 어떤 이의 무의식 속에는 아버지를 공격하고 싶은 욕구가 있다고 하자. 그는 자신에게 이런 욕구가 있는지도 모르고 왜 생겼는지도 모른다. 그는 아버지에게 공손한 태도를 보이며 아버지를 존경한다. 그러나 그는 손이 마비되어 주먹을 펼 수가 없는 증상을 갖고 있으며, 자주 주먹이 긴장되는 것을 느낀다. 마비라는 것은 신경학적 증상이지만, 병원에 가 보아도 신경학적 소견은 나타나지 않았다. 이 모든 자료를 통합해볼 때 다음과 같은 해석을 내릴 수 있다. 이 사람의 손이 마비된 것에는 아버지를 공격하려는 무의식적 욕구가 영향을 미친 것이다. 겉으로 아버지를 존경하고 공손한 태도를 보이지만 무의식적으로는 아버지를 미워하고 때리고 싶은 충동이 증가하고 있다. 이 사람이 자신의 마음을 알았다면 솔직하게 미움을 표현하며 대화로 해결하는 것이 가능할 수 있다. 그러나 이 사람은 미움이라는 부정적 감정을 인식하지 못하게 스스로 마법을 걸어놓은 것 같다.

자아의 문제

자아Ego란 용어를 처음 사용한 사람은 프로이트였다. 프로이트는 인간 성격을 크게 원초아Id, 자아Ego, 초자아Superego의 세 구조로 나누어 설명하였다. 원초아는 원초적 충동을 의미하며, 초자아는 내재된 규범이나 도덕관념을 의미한다. 자아는 원초적 충동을 의식하고 현실적인 방식으로 해소할 수 있도록 기능한다. 자아가 이 기능을 잘 수행할 때 원초아와 초자아 사이에는 균형과 조화가 유지된다. 반면 자아가 제 기능을 못할 때는 균형과 조화가 무너지고, 이 상태가 지속되어 만성적인 불균형이 생기면 문제가 심각해진다. 사람이 너무 경직되고 유연성이 없고 고리타분한 것은 초자아가 너무 강해져 버린 불균형 상태를 의미한다. 반면 충동적이고 과격하고 무절제한 것은 원초아가 너무 강해져버린 불균형 상태이다.

자아의 기능을 다시 정리해서 설명해보자. 자아는 욕구를 충족시키는 기능을 하는데, 그냥 마구잡이로 충족시키는 것이 아니라 상황 속에서 적절하게 규범과 도덕관념을 고려해가며 충족시키는 기능을 한다. 사람들과의 관계에서도 마찬가지다. 자기가 원하는 방식으로 마음대로 대인관계를 맺는 것이 아니라 상대방과의 관계를 고려하여 적절한 방식으로 대인관계를 맺는 것이다. 이렇게 하기 위해서 자아는 적절하지 않은 욕구는 억제하거나 지연시키며 현실감을 유지해야 한다. 만일 자아가 건강하지 못하고 병들어 있다면 이러한 욕구 충족 및 대인관계 과정에서 문제가 생길 것이다. 자신의 욕구를 적절하게 인식하지 못하는 경우, 자신의 욕구를 적절하게 제어하지 못하는 경우, 상황을 현실감 있게 판단하지 못하는 경우, 대인관계에서 상대방의 입장을 고려하지 못하는 경우 등 모두가 문제가 될 수 있다. 특히 자신의 욕구를 적절하게 인식하지 못하는 경우에는 당연히 충족시키거나 해소할 수도 없을 것이다. 이것은 앞에서 말한 비의식이나 무의식의 문제와 연결된다.

그렇다면 어떻게 건강한 자아가 형성되는 것일까? 정답은 지극히 일반적이다. 좋은 기질과 적당한 지적 능력을 갖추고 태어나서 좋은 가정환경에서 사랑을 받으며 자라는 것이다. 너무 억압하여 주눅들게 키우거나 또는 너무 오냐오냐 키우지도 않고 적당한 허용과 절제 속에서 자녀가 주도성과 인내심을 동시에 기르도록 하면 건강하고 잘 기능하는 자아가 형성될 것이다.

총체적 문제

자아는 사고, 감정, 의지, 체험, 행위 등 여러 작용의 통합체이다. 자아 문제라는 것은 어느 하나의 증상 영역의 문제로 끝나는 것이 아니라 인간 전체의 문제이다. 따라서 어떤 증상이 나타나느냐보다는 얼마나 심하게 나타나느냐, 즉 자아가 얼마나 심각하게 손상되었는지가 중요하다. 만일 자아가 제 기능을 하고 있다면 문제들은 잠깐 나타날 수도 있지만 곧 극복될 수 있을 것이다. 그러나 자아가 제 기능을 하지 못한다면 문제들은 점점 더 심각해지고 광범위하게 나타날 것이다.

심리 증상들은 매우 다양하지만 대개는 인지 영역, 정서 영역, 행동 영역의 증상으로 구분할 수 있다. 의처증이나 비관주의와 같은 증상은 인지 영역의 증상에 속하며, 기분 조절이 안되거나 심하게 우울한 것은 정서 영역에, 그리고 도벽이나 알코올 중독과 같은 것은 행동 영역에 속한다. 그런데 이들 영역은 서로 상호작용한다. 자아가 제대로 기능하지 못할 때는 어느 한 영역의 문제에만 그치지 않고 다양한 영역에서 심각한 문제가 나타나게 된다. 비관주의에 사로잡힌 사람은 심하게 우울할 것이며 알코올 중독문제가 있을 수 있다. 이런 문제들은 어느 한 영역에서만 치료하려고 하면 소용이 없고 총체적으로 접근해야만 한다.

예를 들어 설명해보자. 우울증으로 상담소에 찾아온 여성은, 평소 남의 눈치를 많이 보는 자신이 못마땅하다. 자기 스스로도 자신감이 부족한 것 같은데, 다른 사람들이 그렇게 말하면 더욱 속상하다. 최근에는 몸매 관리를 못해서 자신이 없었는데, 언제부터인가 거리에서 행인들이 자신의 몸매에 대해 한마디씩 하는 것처럼 느껴졌다. 이 여성은 사람들에게 확인하거나 따지고 싶었지만 차마 그러지 못한 채 점차 바깥 출입을 삼가게 되었다고 한다. 이 여성의 경우 기분의 문제, 사고의 문제, 행동의 문제가 모두 복합되어 나타나고 있다. 행인들이 자신의 몸매를 비판한다고 느끼는 것은 점점 문제가 심각해진다는 것을 의미한다. 지나가는 행인이 자신의 몸매에 별 관심이 없을 수도 있는데 본인만 그렇게 느끼는 것이다. 그것은 자신이 스스로 몸매에 못마땅해 하는 것을 무의식적으로 타인에게 돌렸기 때문이다. 자기문제를 타인에게 돌리기 시작하면 문제는 더욱 어렵게 꼬인다.

미성숙한 방어기제의 문제

자아의 방어기제defense mechanism는 위협적인 충동이나 욕구를 방어하는 것을 의미한다. 방어기제에는 다양한 것들이 있는데, 원초적 욕구나 충동을 참고 인내하거나 보다 건설적인 활동으로 해소하는 성숙한 방어기제가 있는 반면, 억압repression이나 투사projection와 같은 미성숙한 방어기제도 있다. 억압repression이란 원초적 충동이나 욕구를 무의식 아래로 밀어 넣어 스스로 결코 알아차리지 못하도록 만드는 것이다. 억압을 과도하게 사용하면 사람으로서 당연히 느낄 수 있고 인정할 만한 감정이나 욕구도 인정할 수 없게 된다. 예를 들어 친구의 어머니가 친어머니보다 더 좋다든지 하는 것은 사람이라면 간혹 느낄 수 있는 감정이다. 그러나 억압 방어를 사용하는 사람은 이런 감정을 결코 인정하지 않는다. 대신 알 수 없는 책임감이나 죄책감을 느낄 뿐이다. 사람이 그럴 수도 있는데, 이 사람은 그걸 전혀 받아들이지 못하는 것이다. 만일 그럴 수도 있음을 인정 한다면 어머니에게 덜 죄책감을 느끼고 훨씬 더 자유롭게 대할 수 있을 것이다.

한편 투사projection란 자신의 충동이나 욕구를 외부 대상이나 타인에게 옮기는 것이다. 상대방이 나에게 친근하게 구는 것이 부담스러운 경우를 예로 들어보자. 어떤 사람들은 친근하게 접근하는 상대방을 부담스럽게 여기는데, 특히 이성이 접근하는 경우 매우 부담스러워한다. 그들은 상대가 유혹적이라고 여기며 상대를 멀리 하려고 하는데, 실은 자신이 상대에게 끌리고 있고 그를 유혹하려고 하는 마음이 있는 것인데 이것을 상대방에게 투사한 것이다. 투사 역시 억압과 마찬가지로 무의식적으로 이뤄지므로, 투사 방어를 자주 사용하는 사람은 그 마음이 자신의 마음이라는 것을 알아차리지도 못하고 받아들이거나 인정하지도 못한다.

신경증적 갈등의 문제

앞에서 언급했듯이, 갈등은 두 가지 모순된 감정이나 욕구가 동시에 존재하는 상태를 말한다. 신경증적 갈등이란 인간의 내면에서 모순된 두 가지 감정이나 욕구가 동시에 존재

함으로써 이러지도 저러지도 못하는 상태를 말한다. 대표적인 신경증적 갈등으로 두 가지를 들 수 있는데, 첫째는 돌봄 소망과 관련된 것이고, 둘째는 인정 추구와 관련된 것이다.

돌봄 소망이란 주변 사람들이 자신에게 관심을 갖고 돌보아줄 것을 소망하는 것이다. 그런데 소망이란 표현은 돌봐달라고 주장하거나 요청하는 것이 아니라 알아서 해주면 좋겠다는 뜻이다. 즉 굳이 말로 표현하지 않아도 마음을 이해해 주기를 바라는 것을 의미한다. 돌봄 소망자들을 대하는 것은 쉽지 않은데, 말하지 않아도 이해해주어야 하고 요청하지 않아도 알아서 해 주어야 하기 때문이다. 이들이 요청이나 주장을 하지 않는 것은 혹시라도 이기적인 사람으로 보일까 두려워서이다. 돌봄 소망자들은 관심과 돌봄을 얻기 위한 전략으로 자기주장을 하지 않고 자주적인 선택을 포기한다. 얌전하고, 착하고, 순진하고, 약하게 보여 돌봄을 얻으려는 것이다. 이들에겐 자기주장을 하면 관심과 돌봄을 얻지 못할 것 같은 내적 갈등이 있다. 이런 갈등은 강박증이나 건강염려증 또는 다양한 신체화[20] 증상으로 표면화되어 나타나기도 한다. 이들은 겉으로는 우유부단하거나 의존적인 성격의 소유자로 보이지만, 반대로 무의식 속에서는 강한 주장 욕구나 지배 욕구가 자라게 된다.

인정 추구란 권위자(부모나 선생님)의 칭찬과 인정을 얻고자 하며, 그들에게 잘 보이기 위해 온갖 노력을 다 하는 것을 말한다. 이때 양보하거나 얌전한 방식으로 노력하기보다는 적극적이고 주장적인 방식으로 노력한다. 인정 추구형의 사람들은 타인의 칭찬과 인정을 얻지 못하면 얻을 때까지 더 열심히 노력하지만, 만일 칭찬이나 인정을 전해해주지 않으면 상대방을 미워한다. 이들의 문제는 자기 스스로는 자신을 인정하지 않는다는 데 있다. 항상 타인의 인정을 얻기 위해 더 잘 하려고 노력하지만 그만큼 애쓰고 노력한 자신을 스스로는 인정해주지 않는다. 또 힘들어하거나 약한 모습을 드러내지 못하는 문제도 있다. 이들은 겉으로는 강하고 독립적으로 보이지만 속으로는 누군가에게 기대고 싶고 의지하고 싶은 마음이 많다. 그러나 여린 모습을 드러내면 인정해주지 않을 것 같은 내적 갈등 때문에 결코 그러지 못한다.

---

20 신체화(somatization)는 심리적 갈등이 신체 증상으로 나타나는 것을 의미한다. 예를 들어 갈등이 있을 때 통증이나 마비 증상이 나타나는 것이다.

돌봄 소망 갈등과 인정 추구 갈등은 인간의 대표적인 갈등이다. 인간이면 누구나 다 지니고 있는 갈등이란 뜻이다. 따라서 인간의 문제를 이해하기 위해서는 이 두 가지 유형의 갈등을 잘 이해해야 한다.

문제는 왜 생기는가?

자아의 문제는 건강한 자아가 형성되지 못하였기 때문에 생긴다. 즉 본질적으로 자아의 성장 과정에서의 문제이다. 자아는 성장 과정의 어느 한 시점의 상처로 병들기도 하지만, 그 보다는 성장 과정에서 지속적으로 무언가가 결핍되거나 또는 과잉되어 병드는게 더 일반적이다. 따라서 성장 과정에서 지속적으로 영향을 미칠 만한 요인들을 찾아야 한다.

유전적 취약성

키가 얼마나 클 지 태어날 때부터 미리 정해져 있을까? 사람들은 그렇지 않다고 믿고 싶을 것이다. 그러나 부모의 키가 작은 경우 자녀가 아무리 노력해도 키가 크는데 한계가 있다. 이 자녀는 키에 관한 한 남보다 취약하게 태어났다.

장기적이고 지속적으로 영향을 미치는 요인으로 가장 먼저 들 수 있는 것은 기질이나 유전적인 취약성이다. 이것은 태어날 때부터 타고난 것이기 때문에 개인의 인생에 가장 지속적으로 영향을 미친다. 사람들은 교육철학의 입장에 익숙하기 때문에 인간은 태어날 때 백지 상태로 태어나고 사람들 사이의 차이는 교육이나 환경 때문에 생긴 것으로 본다. 그러나 대부분의 연구에서 선천적 요인의 영향력은 60% 이상이며 환경의 영향력은 나머지 40% 이하이다. 유전적 요인의 영향력이 더 많다는 것은 키나 질병의 유전, 지

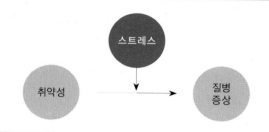

능의 유전과 같은 것을 보면 쉽게 이해할 수 있다.

성격이나 정신과 같은 측면에서도 유전적 취약성은 존재한다. 어떤 사람은 태어날 때부터 정서적으로 안정되어 있다. 어린 아이들을 관찰해보면 알 수 있다. 태어나면서부터 예민하고 불안하며 자주 우는 아이도 있고, 또는 활동량이 많아 엄마를 힘들게 하며 매우 산만한 아이들도 있다. 이런 타고난 차이는 아이가 자라는 과정 내내 부모와의 상호작용을 통해 영향을 미친다. 예민하고 불안한 아이는 부모를 힘들게 할 것이고, 이때 기질을 이해하지 못한 부모가 자녀에게 부정적으로 반응할 수 있다. 부모의 부정적 반응이 쌓일 때 자녀의 자아는 건강하게 형성되지 못할 것이다. 여기서 예민하고 불안한 유전적 취약성을 부모의 부정적 반응이 부채질한 측면이 있다.

물론 유전적 취약성이 모든 것을 결정하는 것은 아니다. 암 유전자와 같은 신체적 취약성을 예로 들어 설명해보자. 어떤 여성의 모계 형제가 모두 유방암이라고 하면 이 여성은 유방암 유전자를 지닌 것으로 볼 수 있다. 그러나 긍정적이고 낙천적이며 배우자나 주변 대인관계가 좋은 이 여성에게 반드시 유방암이 발병하지 않을 수도 있다. 이것은 유전적 취약성이 그 자체로 질병을 결정하는 것이 아니라 환경 스트레서와 상호작용하기 때문이다. 이 여성은 유전적 취약성을 지니고 있기는 하지만 환경 스트레서가 취약성을 건드리지 않기 때문에 취약성이 질병으로 발전하지 않은 것이다. 앞에서 언급한 예민하고 불안한 아이의 경우도 부모가 차분하고 현명하게 양육한다면 건강한 자아를 가질 수 있을 것이다.

학대와 방임

학대는 건강한 자아 형성에 치명적 방해물이다. 학대가 문제되는 것은 매우 강도가 강하기 때문이기도 하지만, 대부분 자녀를 학대하는 부모는 상습적이고 지속적으로 자녀를 학대하기 때문이다. 살다 보면 자녀에게 매를 들지 않는 부모가 어디 있겠는가? 한두 번 자녀를 때리는 일은 보통의 부모에게 있을 법한 일이다. 그러나 부모들은 대개 자녀를 때리고 나서 마음이 매우 언짢으며, 미안한 마음에 나중에는 자녀에게 더 잘 하려고 노력한다. 그러나 상습적으로 자녀를 때리고 학대하는 부모의 경우 자녀를 소유물이나 화풀이 대상으로 여기며 자녀의 자아나 인간성에는 관심이 없다. 이런 부모에게서 자란 자녀들이 건강한 자아를 형성하기는 어려울 것이다.

학대 중에서도 폭력은 매우 강력한 흔적을 남긴다. 폭력의 대상이 된 자녀는 극심한 공포를 경험하게 되며, 신체적으로나 정서적으로 불안 수준이 높아진다. 언제 새로운 폭력이 올지 모르기 때문이다. 또 폭력의 대상이 되었을 뿐 사랑의 대상이 된 적이 없기 때문에 자신의 가치나 존재에 대해 확신하기 어렵다. 이들은 자라서도 강력한 폭력의 흔적에서 벗어나지 못하기 때문에 추후 현실 속의 대인관계나 업무에 집중하기 어렵고 심리적 트라우마trauma나 환상 속에서 배회한다.

방임 역시 학대의 일종인데, 자녀를 돌보지 않고 내버려두는 것을 의미한다. TV 뉴스에서 간혹 어린 아이들이 쓰레기가 가득 찬 집에서 부모 없이 살아가고 있는 장면을 볼 수 있다. 자녀들은 자신을 사랑하고 돌봐주는 부모가 없기 때문에 자신이 사랑받을 수 있고 돌봄 받을 수 있는 존재라는 사실을 믿지 못한다.

부모의 억압

학대와 방임보다는 약하지만, 간혹 부모가 자녀를 너무 사사건건 간섭하거나 억압하는 경우에도 자아가 건강하게 형성되지 못할 수 있다. 어린 자녀들은 부모에게 의지할 수밖에 없으며, 또 어린이들이 보기에 부모는 강하고 무서운 존재이다. 따라서 부모의 눈치

228

를 볼 수밖에 없고 부모가 시키는 것들을 할 수밖에 없다. 따라서 제멋대로 하려는 자녀의 행동은 잡아줄 필요가 있지만, 평소에는 가급적이면 자녀가 주도적이고 독립성을 발휘할 수 있도록 허용적이고 부드러운 태도를 보여주는 것이 좋다. 그런데 어떤 부모는 사사건건 자녀를 간섭하며 자녀가 맘에 들게 행동하지 않을 때는 심하게 억압한다. 무섭거나 싸늘한 표정을 짓거나 큰 목소리로 말하는 행동만으로 자녀는 충분히 위협을 느끼며, 자신이 원하는 것을 표현하는 대신에 부모의 눈치를 보며 부모의 기대에 맞추게 된다. 이 경우 욕구를 조절하는 자아의 기능은 제대로 형성될 수 있겠지만 당당하고 확신감 있는 자아가 형성되기는 어려울 것이다.

이것은 보이지 않는 상처가 된다. 심하게 맞았을 때는 시퍼런 멍이 들어 누구나 볼 수 있다. 그런데 부모의 눈치를 보며 자신의 감정을 억압하는 경우에도 보이진 않지만 멍이 든다. 인본주의심리학의 선구자이자 심리치료 분야의 대가인 칼 로저스는 이것을 '자기－경험 불일치'라고 하였다. 아이들은 저마다 다르며 자신만의 고유한 욕구나 감정을 지닌다. 그런데 부모가 억압적으로 대하면 자신의 욕구나 감정을 포기해야 할 경우가 생긴다. 이런 식으로 살다 보면 커서 남의 인생을 사는 것 같이 인생이 공허하게 느껴지며 인생의 주체로서 활력을 느끼지 못하게 된다.

부모와의 어긋난 상호작용

앞에서 돌봄 소망형과 인정 추구형의 갈등이 인간의 대표적인 두 갈등 유형이라고 하였다. 각각은 자녀의 핵심 욕구와 부모의 성격이 서로 어긋나게 상호작용한 결과로 생겼다고 볼 수 있다.

돌봄 소망형의 경우, 자기주장을 하면 상대방이 자신을 싫어할 것이라 여긴다. 사람에겐 자기 주장을 하고 싶은 마음도 있고 돌봄을 얻고 싶은 마음도 있다. 그런데 이 두 가지는 동시에 얻을 수 있는 것이지만, 돌봄 소망형 인간의 경우에는 이 두 가지를 동시에 얻을 수 없다고 믿는다. 그래서 이러지도 못하고 저러지도 못하게 된다. 대개 이들의 성품은 조심성이 많고 소심한데, 이들이 원하는 돌봄은 모든 것을 다 받아주고 이해해주며, 아무런 간섭도 참견도 하지 않으며, 자신에게 결코 짜증을 내지 않고 부드럽게만 돌봐주는 것이다. 그러나 이것은 현실적으로 불가능한 일이다. 특히 자녀의 행동을 바르게 잡아주고자 하는 부모라면 더욱 그렇다. 부모는 자녀가 올바르지 않은 행동이나 태도를 보이면 화도 내고 매도 든다. 물론 부모의 간섭이나 매도 관심이 있어야 하는 것이다. 관심이 없다면 아예 간섭도 하지 않고 매도 들지 않을 것이다. 그러나 이들은 그것을 알지 못한 채, 부모가 화를 내거나 매를 들면 자신을 사랑하지 않는다고 여긴다. 그러다 보니 부모가 화내지 않도록 자기주장을 하지 않고 시키는 것만 하게 된다. 자라면서 이들의 자아는 더 소심해지고 우유부단해지고 의존적이 된다.

인정 추구형의 경우, 부모의 칭찬과 인정을 얻기 위해 노력하면서 동시에 칭찬과 인정을 주지 않는 부모를 미워한다. 그들은 부모가 다 알고 있으면서도 자신을 싫어하기 때문에 일부러 칭찬도 인정도 해주지 않는다고 여긴다. 그런데 어떤 부모들은 실제로 둔해서 자녀의 노력을 잘 알아차리지 못하고 지나칠 때가 있다. 또는 스트레스가 심하다든지 고민이 있을 때 자녀가 애쓰는 것을 놓치고 지나칠 수도 있다. 즉 칭찬과 인정을 주지 않은 것이 아니라 주지 못한 것이다. 대개 인정 추구형 인간은 다정하고 예민하고 감정에 솔직하다. 그런데 만일 이들의 부모가 무디고 둔하다면 이 자녀와 부모의 상호작용은 오해로만 점철될 것이다. 자녀는 부모가 자신을 싫어해서 인정도 칭찬도 안 해준다고 여길 것이며, 부모는 자녀가 너무 욕심이 많아서 버겁다고 여길 것이다. 자라면서 이들의 자아는 더 공격적이 되고, 자신이 사랑받을만한 가치가 있는지 끊임없이 의심하게 된다.

이런 방식으로 부모―자녀 간 어긋난 상호작용이 자아의 형성에 영향을 미친다. 물론 부모와 자녀 간 상호작용이 잠시 어긋나는 것은 괜찮을 것이다. 그러나 어긋난 상호작용이 지속되어 피해의식이나 부정적 타인표상을 갖게 될 경우, 이후에도 모든 상황을 부정적으로 해석하고 타인의 의도를 오해할 수 있다. 부모와의 어긋난 상호작용이 모든 대인관계로 확산되는 것이다.

230

■
어떻게 문제를 해결할 수 있는가?
■

자아의 문제는 치료적 상담으로 접근해야 한다. 그런데 많은 사람들은 일반적인 조언이나 자문과 치료적 상담 작업을 구분하지 못한다. 따라서 여기서 먼저 일반적인 조언식 대화와 치료적 상담 대화를 비교하며 설명해 보겠다. 아래 예를 보자.

> 내담자 : "시어머니께 용돈을 드렸는데도 고맙다는 말 한마디도 안 하세요."
> 상담자 : "용돈을 드렸는데 고맙다는 말도 없고, 정말 섭섭하시겠어요."

이 대사를 살펴보자. 상담이 사람의 마음을 공감해주는 인간 대 인간의 작업이라는 점에서 위의 반응은 좋은 반응이다. 그런데 일반적 대화와 치료적 상담의 목적은 차이가 있다. 대개 일상생활에서 위와 같은 반응을 해주는 것은 상대의 마음을 위로하고 격려해주기 위해서이다. 위와 같은 대사로 상대방은 섭섭한 마음을 이해 받고 털어낼 수 있을 것이다. 만일 조금 부족하게 여겨진다면 추가적인 위로나 조언을 해줄 수 있을 것이다.

> 내담자 : "시어머니께 용돈을 드렸는데도 고맙다는 말 한마디도 안 하세요."
> 상담자 : "용돈을 드렸는데 고맙다는 말도 없고, 정말 섭섭하시겠어요."
> 내담자 : "네, 이전에도 그런 말은 한 번도 안 하셨어요. 당연하다고 생각하시는 것 같아요. 저는 나름대로 열심히 하는 건데……."
> 상담자 : "언젠가는 그 마음을 알아주실 거예요. 그러니 너무 섭섭해 하지 말고 기다려 보세요."

한편, 치료적 상담은 대화 중에 상담자가 내담자에 대해 알아차린 것을 전달해주며 진행된다. 이것은 내담자로 하여금 자신의 내면을 더 탐색하고 이해하도록 돕기 위해서이다. 앞의 예를 계속 이어가 보자.

내담자 : "시어머니께 용돈을 드렸는데도 고맙다는 말 한마디도 안 하세요."

상담자 : "용돈을 드렸는데 고맙다는 말도 없고, 정말 섭섭하시겠어요."

내담자 : "네, 이전에도 그런 말은 한 번도 안 하셨어요. 당연하다고 생각하시는 것 같아요. 저는 나름대로 열심히 하는 건데……"

상담자 : "나름대로 열심히 한 건데 시어머니가 인정을 안 해주셨군요."

내담자 : "네, 챙겨줘서 고맙다, 이렇게 한 마디 하면 어디가 덧나나요?"

상담자 : 인정받지 못한 고통과 분노가 느껴지네요. "○○씨에겐 인정받는 것이 중요한가 봐요."

사람은 변하는가?

필자의 한 친구가 물었다. 심리상담을 통해 사람이 달라지느냐고. 심리상담을 하면 사람이 변하냐고. 충분히 던질 수 있는 질문이다. 이것을 심리상담자의 능력에 대한 의심이나 심리상담에 대한 불신으로 받아들이고 화를 낼 필요는 없을 것이다. 심리상담이 문제를 해결하는데 초점을 맞춘다면 이 질문에 대답할 수 없다. 우울증을 겪는 사람이 약을 먹고 기분이 좋아진다고 해서 사람이 달라지는 것인가? 그것은 아닐 것이다. 사람은 그대로 인데, 다만 약물에 따라 기분이 가라앉은 사람 또는 기분이 떠있는 사람이 되는 것이다. 그보다는 의존적인 사람이 독립적인 사람이 되는 것, 우유부단하고 주저하는 사람이 확신에 찬 사람이 되는 것이 정말 사람이 달라지는 것이다.

앞에서도 언급했듯이 심리상담은 인간 자체를 다룬다. 상식적인 질문을 던져보자. 세상에 어떤 사람이 의존적이고 싶겠는가? 세상 어떤 사람이 우유부단하고 싶겠는가? 아무도 그러고 싶은 사람은 없을 것이다. 다만 그들이 의존적이거나 우유부단할 수밖에 없게 발목잡는 것들이 있다. 병이 든 자아는 걸림돌을 더 많이 지각하고 스스로 갈등 속으로 빠지게 만든다. 심리상담은 자아를 회복시켜 갈등으로부터 개인을 자유롭게 해준다. 이것이야말로 사람이 달라지는 것이다. 갈등에서 벗어나지 못하는 인간으로부터 갈등에서 자유로워지는 인간으로 변한 것이다.

대개 전문적 상담은 내담자의 감정과 욕구에 초점을 맞춘다고 한다. 치료적 상담에서 상대의 감정과 욕구에 초점을 맞추는 것은 그 사람의 감정이나 욕구를 해소해주기 위해서가 아니라, 본질적으로 상대방으로 하여금 내면을 더 들여다보고 성찰하도록 하기 위해서이다. 이것은 치료적 상담의 기본 철학이다. 사람은 자신의 내면을 깊이 이해할 때 자신에 대해 수용하게 되고 자신에 대해 확신감을 갖게 되며, 문제 상황이 닥쳤을 때 주체적으로 문제를 해결할 수 있다.

내면을 인식할 수 있도록 도와주기

치료적 상담은 궁극적으로 자신의 내면을 인식할 수 있도록 도와주는 작업이다.[21] 사람들은 자기 마음을 잘 안다고 여기지만, 오히려 모르고 지나치는 부분이 더 많다. 특히 잠재적인 부분이나 무의식적인 부분에 대해서는 노력을 기울여도 알기 어렵다. 따라서 치료적 상담자는 잠재적인 부분이나 무의식적인 부분을 인식할 수 있도록 도와주는데, 이때 무조건 강요하는 것이 아니라 섬세하고 부드럽게 전문적으로 도와준다. 치료자와의 대화 속에서 내담자는 자신이 미처 몰랐던 자신의 모습을 새롭게 발견하게 된다. 아울러 치료자가 어쩜 이렇게 자신의 마음을 깊이 만져줄까 놀라우면서도 안전하고 존중받음을 느낀다.

공감을 통한 인식

치료적 상담자가 인식을 도와주는 방법에는 몇 가지가 있다. 그 중 첫번째로 공감을 통한 인식 증진을 들 수 있다. 상담자는 공감능력을 활용하여 내담자로 하여금 내면의 감정이나 욕구 또는 갈등을 공감할 수 있도록 도와준다. 표면적 수준에서부터 시작하여 점차 심층적 수준을 인식할 수 있도록 도와준다. 치료적 공감은 급하지 않고 차근차근 진행됨으로써 내담자에게 안전감과 이해 받는 느낌을 제공한다.

---

21 자기 인식 외에도 감정의 정화, 사고방식 변화와 같은 작업은 우울이나 불안과 같은 심리적 증상의 치료에 도움이 된다(김환, 이장호(2006)). 그런데 여기서는 치료적 상담을 다른 상담과 구분하는 가장 중요한 특징으로 내면 인식을 강조하였다.

상담자는 사소한 감정도 소중히 여기며 점점 더 깊은 수준의 감정을 따라간다. 그리고 감정과 함께 욕구도 표면적 수준에서 심층적 수준으로 깊게 들어가며 공감해준다. 대개 인간의 욕구에는 감정이 묻어있기 때문에 감정과 욕구를 함께 다루어주어야 한다. 다음의 예를 보자.

상담자 : "표정이 좋지 않네요."
내담자 : "남편과 싸웠어요. 매번 같은 식이에요. 짜증나요."
상담자 : "남편과 싸워 속상했군요."
내담자 : "네, 그는 내 마음을 몰라줘요. 생일이었는데 아무 것도 미리 준비하지 않았어요. 물론 원하는 것을 말하면 사주긴 하지만, 아무 것도 미리 준비하지 않은 것이 너무 속상했어요."
상담자 : "작은 것이라도 미리 준비했으면 좋겠다는 것이 ○○씨 마음이었군요."
내담자 : "네, 남편이라면 아내 마음을 알아줘야 하는 것 아니에요? 한 번도 마음을 먼저 알아준 적이 없어요."
상담자 : "상대가 마음을 먼저 알아주는 것이 ○○씨에게는 정말 의미 있는 일인가 봐요."
내담자 : "……." (침묵하며 상담자의 말에 대해 생각한다.)

이 대화에서 보면 내담자의 욕구는 요청하기 전에 남편이 먼저 알아달라는 것이다. 요청하기 전에 상대방이 먼저 챙겨주는 것이야말로 정말로 자기를 좋아하고 관심 있는 것으로 보기 때문이다.

감정과 욕구를 공감하다 보면 내담자의 핵심 갈등을 찾아낼 수 있다. 대개 외적인 문제 행동이나 증상은 내적 갈등이 표면화된 것이다. 치료적 상담자는 감정과 욕구를 점점 더 깊은 수준으로 공감해가다가 내담자가 받아들일 준비가 되었다고 판단할 때 내면의 핵심 갈등을 말해준다. 이런 식의 전문적인 공감을 이용하여 약점을 비판적으로 지적하지 않고 위로가 되게 전달해주는 것이다.

> 상담자 : "당신은 그 사람에게 화가 났군요. 그런데 상처를 주고 싶지는 않았군요. 화를 내고 싶지만, 상처를 주고 싶지 않은 마음도 동시에 있군요."

> 상담자 : "당신은 교수님의 맘에 들기 위해 정말 열심히 노력했군요. 그런데 교수님이 그것을 알아주지 않으니 미운 마음이 들었네요. 교수님이 알아주지 않는다면 앞으로도 계속 괴롭겠군요."

직면을 통한 인식

직면confrontation은 맞선다, 마주한다는 뜻이다. 내담자가 피하고 싶었던 것이나 인식하지 못하고 있는 것에 대해 직접 언급해주는 것이 직면이다. 직면은 경청이나 공감과 달리 매우 적극적인 개입방법으로, 다소 도전적이고 비판적인 느낌을 준다. 예를 들면 이런 식이다.

> "너는 사람들에게 인정받고 싶은 마음이 너무나 강한 것 같구나."
> "당신은 아들과 너무 밀착되어 있는 것 같아요. 아들이 숨이 막히겠어요."
> "지금 당신은 왠지 말을 빙빙 돌리고 있는 것 같아요. 갈등이 있는 것 같은데요."

효과적으로 직면시키기 위해서는 먼저 내담자의 마음 속에 감추고 싶은 부분이나 인식하지 못한 부분에 대해 예민하게 알아차려야 한다. 그 다음으로 직면시킬 시기를 잘 찾아내야 한다. 섣불리 직면시키면 내담자는 받아들이지 않고 방어하려 할 것이다. 따라서 99번 참은 후에 100번째 직면시킨다는 마음가짐이 필요하다.

직면은 매우 강력한 방법이며 전문적인 방법이므로 섣불리 쓰는 것은 좋지 않다. 사람들은 자기 스스로 모르거나 인정하고 싶지 않은 부분에 대해서 타인이 언급해줄 때 간섭 받거나 침범 당했다고 여기기 때문이다. 따라서 직면을 하기 위해서는 상대방에 대해 잘 알아야 하며, 상대방과 충분한 신뢰 관계가 미리 형성되어 있어야 하고, 날카로운 진실을 부드럽고 위로가 되게 전달할 수 있어야 한다.

해석을 통한 인식　　해석interpretation은 어려운 원리나 복잡한 관계를 설명해준다는 뜻이다. 해설, 설명으로 이해하면 쉬운데, 치료적 상담에서는 주로 내면에서 복잡하게 얽힌 욕구나 방어기제를 설명해주기 때문에 '해석'이라고 부른다. 예를 들면 이런 식이다.

> 상담자 : "당신의 손이 마비된 것은 부모님을 공격하려는 마음과 그래서는 안 된다는
> 　　　　　 마음의 타협입니다."

　해석 역시 직면과 마찬가지로 내담자는 잘 모르거나 피하고 싶은 부분에 대해 직접 언급하는 것으로, 다소 도전적인 방법이다. 따라서 내담자와 충분한 라포가 형성된 이후에야 해석을 시도하는 것이 바람직하다. 위협적인 해석의 예를 살펴보자.

> 내담자 : "아버지가 집에 왔다 가시면 아버지가 앉았던 자리나 방석을 깨끗이 닦아요.
> 　　　　　 그렇지 않으면 찝찝해서 견딜 수가 없어요."
> 상담자 : "아버지에 대한 성적 욕구를 지워버리려고 하는 것입니다."

　성이나 공격 욕구에 대한 해석은 개인에게는 결코 받아들이기가 쉽지 않다. 비록 이 해석이 최고 전문가에게서 나왔다고 해도 말이다. 따라서 직면이나 해석에 있어서는 내용의 정확성보다는 그 내용을 내담자가 얼마나 받아들이느냐가 더 중요하다고 본다. 받아들일 준비가 되지 않았을 때의 해석은 오히려 내담자를 불안하게 만들고 상담 관계를 파괴시킨다.

질문을 통한 인식　　'너 자신을 알라'로 유명한 철학자 소크라테스는 제자들에게 항상 다양한 질문을 했다고 한다. 질문을 통해 사람들은 미처 생각해보지 않았던 부분을 생각하며 깨닫는다. 상담에 적용할 때 소크라테스식 질문은 스스로에 대해 인식할 수 있는 계기를 제공한다.

고객상담과 심리상담의 길잡이

내담자 : "기분이 가라앉아서 회복되지가 않아요. 아무 것도 할 수 없을 것만 같아요. 월요일까지 제출하는 과제도 끝낼 수 있을지 모르겠어요."

상담자 : "기분이 가라앉은 상태에서 어떤 생각이 주로 떠오르나요?"

내담자 : "음…, 왜 이것밖에 못했을까? 난 왜 이것밖에 안되나…. 이런 생각들이요."

상담자 : "스스로에게 실망한 것 같은데, 맞나요?"

내담자 : "네, 항상 자책을 하고 있는 것 같아요."

상담자 : "스스로에게 만족하려면 어느 정도 했어야 하나요?"

내담자 : "오늘이 수요일인데, 지금쯤이면 보고서 초안을 완성했어야죠. 그리고 검토하고 수정한 후에 금요일에는 최종안이 나와야 해요. 적어도 마감 기일 이틀 전에는 끝내야 하니까요."

상담자 : "토요일 정도에도 괜찮지 않을까요?"

내담자 : "음…, 제가 스스로에게 요구하는 것이 많아요. 때론 저도 모르게 요구하고 있는 것 같아요."

상담자 : "저도 모르게… 라니요?"

내담자 : "어렸을 때부터 아버지가 저에게 늘 높은 기준을 요구하셨어요. 그것에 따라가느라 힘이 많이 들었어요. 그 때는 아버지가 참 미웠는데…, 어느새 아버지처럼 '낮은 목표를 달성하는 것은 소용없다, 높은 기준을 달성해야만 가치 있는 거다'라고 스스로 생각하고 있나 봐요."

이 대화를 살펴보면, 무의식적 수준까지는 아니더라도 자신에 대한 통찰이 이루어지고 있다. 이것은 상담자가 적재적소에 알맞은 질문을 던졌기 때문이다. 내담자는 자신을 돌아보는데, 특히 자신을 움직이는 신념이나 사고방식에 대해 점검할 수 있었다.[22]

---

22 치료적 상담에도 학파가 있는데, 내면의 감정이나 욕구의 인식에 초점을 맞추는 학파는 인간중심적 접근이며, 사고방식이나 신념에 초점을 맞추는 학파는 인지치료적 접근, 그리고 무의식과 방어기제 인식을 강조하는 학파는 정신분석적 접근이라고 부른다.

과거의 영향을 인식할 수 있도록 도와주기

자기성찰에 있어 과거의 영향력을 인식하는 것을 빼놓을 수 없다. 자아의 성장 과정에 과거의 어떤 요인이나 사건이 영향을 미쳤는지 인식하는 것이다. 이를 위해 치료적 상담에서는 성장 과정의 사건이나 가족에 대한 이야기를 많이 나누게 된다.

치료적 상담은 결국 증상의 뿌리를 찾는 시도이다. 뿌리를 찾아야만 완전하게 증상을 해소시킬 수 있다. 물론 완전한 통찰이 없더라도 심리적 증상을 잠깐은 없앨 수는 있다. 예를 들어 알코올중독의 경우 알코올 치료소에 들어가서 잠깐 동안은 술을 안 마실 수가 있다. 그러나 이것은 외부적 강제에 의해 술을 조절하는 것이지 내부적 통제력을 획득한 것은 아니다. 따라서 내면의 욕구나 갈등을 인식하고 통찰하지 않으면 언제든지 다시 술을 마시게 될 것이다. 술이 자신에게 왜 필요한지, 어떤 의미인지 등을 통찰할 수 있을 때 비로소 술에 대한 통제력을 가질 수 있게 되는 것이다.

치료적 상담은 뿌리에 접근해서 문제를 근원적으로 치료하고자 하는 개입법이기 때문에 아무래도 과거 얘기를 많이 하게 된다. 따라서 대화 내용은 과거경험, 가족사 등의 전반적 주제로 확장된다. 이것은 당면 문제가 아닌 성격적 취약성(성격문제)을 다루기 위해서이다. 당면문제는 호소하는 증상 즉 겉으로 드러난 증상을 의미하며, 성격문제는 증상의 뿌리가 되는 기본적인 취약성을 의미한다. 치료적 상담의 시작은 당면문제에서부터 시작되지만, 궁극적으로는 성격적인 부분에 더 초점을 맞추어야 한다. 그래야 추후 같은 문제가 발생하더라도 내담자가 스스로 그 문제를 해결할 수 있게 된다. 뿌리를 건드리지 않고 그냥 기분만 좋게 해주는 상담은 문제를 근본적으로 해결하거나 예방해줄 수는 없다.

과거의 재체험   치료적 상담에서 과거와 가족에 대한 이야기를 하는 것은 당시 상황을 재체험re-experience하여 내면의 감정과 욕구를 보다 생생하게 느끼기 위해서이다. 이것을 무쇠의 비유로 설명하면, 무쇠는 모양이 완전히 만들어져 있는 상태로 전혀 바꾸려고

하지 않는다. 마치 무쇠처럼 현재의 사고방식이나 태도는 잘 바뀌지 않는다. 무쇠의 모양을 바꾸려면 열을 가해야 한다. 그런데 과거에 대해서 생생하게 이야기하는 것은 바로 이 열을 가하는 작업과 같다. 성격이나 가치관, 사고방식, 태도 등이 형성되던 뿌리로 돌아가기 때문에 오히려 더 유연하게 변화할 수 있는 기회가 된다는 것이다.

과거 경험을 재체험하다 보면 '아, 내가 그때 그런 감정이었구나', '그때 내 마음의 갈등은 이것이었구나, 그래서 나는 이러지도 저러지도 못했구나'와 같이 깨달을 수 있게 된다. 이 과정에서 과거에 느꼈던 부끄러움, 억울함, 죄책감 같은 감정이 해소되고 조금 더 자유로워진다. 어렸을 때는 어쩔 수 없이 그렇게 느꼈지만 이제는 '아, 내가 그럴 필요가 없었구나', '꼭 그렇게 생각할 필요가 없구나'라고 깨닫게 되면서 과거의 경험을 좀 더 너그럽게 받아들일 수 있게 된다. 즉 현재 나의 모습에서 과거를 재구성을 할 수 있게 되는 것이다. 따라서 치료적 상담자는 내담자에게 과거 이야기를 하도록 격려하고, 성장 과정에서 억압했던 욕구나 감정을 찾도록 적극적으로 격려한다. 아울러 어린 시절 자아가 겪었을 두려움과 불안을 수용하고 성인 자아로의 성장을 촉구한다. 치료적 상담자가 어린 자아가 겪었을 두려움과 불안을 수용해주면, 내담자는 두려움과 불안이 해소되고 마음이 넓어지며 좀 더 유연한 다른 시각으로 상황을 보고 세상을 볼 수 있게 된다.

부드럽게 안내하기

그런데 과거를 재체험하도록 유도하면서 상담자가 강압적이고 폭력적인 방식으로 과거를 떠올리도록 하는 것은 역효과를 낳는다. 어떤 사람들은 과거에 대해 물었을 때 잘 기억이 나지 않는다고 하거나, 또는 과거에 대한 이야기를 하지 않으려고 저항하기도 한다. 상담자는 이것을 존중해야 하며, 내담자가 준비될 때까지 기다리거나 또는 부드럽게 권유해야 할 것이다. 만일 과거가 잘 기억나지 않는다면 이는 내담자가 관련 기억들을 무의식적으로 억압했을 가능성이 크다. 무의식적으로 잊어버리고 싶고 억누르고 싶은 것은 그것을 떠올리기가 너무 두렵기 때문이다. 상담자가 억지로 강요한다면 내담자는 오히려 마음의 문을 더 꽁꽁 닫아버릴 것이다.

치료적 상담자는 가장 강력한 무기, 즉 공감을 통해 부드럽게 과거로 안내하는 것이 바람직하다. 과거를 억지로 떠올리도록 강요하는 것이 아니라 공감을 통해서 '아, 그때 참 기억이 나지 않는 군요', '그 시절을 떠올린다는 것이 참 힘든 일이군요', '어렸을 때를 떠올리는 것은 괴로운 일이 될 수도 있겠네요'라고 말하며 차근차근 과거로 이끌어주는 것이 바람직할 것이다.

지금 이 순간 벌어지는 일을 인식할 수 있도록 도와주기

한 가지 작업에 열중하거나 고민에 빠져 있는 사람들은 눈앞에서 벌어지는 일을 놓치기도 한다. 상담자도 마찬가지다. 상담자는 내담자에게 집중하면서 동시에 지금 이 순간here & now 벌어지는 일에도 주목해야 한다.

내면을 인식하도록 도와주는 또 하나의 방법으로 지금 이 순간 벌어지는 일을 인식하도록 도와주는 것이 있다. 대개 인간의 문제는 대인관계의 문제인 경우가 많으며, 내담자가 일상생활에서 주변 사람과 맺는 대인관계는 상담소에 와서 상담자와의 관계에서도 그대로 재현된다. 상담자는 상담하고 있는 지금 이 순간 내담자와의 상호작용에 주목하여, 내담자의 갈등이나 욕구를 예민하게 알아차리고 이것을 되돌려 설명해준다.

이것을 가능하게 하는 것을 상담자의 즉시성immediacy이라고 한다. 상담자가 즉시성을 훈련하는 것이 중요한데, 내담자에게 공감하고 내면을 분석하려고 노력하면서 동시에 지금 이 순간에 벌어지는 일들을 놓치면 안 된다. 예를 들면 이런 식이다.

상담자 : (내담자의 표정이 어둡고 침묵이 흐른다. 즉시성을 발휘하여 지금의 침묵에 대해 얘기를 나눈다) "지금 기분이 어떤가요?"

내담자 : "조금 답답해요. 선생님이 저를 잘 이해 못하시는 것 같아요."

상담자 : "이런 기분을 이전에도 느껴본 적이 있나요?"

내담자 : "네 자주 느끼죠. 침묵이 흐르면 아 또 이해를 못하는구나……, 어차피 안되는구나……, 하는 생각이 들어요."

또 다른 예를 들어보자.

> 내담자 : "지난 번 상담 이후 다시 올까 말까 많이 고민했어요. 이곳에 와서 제가 원하
> 는 것을 얻을 수 있을 지 모르겠어요."
>
> 상담자 : (당황하지 않고 즉시성을 발휘하여 의구심에 대해 이야기를 시작한다) "의구
> 심이 든다는 말이군요. 그런 의구심이 여기 왔을 때만 생기는 것인가요?"
>
> 내담자 : "그렇지는 않아요. 제가 원래 의심이 많은 편이에요. 이게 제 자신을 괴롭히죠."

수련 과정을 마치고 경험을 풍부하게 쌓은 전문 치료적 상담자는 즉시성을 활용하여 내담자에게 깨달음을 줄 수 있다. 전문 치료적 상담자는 내담자에게 주목하고 있으면서도 동시에 자신에게 주목하고 있다. 달리 말하면 내담자의 마음에 접촉하고 있으면서 동시에 자신의 마음에도 접촉하고 있는 것이다. 내담자의 마음과 자기 마음 속에서 벌어지는 일에 동시에 주목해야만 내담자의 갈등이 지금 이 순간 재현되는 방식을 알 수 있고 대처할 수 있다. 이것은 가까운 곳과 먼 곳을 동시에 보는 것(근접조망과 원격조망), 미시적인 부분과 거시적인 부분을 동시에 보는 것(미시적 조망과 거시적 조망), 의식적인 부분과 무의식적인 부분을 동시에 보는 것(의식적 조망과 무의식적 조망)이 가능하기 때문이다.

재양육

앞에서 언급했듯이 치료적 상담은 정기적인 만남을 수십 회 필요로 한다. 이것은 치료적 상담의 핵심인 자기 인식이 오랜 시간이 걸리기 때문이다. 그런데 상담자와 내담자가 오래 만나다 보면 자연스럽게 애착이 생기고 지속적인 보살핌이 나타나게 된다.

재양육reparenting이란 다시 키운다는 뜻이다. 부모는 어린 자녀를 양육한다. 그런데 양육 과정에서 상처를 입어 자아는 위축되고 성장을 멈춘다. 어른이 되어서도 정신은 여전히 어린아이 수준에서 세상을 바라보고 두려워하고 있다. 소심하고 걱정이 많은 사람

도 늘 의심하고 따지는 사람도 실은 과거에 갇혀 있는 것이다. 이제는 어른이 되었음에도 불구하고 여전히 어린 시절의 눈으로 세상을 바라보며 두려워하고 있다. 부모는 자녀가 상처 입었을 때 위로하고, 새로운 도전을 격려한다. 치료적 상담자는 내담자의 자아를 키우는 일종의 부모 역할을 한다. 내담자가 실패하거나 실의에 빠져 있을 때 격려하며, 내담자가 새로운 것을 발견하면 칭찬해준다. 내담자는 상담자의 격려와 칭찬 그리고 꾸준한 보살핌을 통해 과거에서 빠져 나와 어른으로 성장하게 된다. 흔히 내담자는 치료적 상담자의 태도와 과거 부모의 태도를 비교하는데, 상담자는 더 여유 있고 너그러우면서도 합리적인 태도를 보여준다.

내담자 : "선생님, 저는 오늘 아침에 또 아이에게 화를 내고 말았어요. 부지런하지 않고 꾸물거리기만 하는 모습이 너무 답답해요."
상담자 : "자녀에게 화내지 않는 부모는 없지요. 다음에는 화만 내지 말고 바라는 것을 차분히 말해보세요."

내담자 : "제가 살아오는 동안 늘 운이 안 따라주어 속상했는데, 어제 가만히 생각해보니 너무 그런 상황만 곱씹으며 살았던 것 같아요. 실은 운이 따를 때도 많이 있었는데 말이죠."
상담자 : "그래, 네가 더 균형 잡힌 시각을 갖게 되는구나."

치료적 상담자의 재양육은 먹을 것이나 입을 것을 제공하는 재양육이 아니라 개인 영혼을 가장 깊은 곳에서 만나 있는 그대로 존중함으로써 이루어진다. 재양육 과정을 통해 정신적으로 성장한 내담자는 이후 자신의 문제를 독립적으로 해결해 나갈 수 있게 된다.

치료적 상담자가 되기 위한 훈련

내면의 탐색을 우선시하기

치료적 상담은 한 번으로 끝나지 않고 수십 회 동안 이루어진다. 그리고 상담자가 내담자에 대해 알아차리는 것을 전달해주며 진행된다. 따라서 수십 회기 동안을 진행할 수 있는 전문성과 내공을 쌓아야 한다. 치료적 상담자는 문제를 대신 해결해주기보다는 그 문제가 왜 생겼는지, 그것은 어떤 의미가 있는지 등에 대해 아주 자세히 이야기를 나눈다. 이 과정에서 내담자는 스스로 자신에 대해 탐색하고 깨닫게 된다. 따라서 치료적 상담자는 조언이나 설명을 제공하는 것보다 내담자 스스로 깨우칠 수 있도록 기회를 만들어 주어야 한다.

치료적 상담 작업의 강조점

경청을 통한 탐색

경청은 상담의 시작이며 상담 그 자체이다. 상담자가 경청할 때 내담자는 자신의 생각과 감정을 자유롭게 표현할 수 있고, 그 속에서 스스로 해결책을 찾아낼 수 있다. 만일 찾아내지 못한다 할지라도 잘 들어준 것에 대해 감사할 것이다. 생각과 감정을 자유롭게 표현하는 과정 자체는 매우 소중한 것이다. 결과만 중요하다고 본다면 상담자가 문제의 해결책을 알려주거나 또는 대신 조치를 취해주면 될 것이다. 그러나 상담은 결과만 중요한 것이 아니라 과정도 중요하다. 과정이 생략된 채 해결책만 일러준다면 내담자는 그 해결책을 자신이 찾아낸 것으로 여기지 않을 것이다. 과정을 함께 만들어간 후에 해결책을 찾아내야 자신이 스스로 문제를 해결하고 있다고 여길 수 있고, 추후 비슷한 문제가 다시 발생해도 스스로 해결할 수 있는 것이다.

경청listening(傾聽)은 상대방이 말하는 흐름을 잘 따라가며 듣는 것인데, 내면 인식이 주목적인 치료적 상담에서 경청은 어떤 역할을 할까? 경청은 일단 상대방으로 하여금 말을 할 수 있는 기회를 주는 것이다. 상담자는 잘 듣는 것이 일이라면, 내담자는 잘 말하는 것이 일이라 할 수 있다. 상담자가 인내심을 가지고 경청하려는 태도를 보이면 내담자는 상대방의 말을 들으려 하기보다는 자신에 대해 더 말하려 할 것이다. 특히 말솜씨가 부족하거나 또는 억지로 상담에 끌려온 비자발적 내담자라면 상담자는 경청에 더욱 정성을 들여야 할 것이다.

내담자가 말을 하려는 것은 중요하다. 내담자는 상담자의 말을 들으면서 깨닫기도 하지만, 자신에 대해 말을 하면서 스스로 깨닫기도 한다. 따라서 치료적 상담에서는 상담자보다는 내담자가 더 많이 말하고 상담자는 경청하는 것이 필수 요건이다. 흔히 대부분의 치료적 상담 상황에서는 내담자가 말을 많이 하고 상담자는 적게 하는 편이다. 상담 내용을 녹음기나 비디오로 보존하고 다시 재생하여 확인해본다면 말하는 양은 상담자와 내담자의 비율이 대략 3 : 7 정도가 적당하다 할 수 있다. 만일 상담자가 훨씬 더 많은 양의 말을 한다면, 이것은 상담자가 내담자 대신 문제를 해결하려는 마음이 너무 강해서 충고나 훈계, 조언을 너무 많이 하려는 것은 아닌지 반성해야 하겠다. 문제 해결만을 강조하는 상담자는 '도움이 되고자 하는 욕구'가 너무 강해서 역효과를 낼 수 있다.

선택적 경청

경청은 잘 듣는 것이라고 하였다. 그런데 상대방의 말을 얼마나 들어야 잘 듣는 것으로 볼 수 있을까? 상대방이 전달하는 말을 토씨 하나 빼놓지 않고 다 듣는 것이 잘 듣는 것일까? 그것은 아니다. 상대방의 모든 말과 행동에 주목하는 것은 현실적으로 불가능하다. 경청의 관건은 상대방이 말한 것 중에서 특별히 중요한 부분을 찾아내어 듣는 것이다. 이것을 선택적 경청selective listening이라고 한다.

만일 50분 동안 대화한다고 할 때, 상대방이 하는 모든 말에 집중해서 듣는다면 얼마나 힘들까? 사람들은 듣다 보면 자연스레 집중도가 떨어지면서 상대방의 말을 흘려듣

244

게 될 것이다. 즉 모든 말과 행동에 주목하는 것은 현실적으로 불가하다. 따라서 상대방이 말한 것 중에서 중요한 부분을 선택해서 듣는 것이 필요하다. 사람은 50분 내내 핵심적인 부분만 말하지 않는다. 적응문제와 관련이 부족한 신변잡기에 대한 내용을 언급할 때도 있고, 반면 뭔가 중요한 얘기를 하면서 눈빛이나 목소리가 진지해질 수도 있을 것이다. 상담자는 신변잡기에 대한 얘기는 가볍게, 그리고 중요한 얘기는 귀기울여 들어야 한다. 진지하게 들을 때는 몸을 약간 세우거나 귀를 쫑긋하며 적극적인 태도를 보일 수 있다. 이렇게 하면 상대방은 자기도 모르게 그 부분, 즉 중요한 부분에 대해 더 많이 얘기하게 된다.

상대방이 중요한 얘기를 할 때 상담자는 그것에 선택적으로 경청하면서 추가적인 반응을 할 수 있다. 예를 들어 중요 대목에서 '으음', '아~'하고 소리를 내거나, 또는 '그것에 대해 좀 더 자세히 말해 주세요'라고 할 수 있다.

질문을 통한 탐색　　　　상담자는 경청을 통해 상대방으로 하여금 자신의 얘기를 할 수 있도록 기회를 준다. 그런데 때때로 사람들은 자신에 대해 정확하게 표현하지 못하거나 전달하지 못할 수 있다. 또 자기는 이해할 수 있는 내용이므로 상담자에게는 너무 압축하여 간결하게 얘기할 수도 있다. 만일 상담자가 이런 경우에 처한다면 그냥 이해한 것처럼 넘어가지 말고 좀 더 자세히 설명해달라고 요청하거나 궁금한 부분에 대해 질문해야 할 것이다. 질문은 상대방에게 정보를 얻어내거나 혹은 특정 주제를 탐색하도록 하는 기능이 있다. 예를 들면 내담자에게 '가족에 대한 얘기를 조금 더 해주시겠어요?'라든지 또는 '아버지는 어떤 분인가요?'라고 하면서 가정이나 아버지에 대한 정보를 얻어낼 수 있다. 질문을 던지면 내담자는 곧바로 대답하지만, 때로는 내담자가 미처 생각하지 못한 부분을 질문할 경우는 질문에 대답하기 위해 자신을 돌아봐야 한다. 즉 질문이 탐색을 유도한 것이다.

상담자는 경청할 때 적절하게 질문함으로써 내담자로 하여금 정보를 얻어내고 미처 생각하지 못했던 부분을 탐색하게 한다. 이렇게 질문하는 것은 기법일 뿐 아니라 태도와도 관련이 있다. 항상 개방적이고 탐구적인 자세를 가진 사람이 궁금한 점을 찾을 수 있고 질문할 수 있다. 상대방의 말을 듣고 섣불리 평가하는 사람은 상대방을 다 이해했다고 여기므로 더 이상 질문하지 않는다. 고대 그리스의 소크라테스처럼 늘 탐구자와 같은 태도로 상대방을 이해하려고 질문하는 것이 중요하다. 그리고 앞 장에서 질문의 유형에 대해 언급하였는데, 치료적 상담에서는 가급적이면 개방적 질문과 간접질문을 사용하는 것이 좋다. 다음 예를 연습해보자.

> 내담자 : "여기 교인들은 너무 냉정하셔서 정을 붙일 수가 없어요."
> 상담자 : "냉정하다는 것이 무엇인지 좀 자세히 말씀해주세요."

이 예를 살펴보면 내담자가 한 말 중에 '냉정하다'는 표현이 있는데, 이것은 주관적인 판단의 표현이다. 내담자로서는 너무나 당연히 냉정하다는 판단을 내렸으나 그것은 자신의 오해일 수도 있다. 이때 상담자가 '당신이 오해를 하고 있다'고 설명한다면, 내담자는 머리로는 이해는 되지만 마음으로는 그 말을 받아들일 수 없을 것이다. 따라서 상담자는 먼저 '냉정하다'는 판단에 대해 탐구자적 태도로 질문을 한다. 그러면 내담자는 자신의 판단에 대해 되돌아 보게 될 것이다.

반영을 통한 탐색

상대의 감정이나 욕구를 함께 느껴주는 것을 공감empathy이라 하고, 공감을 언어로 표현하는 것이 반영reflection 기법이다. 적절한 반영 반응은 내담자가 자신의 감정을 파악하고 수용할 수 있게 돕고 자신에 대해 보다 깊은 탐색을 시도하게 한다. 반영 반응에 대한 대화 예나 연습은 앞에서 자주 언급하였기 때문에 여기서는 생략하겠다.

앞에서 반영을 위해서는 감수성과 언어표현 능력을 훈련해야 한다고 하였다. 그런데 한 가지 더 필요한 것이 있다. 그것은 상담자의 자기이해이다. 즉 반영을 제대로 하려면 상담자가 자기 자신을 잘 알아야 한다는 뜻이다. 반영을 잘 하려면 먼저 정확하고 깊은 공감을 해야 한다. 그런데 간혹 내담자가 느끼는 것과 자기가 느끼는 것을 혼동해서 잘

못 공감할 수가 있다. 그러다 보면 반영도 엉뚱하게 할 수 있다. 따라서 상담자는 현재 느끼는 감정이 정말로 내담자의 감정인지, 혹시 자신의 감정이 아닌지 잘 구분할 수 있어야 한다. 그러기 위해서 상담자는 자기 자신에 대해 철저히 파악하고 있어야 한다.

철저한 자기이해

치료적 상담자가 되는 것은 결코 쉽지 않은 일이다. 단지 전문 상담자가 되기 위한 자격제도[23]가 까다롭기 때문만은 아니다. 진짜 이유는 대화 기법의 공부가 다가 아니라 자기 자신을 이해해야 하기 때문이다. 앞에서 치료적 상담은 내담자에 대해 알아차린 것을 전달해주며 진행된다고 했는데, 만일 상담자가 엉뚱한 것을 알아차려 전달한다면 어떻게 되겠는가? 실제로 이런 일이 자주 벌어진다. 상담자도 사람인지라 미숙한 부분이 있어 내담자를 오해하거나 자신의 틀에 맞춰 왜곡시켜 이해할 수도 있다. 흔히 상담자의 역할을 거울에 비유하기도 하는데, 제대로 된 거울이라면 홀쭉한 사람은 홀쭉하게, 뚱뚱한 사람은 뚱뚱하게 비춰줄 것이다. 그러나 어떤 거울은 홀쭉한 사람을 뚱뚱하게 비추거나 뚱뚱한 사람을 홀쭉하게 왜곡시켜 보여주기도 한다. 따라서 상담자는 자신에게 이런 왜곡이 없는지 철저하게 점검해야만 한다. 즉 자신의 약점이나 한계가 무엇인지, 언제 어떻게 사람을 오해하거나 왜곡하여 판단하는지 알고 있어야 한다.

사람들은 누구나 내면에 자신이 이해하지 못하거나 스스로 왜곡시켜 놓은 부분이 있다. 이것을 제대로 풀어서 바라보는 것은 아프기도 하고 부끄럽기도 하다. 그러나 감추어놓은 면을 꺼내놓고 인정할 수 있을 때 진정 자유로워질 수 있으며 다른 사람을 돕는 것도 가능하다.

자기이해를 위해서는 상담자도 다른 상담자에게 상담을 받으면 도움이 된다. 치료적 상담자가 되기 위해서는 다양한 수련을 거쳐야 하는데 그 중 하나의 필수 코스가 교육

---

23 치료적 상담자가 되기 위해서는 국가나 전국 규모 학회 차원의 검증된 자격제도를 통과해야 한다. 정체불명의 사이비 자격증으로는 소용이 없다. 검증된 기관의 자격관리위원회에서는 필수 이수과목, 실습시간, 지도감독시간 등 수련 요건을 세부적으로 정해서 공지하고 있다.

분석이다. 교육분석은 상담 수련생이 전문 상담자에게 상담을 받는 것을 의미한다. 자신을 남에게 드러내는 것이 부끄럽게 여겨지는 상담 수련생도 있겠지만, 오히려 전문가에게 상담을 받는 것이 더 안전한 일이다.

전이와 역전이

자기이해가 치료적 상담에서 중요한 것은 상담 장면에서 자신도 모르게 왜곡된 지각과 판단이 나타날 수 있기 때문이다. 대표적인 예로 전이와 역전이 현상을 들 수 있다. 전이transference는 내담자에게서 나타나는 현상으로, 인생 초기의 주요 대상(주로 부모)에게 느꼈던 감정이나 욕구를 무의식적으로 현재의 상담자에게서 느끼는 현상을 말한다. 이 반대가 역전이counter-transference인데, 역전이는 상담자가 알 수 없는 감정과 욕구를 내담자에게서 느끼는 것이다. 치료적 상담자는 전이나 역전이가 발생하고 있음을 예민하게 알아차려야 한다. 내담자가 상담자에게 더 많은 관심을 보이거나 또는 상담자의 사소한 말 한마디나 행동 한 마디에 예민하게 반응하는 것은 전이가 발생했다는 증거이다. 반대로 상담자가 내담자를 과하게 동정하게 되거나 내담자에게 자신도 모르게 화가 나는 것은 역전이가 발생한 것이다.

전이나 역전이가 발생한 것을 예민하게 알아차리고 대처할 수 있으려면 상담자는 현재 느껴지는 감정이나 욕구가 자신의 것인지 아닌지, 그리고 환상인지 현실적인 것인지 등을 냉정하게 구분할 수 있어야 한다. 물론 상담자도 인간이므로 감정이 안 느껴질 수는 없을 것이다. 예를 들어 내담자에게 호감이 생긴 상담자는 내담자가 일찍 가려고 하

전이를 활용하는 대화

내담자 : "선생님, 좀 피곤하신가 봐요."

상담자 : "왜 그렇게 느껴지나요?"

내담자 : "제 말에 좀 집중을 안하고 계시는 것 같아서요."

상담자 : (다소 당황했지만 침착하게 반응한다) "아, 집중을 안 하는 것처럼 느껴졌군요. 섭섭했겠네요. 상대방이 자신에게 집중하지 않을 때 많이 속상할 텐데, 그럴 때가 자주 있나요?"

내담자 : "선생님, 좀 피곤하신가 봐요."

상담자 : "왜 그렇게 느껴지나요?"

내담자 : "제 말에 좀 집중을 안하고 계시는 것 같아서요."

상담자 : (다소 당황하며) "아, 어제 좀 무리를 해서 피곤해서 그런가 봐요, 미안해요."

면 섭섭한 마음이 들거나 또는 화가 날 것이다. 그리고 이것을 내담자가 자신을 무시하거나 자신에게 관심이 없는 것으로 왜곡하여 받아들일 수 있다. 실제로 내담자는 상담자에게 불편을 끼치지 않으려는 마음에 일찍 나가는 것인데도 말이다.

상담자가 철저한 분석을 통해 자신을 잘 이해하고 있을 때 역전이 현상에서 자유로울 수 있고, 또한 전이 현상을 내담자에게 도움이 되도록 활용할 수도 있다. 다음의 예를 보자.

첫 번째 대화 예에서 상담자는 내담자의 지적에 당황하지 않고 차분하게 대처하고 있다. 이것이 가능한 이유는 상담자가 내담자와 자기 자신을 동시에 잘 이해하고 있기 때문이다. 먼저 내담자 측면에서는 주목받고 싶고 관심받고 싶은 욕구가 있다. 그래서 상담자가 집중하지 않을까 염려하며 피곤한지 물어본 것이다(전이발생). 또 상담자 측면을 보면 상담자는 비판이나 지적에 예민한 사람이라서 순간 당황하였다(역전이발생). 그러나 내담자의 욕구와 자신의 약점을 잘 아는 상담자는 상대방의 말이 비판이나 지적이 아님을 깨닫고 침착하게 반응했다. 반면 두 번째 대화 예에서 상담자는 상대방의 말을 그대로 받아들이며 사과하고 있다. 상담자는 문제의 원인이 피로 때문이 아니라 내담자의 욕구 때문임을 파악하지 못하였다. 뿐만 아니라 자신의 약점을 극복하지 못하였기에 당황하며 사과하고 말았다.

저항 다루기

치료적 상담에서는 저항resistance이 생길 수 있다. 치료적 상담은 비교적 장기로 진행되어야 하는데, 만일 저항을 효과적으로 다루지 못하면 내담자가 실망하여 더 이상 상담에

오지 않으므로 상담이 완성되지 못한 채 조기 종결된다. 치료적 상담자는 저항이 발생했을 때 당황하지 말고 다시 한 번 내담자의 마음을 이해하여 상담자-내담자 신뢰관계를 회복하는 계기로 삼아야 한다.

그런데 치료적 상담에서 저항은 보통 사람들이 흔히 생각하는 것과 다르다. 치료적 상담에서 생기는 저항에 대해 설명해보자면, 치료적 상담은 다른 상담과 달리 내면을 더 깊고 넓게 인식하는 작업이다. 이때 내면의 무의식적 욕구나 충동을 인식하는 것은 위협적인 일이며 불안을 초래한다. 따라서 사람들은 자신의 내면을 인식하지 않으려고 저항할 수 있다. 이들은 상담 약속 시간을 어긴다든지, 특정 주제에 대해서는 생각해보기를 회피한다거나, 심지어는 특별한 이유 없이 상담을 종결하기도 한다.

넓은 의미로 보면 저항은, 상담 진행을 방해하고 현재 상태를 유지하려는 의식적, 무의식적 시도를 다 포함한다. 예를 들어 상담소에 오기 싫은 청소년이 억지로 끌려왔을 때 아무런 말도 하지 않고 침묵을 지키는 것과 같은 것도 저항으로 볼 수 있다. 그런데 이런 경우를 제외하고 자발적으로 상담소에 찾아온 사람이 저항할 이유는 없을 것이다. 괴로움에서 벗어나려고 시간과 비용을 들여 일부러 찾아왔는데 상담이나 상담자를 거부하지는 않을 것이다. 따라서 저항이 생기는 이유를 미묘한 측면에서 찾아야 한다. 치료적 상담에서 저항은 위협이 되는 어떤 무의식적 충동이나 욕구를 의식에 떠오르지 않게 방해하는 것을 의미하며, 이것은 억압된 충동이나 감정을 알아차렸을 때 느낄지도 모르는 불안으로부터 자아를 보호하려는 시도임을 알아주어야 한다.

대개 저항을 다룰 때는 상담자에게 다양한 역전이 감정이 발생할 수 있다. 내담자가 불안하기 때문에 저항하는 것인데, 상담자는 이것을 다른 식으로 오해하여 '나를 무시하는 것인가?', '나의 능력을 시험하는 것인가?', '나의 자격을 의심하는 것인가?', '이렇게 답답하게 만들려면 상담소에는 왜 왔나?'하는 다양한 생각과 감정을 경험하게 된다. 그러나 이런 것들은 다 상담자 자신이 만들어낸 생각과 감정일 뿐이다. 치료적 상담자는 내담자의 저항을 만날 때 자신의 취약성이 어떻게 발현되는 지를 파악하고 있어야 하며, 자기 식으로 생각하지 않고 내담자의 입장을 계속 유지할 수 있어야 한다. 다음 예를 보자.

> 내담자 : "선생님, 상담소에 와도 소용이 없어요. 아무 것도 달라지지 않아요."
> 상담자 : (당황하지 않고 침착하게) "아무것도 달라지지 않으니 답답한가 보구나. 그것에 대해 좀 더 자세히 말해주겠니?"
> 내담자 : "네, 좀 더 빨리 편안해지고 싶고 이 고통에서 벗어나고 싶은데 매번 제자리를 빙빙 맴돌고 있잖아요."
> 상담자 : "네 마음이 많이 조급한가 보구나."

대개 내담자가 불평을 하면 상담자들은 당황하게 된다. 이 대화에서의 상담자도 내담자의 불평이 자신의 능력을 의심하는 것이 아닌가 하고 고민하였을 것이다. 그러나 상담자는 그런 의심이 자신의 약점임을 알고 있기에 침착하게 반응할 수 있었다. 상담자는 내담자가 불평하는 것이 상담이나 또는 상담자에 대한 불평이 아니라 뭔가 다른 일이 생겼을 수 있다고 보고 침착하게 질문을 던졌다. 그리고 나서 내담자의 대화에서 '조급함'이란 주제를 찾아낼 수 있었다.

침묵 다루기

치료적 상담에서 침묵 상황은 자주 발생한다. 왜냐하면 평소에 잘 생각하지 않았던 부분이나 의식하지 않았던 부분을 생각해보고 의식해봐야 하기 때문이다. 평소에 잘 다루지 않았던 주제를 다룰 때는 침묵이 생기는 것이 당연하다. 상담자는 침묵을 환영하고, 침묵이 어색하다고 먼저 침묵을 깨지 말아야 하며, 침묵을 통해 내담자가 자신을 발견할 것을 믿어야 한다.

그런데 어떤 사람들은 침묵 상황이 어색해서 어쩔 줄 몰라 하며 불편해한다. 이런 상담자는 자신이 왜 침묵을 불편하게 여기는 지에 대해 알아야 하고 침묵 속에서도 편안해질 수 있도록 훈련해야 할 것이다. 그럴 수 있을 때 침묵 속에서도 내담자에게 집중할 수 있고, 내담자가 침묵하는 이유나 의미를 파악하여 반영해줄 수 있다. 흔히 내담자가 침묵하는 이유는 무슨 말을 해야 할지 잘 모를 때, 이야기를 꺼내기 위해 준비하고 있을 때, 느낌을 표현하려고 하지만 표현이 어려울 때 등 다양한 상황에서 생긴다. 이럴 때 상담자는 어떤 말이라도 좋으니 해보라고 권유하기보다는 침묵의 의미를 반영해주면 된다.

> "말을 꺼내도 될지 염려하고 계시군요?"
> "대화를 시작하는 것은 언제나 어렵지요."
> "말로 표현할 수 있을 때까지 기다릴 테니까 안심하고 천천히 말하셔도 됩니다."

한편 어떤 침묵은 동의할 수 없음이나 저항을 의미할 때도 있다. 그러나 이런 경우도 그 마음을 반영해주는 것이 중요하다.

> "우리가 조금 전 이야기를 나눈 이후 긴장감이 감돌고 있군요."
> "당신은 지금 말하고 싶지 않은 기분인가 보군요."
> "당신은 뭔가에 화가 난 모양이군요."

내담자의 질문 다루기

간혹 내담자가 질문하는 경우가 있다. 만일 단순히 호기심과 궁금증의 표현이라면 어렵게 생각할 필요 없이 내담자의 질문에 성실하게 응답해주면 될 것이다. 그러나 어떤 경우에는 저항의 의미를 담을 수 있는데, 자신의 내면을 탐색하는 것이 부담스러워 다른 데로 주의를 돌리려는 경우이다. 이런 경우에는 다시 자신을 탐색할 수 있도록 초점을 되돌려주면 된다(되돌려주기). 때로는 답변을 즉시 하지 않고 버티는 것도 중요하다(버티기).

> 내담자 : "선생님은 오늘도 다른 옷을 입으셨네요. 옷을 몇 벌이나 갖고 계세요?"
> 상담자 : "옷에 관심이 많은 것 같은데 매번 다른 옷을 입고 오는 것을 어떻게 생각하는지 듣고 싶구나."

> 내담자 : "선생님은 저 같은 내담자를 많이 만나보셨나요?"
> 상담자 : "그런 질문을 하는 이유가 있을 텐데 그것이 궁금하네요."

고객상담과 심리상담의 길잡이

직면과 해석을 위한 훈련

직면confrontation이란 내담자가 모르고 있거나 또는 인정하기를 거부하는 생각과 느낌에 대해서 주목하게 하는 상담자의 언급을 말한다고 하였다. 해석interpretation은 내담자의 무의식이나 방어기제[24]에 대해 설명해주는 것을 말한다. 무의식이나 방어기제가 작동하는 원리는 쉽게 이해할 수 있는 것은 아니어서 전문용어를 나열해도 소용없다. 내담자의 인식이 깊어지고 준비가 될 때까지 기다렸다가 쉬운 용어로 해석해주어야 한다. 직면과 해석은 심리학 이론에 근거해서 해야 하며, 따라서 심리치료와 심리학 이론 과목을 철저히 공부해야 한다. 이와 관련된 과목으로는 성격심리학이나 정신분석, 이상심리학과 같은 과목이 있다.

치료적 상담자가 되기 위해서 대부분 대학원에서 이와 같은 과목을 공부한다. 아울러 지도감독자의 지도로 이론 틀을 적용하여 내담자를 분석하는 훈련을 한다. 내담자의 증상을 성격이나 무의식적 욕구와 연결시켜 역동적으로 가설을 세우는 것을 사례개념화case formulation라고 하는데, 지도감독자는 1:1로 수련생의 사례개념화를 지도하고 도와준다. 이것을 수퍼비전이라고 한다. 수십 회의 상담 실습 및 수퍼비전을 거치면 공인된 자격제도에서 시험을 볼 수 있는 요건이 충족된다. 즉 공인자격제도를 통과했다는 것은 전문상담자가 되기 위한 최소한의 훈련을 완수했다는 뜻이다.

전문 수련 과정 거치기

대개 치료적 상담자의 길은 멀고도 험하다. 국가나 학회 차원의 검증된 자격제도에서는 석사 졸업 이상의 학력을 요구하며, 석사 졸업 후에도 공인된 지도 감독자 아래서 수백 회 상담 실습 및 수십 회 지도감독을 거쳐야 한다. 인간에 대한 치료적 접근을 위해서 높은 수준의 전문성을 요구하는 것은 당연할 것이다. 지도감독은 1:1로 진행되며, 감독자는 축어록[25]을 통해 상담기법을 지도해줄 뿐 아니라 개

---

24 방어기제(defense mechanism)는 위협적인 충동이나 욕구를 인식하지 못하게 스스로 막는 기능을 의미한다.

25 축어록 : 상담면접 내에서 상담자와 내담자 간 오간 모든 언어적 반응을 글로 기술한 것. 말 그대로 모든 반응을 다 기술해야 하며, 첨삭이나 인공으로 덧붙이는 것은 허용되지 않는다.

인의 성격과 내면의 욕구에 대해서도 다룬다. 대개 치료적 상담 지원자는 치료 행위를 통해서 자존감을 높이거나 인생의 의미를 찾거나 궁극적으로 자기 자신을 치료하려는 동기를 가지고 있다. 지도감독자는 이런 동기가 상담에 영향을 주는 것을 예민하게 알아차리고 수련생에게 알려준다. 수련생은 지도감독자의 도움을 통해 자신의 동기나 성격이 내담자에게 미칠 수 있는 부정적 영향을 알게 되고 자신을 단련시키며 발전해 나간다.

치료적 상담자의 윤리적 판단 훈련

흔히 윤리나 도덕은 필요한 것이지만 고리타분하다고 여겨진다. 또 윤리가 무엇인지 정확히 생각해보지 않은 채 그냥 착하게 살아야 한다는 것 정도로 오해한다. 상담을 직업으로 하면서 이런 오해를 받는 경우도 있는데, 예를 들어 이야기를 중간에 끊으면 '상담자가 이야기를 끝까지 들어주어야 하는 것 아니에요?'라고 불평한다. 또 누군가 고민을 얘기하려 해서 비용을 받겠다고 하면 '상담자가 돈을 밝히면 안 되죠'라고 불평하는 경우도 있다. 이 모든 것은 상담자 윤리에 대한 오해이다. 전문 상담자는 무조건 '착한' 사람이 아니며, 내담자에게 필요하다고 판단하면 말을 끊을 수도 있고 비용을 청구할 수도 있다.

치료적 상담자의 윤리 문제는 흔히 생각하는 그런 문제가 아니다. 예를 들어 설명해보자. 치료적 상담자는 내담자의 비밀스런 일을 다룬다. 이때 비밀을 지키는 것이 일반적이지만 비밀을 지키면 안되는 경우도 발생할 수 있다. 이때 어떻게 해야 할 것인가? 또 다른 예로 이중관계를 생각해보자. 치료적 상담자가 내담자에게 이성적 관심을 갖게 되었다면 어떻게 해야 할까? 치료적 상담자는 자신의 결정이 내담자에게 어떤 영향을 미칠지 알아야 하며, 자신과 내담자 그리고 주변 사람과 사회를 위해 현명한 판단을 내릴 수 있어야 한다. 즉 핵심은 윤리적 판단을 내리는 것이다.

치료적 상담의 경우 학회나 협회 차원에서 상담자 윤리를 강조하며 윤리 규정을 갖춘 경우가 많다. 치료적 상담은 내담자와 수십 회 이상을 만나 이루어지다 보니 미묘한 윤리적 문제가 발생할 수 있으며, 이때 상담자는 윤리 가치에 따라 의사결정을 내릴 수 있

254

어야 한다. 치료적 상담자가 따라야 하는 윤리 가치에는 다음과 같은 것들이 있다. 여섯 가지 가치를 종합적으로 고려하여 판단을 내린다. 더 자세한 설명은 한국상담심리학회 편 '전문적 상담 현장의 윤리'를 참고하면 좋겠다.

윤리 문제의 판단 근거가 되는 윤리적 가치
(Beauchamp와 Childress, 1994; Kitchener, 1984)

자율성(autonomy) | 내담자의 자율성을 해치지 말아야 한다.

선의(beneficence) | 내담자에게 선한 의도로 대해야 한다.

비해악성(nonmaleficence) | 내담자에게 해악을 끼치지 말아야 한다.

정의(justice) | 사회의 정의에 어긋나지 않는 판단을 해야 한다.

충실성(fidelity) | 내담자를 성심 성의껏 돌봐야 한다.

윤리 문제는 매우 복잡하며, 때로는 법이나 규범과 충돌할 때도 있다. 미국에서 실제 있었던 일인데, 내담자의 비밀 얘기가 다른 사람을 해치려는 계획을 담고 있을 때 피해를 입게 될 사람에게 적극적으로 알리지 않았다는 이유로 상담자에게 법적 처벌이 내려진 경우가 있다. 또 반대로 내담자의 상담 기록을 제출하라는 법원의 명령을 상담자가 거부했을 때 상담자의 손을 들어준 경우도 있다. 이렇듯 각각의 윤리 문제는 미묘한 차이가 있다. 이런 문제들에 대해서 합리적으로 판단할 수 있는 상담자는 최고 전문가 수준이라 할 수 있다. 대개 학회나 협회 차원의 윤리규정에는 이런 문제 상황들에 대한 예시가 있고 구체적 지침이 있으므로 참고할 수 있다.

상담 기록

기록이 기억을 지배한다는 말이 있다. 기억은 부정확해도 기록은 정확하다는 뜻이다. 치료적 상담은 1회로 끝나는 것이 아니라 수십 회에 걸쳐 진행되며, 전문적인 행위이므로 그에 따른 기록의 책임도 있다. 상담기록은 상담 일시 및 장소, 상담에서 오갔던 대화의 내용, 내담자의 행동이나 표정의 관찰, 다음 상담 날짜 등을 적어 놓는 것이다.

상담기록을 만들어 놓아야 하는 이유가 몇 가지 있는데, 첫째는 상담을 효과적으로 진행시키기 위해서이다. 간혹 내담자가 지난번에 무슨 이야기를 했는지 기억이 나지 않을 때가 있는데 이때 참고할 수 있다. 또 사정 상 다른 상담자에게 의뢰할 때 참고 자료로 필요할 수 있다. 물론 내담자에게 동의를 구해야 하는데, 내담자가 원하지 않을 땐 기록을 넘겨주지 말아야 한다. 그리고 상담 수련생의 경우 지도감독을 얻을 때 필요하며, 간혹 법적, 윤리적 문제가 발생할 때 근거 자료로 활용할 수 있다. 예를 들어 자살 위험이 있는 내담자의 경우 자살 위험에 대해 사전에 고지하고 상담 중에는 자살을 시도하지 않을 것임을 약속 받는데, 이것을 서약서나 기록 형태로 남겨놓을 수 있다.

치료적 라포를 맺는 훈련

라포rapport는 상담자와 내담자간 서로 신뢰하는 따뜻한 분위기라고 하였다. 심리상담은 인간 대 인간의 관계 속에서 이루어지는데, 안전한 관계 속에서 내면에 대한 탐색과 도전, 수용이 가능하다. 사람들은 정말로 믿고 의지할 만하며 또 친근하게 느끼는 사람 앞에서 자신의 내면을 열어 보일 수가 있다. 그런 사람 앞에서만 부끄러운 부분이나 두려운 부분도 얘기할 수 있는 것이다. 이렇듯 치료적 상담에서 강조하는 내면에 대한 탐색이나 인식을 위해서는 라포가 선행조건이다. 내담자는 내면을 인식하는 것이 두려워 주저할 수 있는데, 이때 상담자는 내담자가 무의식적으로 피하려고 하는 것들에 대해서 직면시키거나 해석해주어야 할 때가 있다. 그런데 만일 라포가 형성되지 않은 관계에서 마음속 갈등을 직면하거나 해석하면 어떻게 될까? 아마도 내담자는 마음 깊이 받아들이지 않을 것이다. 그리고 상담자의 말에 상처 받았다고 느끼며 다음 번 상담에 나타나지 않을 수 있다. 반면 라포가 충분히 형성되었을 때 내담자는 따끔한 말을 들어도 이것이 자신을 위한 말이라는 것을 믿을 수 있다.

그런데 라포를 맺는다는 것은 맘만 먹으면 가능한 일일까? 상담자도 인간이기에 어떤 사람과는 쉽게 라포를 형성할 수 있지만 다른 사람과는 그렇지 못할 수도 있다. 괜히 밉

256

거나 답답한 사람이 있는 법이다. 이것은 상담자에게 역전이 현상이 나타난 것이다. 특히 성격적으로 정 반대로 궁합이 맞지 않는 경우에는 더욱 그렇다. 예를 들어 어떤 이는 착하고 양보하는 행동이라 생각하는데, 같은 행동을 다른 이는 가식적이고 교활하다고 여길 수 있다. 이것은 자기의 시각으로 상대방을 바라보기 때문에 생기는 왜곡이다. 이런 왜곡이 상담자와 내담자 사이에도 생길 수 있다.

따라서 상담자는 내담자와 라포를 형성할 때 다음과 같은 질문들을 스스로 던져보는 것이 필요할 것이다. 첫째 '내담자가 맘에 들지 않는 것은 내담자 때문인가? 아니면 나 때문인가?'이다. 자신의 시각으로 내담자를 왜곡시켜 바라보는 것은 아닌지 점검해야 한다. 두 번째 질문은 '내담자의 단점이 눈에 거슬려도 다른 좋은 점을 찾을 수 있는가?'이다. 이것은 중요하다. 자녀를 키울 때 못마땅한 모습이 보여서 거기에 사로잡힌 부모는 자녀의 다른 좋은 모습을 볼 수 없다. 치료적 상담자는 내담자를 재양육하는 일종의 부모인데, 자녀의 못난 면만 바라보는 부모가 되어서는 안될 것이다. 세 번째 질문은 '익숙하지 않은 접근을 받아들일 수 있는가?'이다. 어떤 내담자들은 상담자에게 관심을 표시할 때 장난을 친다든지 딴지거는 식으로 관심을 표시할 수 있다. 만약 장난치는 것에 익숙하지 않은 상담자라면 내담자가 자신을 무시한다고 여길 수 있다. 따라서 자신에게 익숙하지 않은 접근이라도 열린 마음으로 받아들일 수 있어야 할 것이다. 네 번째 질문은 '나의 부족한 부분을 수용할 수 있는가?'이다. 앞에서 언급한 것처럼 익숙하지 않은 방식을 받아들이지 못하는 것은 근본적으로 나의 한계이다. 그것이 상대방의 문제가 아니라 자신의 한계임을 알아야 할 것이다. 마지막 질문은 '내가 내담자에게 접근할 수 있는가?'이다. 내담자가 다가올 때도 있지만 상담자가 다가갈 수도 있다. 선하고 친근한 방식으로 내담자에게 다가갈 수 있다면 튼튼한 라포가 형성될 수 있을 것이다.

절제된 관심　　치료적 상담자가 내담자에게 관심과 정성을 기울이는 방식엔 독특한 점이 있다. 치료적 상담은 정해진 시간에 정해진 장소에서 진행되는데, 대개 주 1회씩 대략 50분의 시간동안 상담소에서 상담이 이루어진다. 그런데 이때를 제외하곤 치료적 상담자는 내담자에게 사적인 연락을 취하지 않으며 다른 만남을 갖지 않는다. 즉 철저히 제한된 만남을 갖는 것이다. 이런 만남으로 어떻게 정성과 관심을 보일 수 있을까?

　흔히 관심을 보인다는 것은 자주 챙겨주고 격려해주고 다정하게 말해주는 것으로 생각할 수 있다. 치료적 상담자가 정해진 시간에 정해진 장소에서만 만남을 고집하는 것은 다소 냉정하고 까다롭게 보일 수 있다. 실제로 어떤 내담자들은 이런 점을 아쉬워하고 박탈감을 느끼기도 한다. 그러나 치료적 상담자의 관심을 자주 연락하거나 만남으로써 전달되는 것이 아니라 깊은 내면을 이해하고 어루만지는 식으로 전달되어야 한다. 내담자의 깊은 내면을 만나기 위해서는 서로 떨어져 있는 시간이 필요하고, 아울러 불필요한 이중관계나 역전이를 최소화 하는 게 필요하다. 전문 치료적 상담자가 되기 위해서는 절제된 관심 속에서 가장 깊은 곳을 어루만질 수 있는 능력을 갖춰야 하겠다.

08

정 리 하 기

1 / 우울증, 불안증, 공포증, 공황증 등 심리적 증상을 치료할 목적의 상담은 특히 전문 분야로 여겨진다. 이 분야에서 전문가가 되려면 의학, 심리학, 교육학 등의 전문 분야에서 석사학위 이상의 공부를 하고 권위있는 자격제도를 통과해야 한다.

2 / 치료적 상담은 증상의 치유를 목표로 하지만, 실은 증상보다는 인간 자체의 치유가 핵심이다. 성장 과정에서 상처입고 병든 자아를 회복시켜 건강하고 성숙한 자아로 변화시켜주는 것이다.

3 / 고통을 피하기 위해 인간은 스스로에게 마법을 걸 때가 있다. 무의식 속의 욕구나 감정, 기억, 상처 등은 교묘한 방식으로 인간에게 영향을 미친다. 치유를 위해서는 무의식 속의 욕구나 감정, 기억, 상처 등을 인식하고 받아들이는 작업이 필요하다.

4 / 치료적 상담은 다른 상담과 달리 내면의 인식을 목표로 한다. 상담자는 조언이나 충고를 하는 것보다 공감, 직면, 질문, 해석, 즉시성 발휘 등 기법을 활용하여 내면을 인식하도록 도와주어야 한다.

5 / 치료적 상담은 정기적인 수십 회의 만남을 통해 이루어진다. 지속적인 관심을 쏟는 것은 맞지만 제한적인 장소와 시간 내에서만 절제된 관심을 쏟는 것이 바람직하다.

CHAPTER 09

위기 문제와 위기상담

CHAP
TER 09

위기 문제와
위기상담

위기crisis(□□)라는 용어는 그리스어 'krisis(κρισιζ)'에서 나온 것으로, 결정decision 혹은 전환점turning point라는 의미를 내포하고 있다. 웹스터Webster 사전에는 '인간생활에 있어서의 상태의 급격한 변화', '정신적으로 중요한 사건', '결정적인 순간', '불안정하며 중대한 시기' 등으로 정의하고 있다. 요약하면, 어떤 일의 진행 과정이나 생활 과정에서 급작스럽게 악화된 상황을 위기라 할 수 있다. 위기 상황이 되면 인간은 정신적으로 혼란스러워지고 무력감에 빠져 문제를 스스로 해결할 수 없다고 여기게 된다. 위기상담이란 '엄청난 문제로 위험한 상태에 직면해 있거나 심각한 문제로 위기상태에 처한 사람을 도와주는 전문적이고 임상적인 활동'이라고 정의할 수 있다.

문제는 무엇인가?

위기에 처한 내담자를 효과적으로 돕기 위해서는 먼저 위기상담에서 다루어질 사건과 상태, 즉 위기의 유형이 무엇인가를 정확히 파악해야 한다. 또한 위기가 어떤 양상으로 진행되는지를 알아야 한다.

자기 파괴의 문제

자기 파괴의 문제, 즉 자살의 문제는 위기 상담의 대표적인 문제이다. 우리나라의 자살 문제는 최근에 더욱 심각해져 OECD 국가 중 자살률에서는 첫 번째이다. 자살 시도자 중에서는 충동적으로 자살을 시도하는 경우도 있지만 대개는 오랫동안 자살에 대해 생각해보고 결심을 굳힌 후 자살을 실행에 옮긴다. 이들은 자살이 문제를 해결하는 유일한 방법이며, 자살을 통해 괴로움에서 벗어날 수 있고, 아무도 자신을 이해할 수 없고,

살든 죽든 별로 상관이 없다고 여긴다. 주변 사람들의 염려를 모르는 것은 아니나 어쩔 수 없다고 여긴다.

최근 자살 예방을 위한 다각적인 노력이 진행되고 있다. 특히 조직내 자살은 한 사람의 문제로만 끝나는게 아니라 조직 응집력이나 생산성에 악영향을 미치므로 조직내 자살 예방에 대한 관심이 커지고 있다. 아래 군부대 내 자살 예방 노력을 소개한 기사를 살펴보자.

軍, 자살예방 3단계로 관리… 병영상담관 148명 채용[26]

국방부는 자살사고 예방을 위해 자살징후 식별 → 자살 우려자 관리 → 현역복무심사(처리) 등 3단계 대책을 마련하고 있다고 19일 밝혔다. 이와 함께 군은 작년 12월부터 '국군 생명의 전화'를 개설 운영하고 있다. 자살 등 극단적인 마음을 먹는 병사들에게 마지막으로 마음을 되돌릴 수 있는 '희망의 끈' 역할을 하자는 취지에서 전화가 개설됐다. 전화 개설 이후 지금까지 2천여 건이 넘는 상담 전화가 걸려온 것으로 알려졌다. 특히 이 가운데 100여 명은 '자살하고 싶다.'는 의지를 내비쳐 상담원들이 설득하는 데 진땀을 뺐다고 한다.

국방부는 국군생명의 전화 이용자가 늘어남에 따라 일선 부대에도 병사들의 고충을 해결하기 위한 병영생활 상담관을 올해 148명으로 늘릴 계획인 것으로 알려졌다. 2017년까지 357명으로 늘려 최소한 연대급 부대에 1명씩은 배치할 것이라고 국방부는 설명했다.

국방부의 한 관계자는 "2010년 기준으로 군내에서 10만 명당 자살자는 12.6명으로 20~29세의 일반 사회 성인남자 10만 명당 자살자 25.7명에 비해 낮은 것"이라면서 "군내 자살은 경제양극화 등 사회 현상과 장병 개인성향 등이 주요 원인으로 분석된다."고 말했다. 다른 관계자는 "각종 교육과 훈련시간에 생명존중 인식을 확산하도록 일선 부대에 지침을 강조하고 있다."면서 "폭언과 욕설, 병영 부조리 근절, 병영생활 행동강령 생활화 등을 통해 군내 자살자가 세 자릿수를 넘지 않도록 노력할 것"이라고 강조했다.

---

26 연합뉴스 2012. 7. 19 기사 일부 발췌

트라우마 반응 증상 문제

트라우마trauma(외상, 外傷)란 개인의 신체와 생명을 위협하는 사건이 남긴 상처, 특히 정신적 상처를 의미한다. 트라우마를 남기는 것을 외상성 사건traumatic event이라고 하는데, 대표적인 외상성 사건으로는 전쟁, 유괴, 성폭행, 충격적인 교통사고, 거대한 사회적 재난 등이 있다. 외상성 사건을 경험한 사람들에게는 트라우마 반응이 나타난다. 다음과 같은 증상들이 대표적이다.

❶ 심리적 붕괴 : 개인이 자신이나 타인의 실제적이거나 위협적인 죽음이나 심각한 상해, 또는 신체적 안녕physical integrity에 위협을 가져다주는 사건(들)을 경험하거나 목격하거나 직면한 후 극심한 공포, 무력감, 고통이 동반된다.

❷ 재경험 : 사건에 대해 반복적이고 집요하게 떠오르는 고통스런 회상(영상이나 생각, 지각을 포함)이 있다. 사건에 대한 반복적이고 괴로운 꿈을 꾸거나 또는 마치 외상성 사건이 재발하고 있는 것 같은 행동이나 느낌이 있다.

❸ 회피 : 외상과 관련되는 생각, 느낌, 대화를 피하려고 한다.

❹ 각성 증가 : 사소한 일에도 깜짝 놀라거나, 수면에 문제가 생기거나 집중의 어려움이 있다.

이 밖에도 다양한 증상들이 나타날 수 있는데, 다음과 같은 것들이 가능하다.

❶ 외상적 사건과 유사하거나 상징적인 내적 또는 외적 단서에 노출되었을 때의 심각한 심리적 고통이 있다.

❷ 외상적 사건과 유사하거나 상징적인 내적 또는 외적 단서에 노출되었을 때의 생리적 재반응이 있다.

❸ 외상이 회상되는 행동, 장소, 사람들을 피하려고 한다.

❹ 외상의 중요한 부분을 회상할 수 없다.

❺ 중요한 활동에 흥미나 참여가 매우 저하되어 있다.

❻ 타인으로부터 소원해지거나estrangement 분리되는 느낌이 있다.

❼ 정서의 범위가 제한되어 있다(예 : 사랑의 감정을 느낄 수 없다).

❽ 미래가 단축된 느낌이 있다(예 : 직업, 결혼, 자녀, 정상적 삶을 기대하지 않는다).

❾ 자극에 과민한 상태irritability 또는 분노의 폭발이 있다.

❿ 지나친 경계hypervigilance가 있다.

⓫ 감정의 대부분이 비현실적이고 인생의 일상 일들이 문제가 되지 않는다.

⓬ 알코올이나 약물남용이나 의존에 쉽게 빠진다.

⓭ 대형사건 생존자인 경우, 혼자 살아남게 된 데 대한 죄책감, 동료를 도와주지 못한 것에 대한 후회 등을 많이 느낀다.

⓮ 소아의 경우 위통, 두통, 화장실훈련 망각, 이별 불안, 학교공포, 외부인 공포가 생긴다.

이상의 내용을 신체, 행동, 정서, 인지의 차원으로 나누어 설명하면, 먼저 신체적 측면에서는 충격적인 사건을 경험한 후 신경계가 예민해지는데, 사건이 너무나 충격적이어서 스트레스 반응이 줄어들지 않고 계속 예민한 채로 남아 있게 되는 것이다. 수면 문제나 집중력 문제가 생기기도 하고, 쉽게 피로해지거나 지칠 수 있다.

행동적 측면에서는 충격적인 사건이 자주 떠오르거나 악몽을 꾸고(재경험), 충격적 사건을 연상시키는 사물, 장소, 사람을 피하게 되며(회피), 사소한 것에도 깜짝 깜짝 놀라게 된다(각성 증가). 재경험의 대표적인 예를 들어보면, 베트남 전쟁에 참여했던 참전 용사들은 큰 소리가 나면 깜짝 놀라며 몸을 피한다. 포탄이 터지고 피하는 것을 재경험하는 것이다. 이들은 전쟁은 이미 끝났으며, 포탄이 터질 일도 없다는 것을 안다. 그러나 그들은 여전히 과거의 일을 현재에서 재경험하고 있는 것이다.

정서적 측면에서는 충격적 사건으로 인한 감정 외에 다른 일상적 정서 경험은 줄어들게 되고, 일상적 사건이 별로 중요하지 않게 느껴지게 된다. 또 사람들에게 이해받지 못하고 고립되는 느낌을 느낀다.

고객상담과 심리상담의 길잡이

인지적 측면에서는 무망감이나 죄책감과 관련된 다양한 생각이 드는데, '미래가 무슨 소용이야', '그 때 이렇게 했더라면 피할 수 있었을 텐데……', '그 때 내가 도왔더라면 옆 사람이 살았을 지도 모르는데……', '사람들은 내 경험을 이해하지 못할 거야' 같은 생각 이 자꾸 들게 된다.

참고로, 똑같은 외상성 사건을 겪은 사람이라도 심리적 상처가 별로 남지 않고 잘 극복하는 사람도 있고, 평생 상처로 괴로워하는 사람도 생긴다. 가벼운 사건을 경험했는데 도 크게 반응하는 사람이 있고, 엄청난 사건을 경험했음에도 가볍게 넘기는 사람도 있 다. 이것을 보면 어떤 사건을 경험했느냐가 모든 것을 결정하는 것은 아니며, 개인의 사 전 취약성이 영향을 미친다는 것을 알 수 있다.

목격자 문제

충격적 사건이나 재난의 1차 희생자가 아닌 목격자의 경우에도 2차 희생자로서 트라우 마 반응을 겪게 된다. 물론 여기에는 개인차가 있다. 어떤 사람은 충격적인 사건을 목격 했을 때 자기 일이 아니므로 쉽게 잊어버릴 수 있다. 그러나 사랑하는 가족이나 평소 절 친했던 동료에게 충격적인 일이 벌어지는 것을 목격하는 것은 정신에 큰 영향을 미친다. 가까운 사람이 아니더라도 사건이 벌어지는 충격적인 장면을 직접 목격한 경우에 다양 한 트라우마 반응이 나타나게 된다. 아래에 충격적 사건의 목격자 문제를 다룬 기사를 소개하였다.

> 참사 목격 어린이 '불면·우울·무기력' 호소[27]
>
> 사고 현장을 직접 목격했거나 전해들은 학생뿐만 아니라 학부모들도 상당한 스 트레스를 받는 것으로 나타났다. 사고 현장에 있었던 4학년 A(10)군의 어머니는 "애가 겉으로는 아무렇지 않은데 불쑥불쑥 깜짝 놀라요. 애한테 보이지 않는 상 처가 생겼을까봐 불안하고 걱정되네요."라고 말했다. 상담을 맡은 ○○○ 학교보 건진흥원 건강증진 팀장(정신과 전문의)은 "오늘 학생 30여명을 상담했는데 사

---

27 연합뉴스 2007. 5. 19. 기사 일부 발췌

망자와 친밀도, 성격에 따라 각각 충격을 받은 정도와 증상이 다르게 나타났다."고 말했다. 그는 주요 증상으로 사고 상황을 자꾸 떠올리는 것, 자율신경계 이상으로 잠을 못 자고 밥을 제대로 못 먹는 것, 정신이 멍해지는 것 등을 꼽았으며 외상후스트레스 장애는 사고 전에 처해 있던 개인별 상황과도 밀접한 관련이 있다고 설명했다. 이 팀장은 "이번 사건의 충격에서 벗어나는데 최소 2주일, 길게는 반년이 걸린다. 대다수 아이들은 시간이 지나면 자연스럽게 극복하겠지만 일부는 정기적인 정신과 상담 및 약물 치료가 필요할 것으로 보인다."고 덧붙였다. 그는 "아이들이 혼자 있기 싫어하고, 엄마와 떨어지려 하지 않는데 이때는 곁에 있어주는 게 좋다. 부모는 아이들이 학원을 가거나 숙제를 하는 등 평소 생활을 유지하도록 지도해야 한다."라며 "교사와 학생, 학부모 모두 피해자라는 생각을 갖고 침체된 학교분위기를 쇄신하는 게 중요하다."고 강조했다.

공동체 위기

위기는 개인적 위기도 있지만 공동체 위기도 있다. 개인의 위기는 자기파괴적 행동이나 트라우마 반응으로 나타나게 되는 반면, 공동체 위기는 공동체의 응집성 약화나 활력 저하로 나타난다. 앞의 예를 들어 설명해보자. 어떤 학교에서 끔찍한 일이 발생했다고 하자. 이때 만일 사건에 대해 말을 꺼내지 못한 채 모두 쉬쉬하기만 하면 어떻게 될까? 사건의 충격도 괴로운데, 그것을 마음껏 토로하지 못해서 외롭고 이해받지 못한 느낌을 받을 것이다. 사건의 충격을 받은 사람들은 긴장감과 고립감을 견디지 못하고 결국 다른 학교로 전학 가고 말 것이다. 남은 학생들도 무거운 책임감을 느낄 것이며, 선생님들도 활력을 잃고, 결국 학교 분위기는 침체될 것이다. 또 다른 예를 들어 총기난사 사건이나 큰 지진이나 해일, 쓰나미 피해가 공동체에 발생한 경우도 있다. 개인차는 있겠지만, 공동체에 드리운 재난의 그림자는 구성원 모두를 침울하게 만들 것이다. 공동체에 재난이 닥쳤는데 웃고 떠들며 놀 수 없기 때문이다.

따라서 공동체에 위기가 닥쳤을 때는 개별적으로 대응하는 것이 아니라 공동체 차원에서 대응해야 한다. 공동체 전체가 위기에 관심을 가지고 공동 대응할 경우 위기는 공동체의 응집성을 강화시키는 쪽으로 작용할 수 있다. 이 경우 사회적 지지망은 더 강화

고객상담과 심리상담의 길잡이

되며 위기를 통해 공동체는 더 굳건해진다. 그러나 모든 경우에 이렇게 되는 것은 아니다. 공동체가 위기를 덮으려고만 하고 숨기려고 할 때, 그리고 정부나 공공기관이 나서지 않고 책임을 회피하려고만 할 때, 위기는 당장 안 보이지만 재난의 그림자는 계속 남아서 서서히 공동체의 응집성을 약화시킨다.

개인적 위기가 공동체 위기로 이어지는 경우　　개인의 위기가 조직의 위기로 이어지는 경우도 있다. 예를 들어 학교나 군부대에서 학생이나 병사가 자살하거나 또는 동료로부터 심각한 폭행을 당한 경우를 생각해보자. 이 경우 학교나 군부대와 같은 조직에서는 사건에 대한 대응 문제 외에 조직의 관리 문제가 불거진다. 피해자의 회복으로 문제가 다 해결되는 것이 아니다. 조직 내부에서는 누군가 책임을 져야 한다. 결국 피해자나 가해자의 지휘 계통에 있는 상급자나 선생님이 관련되며, 이들은 극심한 스트레스를 받게 된다. 조직의 대표도 마찬가지다. 이런 것이 조직의 위기로 이어진다.

문제는 왜 생기는가?

자아의 붕괴

요즘 말을 줄여 사용하는 경우가 많은데, '멘붕'이라는 표현이 있다. 정신(멘탈)이 붕괴된다는 뜻이다. 자아가 건강하다는 말은 현실과 환상을 구분할 수 있고, 자신의 욕구나 감정, 행동을 조절할 수 있음을 뜻한다. 자아가 붕괴되었다는 말은 이런 기능이 전혀 작동하지 않고, 충동적이거나 파괴적인 행동을 하게 된다는 뜻이다. 앞에서 언급했듯이 충격적 사건은 자아 붕괴를 초래한다. 넓게 보면 자아 붕괴 자체를 위기로 볼 수 있으며, 좁게 보면 자아 붕괴 상태에서 위험한 행동을 하는 상태를 위기 상태로 볼 수 있다.

만성 붕괴

사람은 살아가면서 다양한 심리적 상처를 입게 된다. 어렸을 때 부모의 폭력이나 방임으로 심리적 상처를 입는 경우가 있는데, 보통의 부모들도 한두 번은 자녀에게 상처를 주지만 이후에 다시 자녀를 잘 보살피고 다정하게 대해주는 보완경험을 제공하므로 심리적 상처는 금새 아물게 된다. 간혹 부모에게 받은 심리적 상처를 다른 사람이 보완해주는 경우도 있는데, 친척이나 학교 선생님과 같은 분들이 어릴 적 상처를 치유해준다. 그러나 상처가 회복되지 않고 지속되는 경우 상처입은 자아가 그대로 성격으로 굳어질 수 있다. 개인은 자신에게서 뭔가 결핍되거나 훼손된 존재라는 느낌을 갖게 된다. 자존감은 떨어지고 현실감도 떨어진다. 멍한 상태로 자극의 입력을 전혀 받아들이지 못하거나, 개인위생과 같은 기본적인 자기관리도 하지 못하고, 간혹 산만하고 충동적인 행동을 벌이기도 한다. 이렇듯 자아가 만성적으로 붕괴된 경우 언제 무슨 일이 벌어져도 이상할 게 없다. 개인은 자살을 최후의 보루로 여길 수 있다. 자살을 통해 고통이 종결된다고 믿는 것이다.

급성 붕괴

건강한 자아는 어린 시절부터 오랜 발달의 과정을 거쳐 형성된다. 건강한 성인은 자신의 욕구를 자아능력을 통해 적절하게 충족시키고 조절하며, 아울러 환상적 위협으로부터 파괴되지 않도록 보호할 수 있다.

그런데 건강한 자아를 형성한 경우라도, 극도의 외상적 충격은 이러한 발달 과정의 시계를 거꾸로 돌려놓을 수 있다. 개인차가 있다고 하지만 끔찍하고 충격적인 상황을 직접 목도한 사람이라면 그 위력에 압도될 수밖에 없다. 예를 들어 동료나 친구가 바로 눈 앞에서 처참하게 죽는 모습을 목격한 사람이 어떻게 그 충격에서 자유로울 수 있겠는가? 충격적 외상을 경험한 사람에겐 그 경험이 가라앉을 때까지 판단능력의 저하, 현실과 환상의 혼동, 비현실감 경험, 충동이나 감정의 통제곤란, 분노 폭발 등의 특징이 나타날 수 있다. 이런 급성 자아 붕괴 상태에서 개인은 자기파괴적인 행동이나 또는 타인에게 해가 되는 행동을 조절하지 못할 수 있다.

트라우마 정보처리의 어려움

앞에서 건강한 자아기능의 소유자라도 충격적인 외상성 사건을 경험하는 경우 일시적으로 자아가 붕괴되면서 트라우마 반응을 겪을 수 있다고 하였다. 외상성 사건은 끔찍하고 충격적인 장면을 포함한 사고, 생명이나 신체에 위협을 가하는 폭행이나 유괴 및 성폭행 사건, 그리고 대형 자연 재해와 같은 것이 대표적이다.

이런 외상성 사건은 사람들이 평소에 흔하게 겪는 것이 아니다. 따라서 단 한번만 겪더라도 경험의 독특성salience으로 인해 정신에 각인된다. 이와 관련하여 외상성 사건에 대한 정보처리information processing 이론의 입장을 살펴보는 것이 유용하다. 정보처리이론에 따르면, 외상성 사건은 사건을 경험한 사람에게 엄청나게 많은 양의 내적, 외적 정보를 던져 주는 셈인데, 이러한 정보의 대부분은 일상적인 경험과 너무 동떨어진 것이라서 개인의 인지체계에 의해 잘 수용되지 않는다고 본다. 정보처리이론에서 강조하는 정보란 새롭게 경험되는 모든 것들, 즉 생각, 이미지, 정서 등을 말하며, 이런 정보들은 개인이 기존에 가지고 있는 틀에 부합할 때까지 계속적으로 처리되려는 경향성을 지닌다. 만일 새로운 정보가 기존의 틀과 너무나 다르고 엄청난 것이라면 정보가 다 처리되지 못하는 상황이 발생한다. 그렇게 되면 정보 중 일부만 처리되고 나머지 정보들은 처리되지 않은 채 남게 된다. 그런데 인간에게는 정보처리를 완료하려는 경향성이 있으므로, 외상적 정보는 끊임없이 재경험되며 개인을 괴롭힌다.

정보처리이론의 설명은 그럴듯하다. 사람은 충분히 슬퍼해야 슬픔에서 벗어날 수 있고, 충분히 화를 낸 후에야 다른 사람의 입장도 이해할 수 있게 된다. 즉 충분히 처리해야 안정되는 것이다. 그러나 외상성 사건은 일상에서 흔히 경험하는 것이 아니며, 따라서 충분히 처리하기도 어렵고 처리하는 데도 오랜 시간이 걸린다. 아울러 외상성 사건은 사람들이 보통 가지고 있는 상식을 철저히 무너뜨리기 때문에 한두 번에 처리되지 않는다. 사람들은 누구나 자기 자신이 끔찍한 사건 사고의 희생양이 될 거라고는 전혀 생각지 않고 살아간다. 만일 이것을 생각하고 산다면 하루하루가 불안해서 살 수 없을 것이다. 그런데 전혀 생각지 않고 살았던 것이 현실로 눈 앞에 펼쳐진 것이다. 이들은 앞으로의 인생에선 결코 편안하고 안심하면서 살기 어려울 것이다.

회피 행동으로 인한 문제 악화

흔히 회피하는 것보다 맞서 부딪쳐 극복하라고 한다. 피하는 것이 문제를 더 악화시킨다고 보는 것이다. 사람은 두렵거나 불쾌하거나 불편한 것은 피하고 싶어 한다. 외상을 겪은 사람들 중에서는 외상을 경험한 장소나 관련된 사람, 또는 관련된 대화를 피하려는 사람들이 있다. 그런데 앞서 정보처리이론에서 보면, 새로운 경험은 처리되어야만 하고 처리되기 전까지는 계속적으로 외상후 반응이 나타난다. 따라서 개인은 딜레마에 빠진다. 회피를 하면 외상 경험이 처리되지 않은 채 남게 되고, 그렇다고 직면하자니 끔찍한 사건의 재경험이 너무나 두려운 것이다.

일반적으로 외상성 사건을 경험한 후 회피는 문제를 악화시킨다고 본다. 따라서 어떤 방식으로든 외상을 경험한 장소나 사람을 피하는 것은 좋지 않다고 본다. 한 번 피하기 시작하면 계속 피하게 되고, 그러면 점차 피해야 할 것들이 많아진다. 피해야 할 것들이 많아지면 개인의 행동 반경이 좁아지게 되고, 그러면 결국 또 다른 부작용들이 생기게 마련이다.

한편 피하는 것이 좋지 않다고 하여 억지로 충격적인 현장에 강제 노출시키는 경우도 있다. 예를 들자면 끔찍한 사건 현장에 피해자를 다시 데려나 놓는 것 말이다. 그러나 피하는 것도 바람직하지 않지만 준비되지 않은 상태에서 억지로 강제 노출시키는 것도 결코 바람직하지 않다. 체계적으로 노출시켜야 한다. 불쾌한 자극의 강도가 약한 것이라면 갑자기 노출시켜도 괜찮지만, 외상성 사건과 같이 엄청난 자극인 경우 준비되지 않은 상태에서 재노출되는 것은 자아를 더욱 마비시키고 기능을 손상시키게 될 것이다.

조직이나 공동체 차원의 회피

회피는 개인 차원에서 일어나는 것만은 아니다. 앞에서 조직 내에서 사고가 발생한 경우 책임 소재 문제가 발생하고 조직의 응집성이 저하되고 활력이 침체된다고 하였다. 만일 조직에서 이 문제를 적극적이고 체계적으로 다루면 당장은 힘들더라도 장기적으로 조직의 응집성을 더 굳건히 만들 수 있을 것이다. 그러나 조직 차원의 적극적으로 대응하지 않으면서 미적거리거나 오히려 은근히 숨기려는 경우도 있을 수 있다. 이것은 피해자를 고립시킬 뿐 아니라 장기적으로 조직의 응집성도 망가뜨리게 된다.

주위와의 단절

앞서 회피 행동의 예 중에는 사람을 피하는 것도 있다. 외상을 경험한 사람들은 타인이 자신을 이해할 수 없다고 여긴다. 그 끔찍함을 경험해보지 않은 사람이 어찌 짐작이나 할 수 있겠는가? 그래서 자신을 이해할 수 없는 사람들과는 관련 주제로 대화하지 않으려 하고, 그러다 보면 점점 사람들 전체를 피하게 된다. 고립되는 것이다. 그런데 주위 사람들도 마찬가지다. 끔찍한 사건의 피해자를 자극하지 않기 위해 그 일에 대해서 함구하려고 한다. 그렇게 되면 의도적이든 그렇지 않든 간에 단절이 생긴다. 이것은 피해자와 주변 사람들과의 관계를 더욱 멀어지게 만든다.

인간은 사회적 동물이며 사람들과의 관심과 교류 속에서 힘을 얻는다. 다양한 인간의 행복 지표가 대인관계 만족도와 관련되어 있다. 어떤 힘든 일이든 생겼을 때 주변 사람의 지지와 관심은 괴로움에서 회복시키는 주요한 원동력이다. 직접적으로 외상 정보처리를 도와주지는 않더라도 간접적으로 기타 부작용을 막는 보호요인protective factor이 된다. 만일 외상성 사건의 피해자가 주위와 단절될 경우 외상으로부터의 회복은 더욱 오래 걸린다. 따라서 외상에 대한 대응은 개인 차원에서도 중요하지만 이웃 차원 그리고 공동체 차원의 대응도 중요하다. 지역 공동체에서 외상 피해자들을 애도하고 필요한 부분을 공동체 차원에서 지원해줄 때 피해자들은 고립감에서 벗어나 조금 더 외상 정보처리를 할 수 있다.

어떻게 문제를 해결할 수 있는가?

위기상담을 이해하기 위해서는 위기상담의 목표를 정확히 알아야 한다. 위기상담의 목표를 단기적인 목표와 장기적인 목표로 나눌 수 있는데, 단기적인 목표를 한마디로 표현하자면, 위기 이전의 상태로 되돌리는 것이다. 위기 이전의 적응 수준과 정신 상태로 회복시키는 것이 위기 상담의 목표이며, 상담자는 지지와 위로 격려, 그리고 여러 가지 보조 수단을 동원하여 내담자로 하여금 위기 이전의 정신력을 회복하게 도와주어야 한다. 위기상담은 대개 단기로 이루어지며 단기 목표를 달성할 때 종료된다.

장기적인 목표라고 한다면 이미 발생한 위기를 인정하고 이것을 발판으로 정신적으로 성장하는 것이 될 것이다. 위기가 발생했는데, 과거에만 얽매이거나 위기를 인정하지 않는 자세는 아무런 도움이 안될 것이다. 내담자는, 위기가 삶의 정상적인 일부임을 깨달아야 하며, 위기를 기회로 삼아 새로운 사고방식이나 문제해결 기술을 배워야 할 것이다. 즉 위기를 통한 성장growth from crisis, 역경을 통한 성장growth from adversity을 이루어야 할 것이다.

경청과 공감

만일 상대방이 자살 위기 상황에 놓여 있다면 먼저 자살하고 싶은 마음에 대해 탐색하고 고통에 공감한 후 상대방을 설득해야 한다. 공감의 과정을 생략한 채 무조건 설득만 한다고 해서 자살 시도자가 반응하지는 않는다. 만에 하나라도 설득 과정에서 자살을 감행해버리면 상담자는 치명타를 입게 된다.

그런데 자살 위기 상황에서 공감한다는 것은 무엇인가? 자살하고 싶은 것을 이해한다는 수준으로는 안 될 것이다. 그것은 오히려 죽는 것만이 해결책이라는 생각을 더 강화

시켜줄 수 있다. 공감은 표면적인 것이 아니라 심층적인 것에 대해 공감하는 것이다. 죽고 싶은 마음보다 그 마음을 만든 근본적인 욕구와 감정들에 대해 공감하는 것이다. 다음 대화의 예를 보자.

> 내담자 : "죽는 게 낫겠어요. 부모님들이 슬퍼할 수도 있지만, 그렇다고 달라질 것도 없어요. 제게는 아무런 의미가 없어요."
>
> 상담자 : "네게 의미 있는 일은 아무것도 남지 않았구나. 그래서 차라리 죽는 게 낫다고 생각하는구나."
>
> 내담자 : "죽어버리면 이 고통도 끝나겠지요. 선생님 보시기엔 바보같이 보이겠지만……."
>
> 상담자 : "너의 결정을 바보같다 여기진 않겠다. 다만 나는 너의 고통이 무엇인지, 너에게 의미가 있는 것은 무엇인지 더 알고 싶구나."

자살 시도자들이 죽음을 선택하려고 하는 데는 그 동안 켜켜이 쌓인 좌절이 있다. 이들은 기대만큼 달성되지 않은 성과에 대해 실망하고 또 자기 자신에 대해 실망하였다. 자신을 한심한 존재, 아무리 노력해도 어쩔 수 없는 존재, 쓰레기 같은 존재로 여기고 있다. 그렇다면 과연 이들이 되고 싶었던 존재는 어떤 존재일까? 그것은 유능한 존재, 존경받는 존재, 반짝반짝 빛나는 존재가 되고 싶었던 것이다. 뭐든지 대충대충 하면서 만족하지 않고 최선을 다해 열심히 일하고 그 결과를 인정받는 것, 이것이 이들이 간절히 바랐던 것이다. 그러나 칭찬과 인정보다는 늘 비난과 요구가 따라왔고, 이들은 점차 자기 스스로 비난하고 요구하기 시작한 것이다. 어떤 일을 해낸 후에라도 스스로 해낸 것이라면 과소평가를 한다. 타인에겐 너그러우면서 자신에겐 엄격하다. 그리고 조금만 일이 잘못되면 이들은 다음과 같이 생각할 것이다.

> "그래 결국 이렇게 될 줄 알았어. 내가 하는 일이 다 그 모양이지."
>
> "아, 나는 대체 뭐하고 사는 거지? 정말 답답하다."
>
> "이런 것도 못하면서 다른 것은 어떻게 할 수 있단 말인가……. 결국 나는 또 실패할 것이 뻔한데……."

상담자는 내담자의 자살 의도를 충분히 존중하면서도, 이야기를 길게 끌어가며 자살을 생각하게끔 만든 근본적인 좌절에 대해 이야기를 나누며 공감해주어야 할 것이다.

설 득

상담자는 내담자가 주체적으로 결정할 수 있도록 도와주며, 주체적으로 내린 결정을 존중한다. 그러면 죽겠다는 결정은 어떻게 해야 할까? 이것은 어려운 문제이다. 일반적으로 자살은 부정적으로 인식되며, 따라서 대부분 상담자는 자살은 올바른 선택이 아니며 죽지 말라고 설득하게 된다. 그런데 이것은 아이러니다. 이렇게 설득하는 것은 내담자에게 '당신의 선택은 올바른 것이 아니다'라고 전달하는 셈이다. 사회적 가치에 근거한 설득은 대개 이런 맹점이 있다. 알코올중독자에게 술을 먹지 마라고 설득하는 것은 '술을 먹는 당신은 올바르게 행동하고 있지 않다'는 것을 전달하는 셈이다. 따라서 자살 시도자를 설득할 때는, 상대의 선택이 옳으냐 그르냐의 틀을 벗어나는 제3의 제안이나 권유가 좋다. 대개 상담에서는 당장의 자살 충동을 지연시키고 추가적인 상담을 할 것을 권유하면 좋다. 예를 들면 다음과 같다.

> "오늘 많은 얘기를 나누었는데, 저는 당신과 좀 더 얘기해보고 싶군요. 내일도 다시 전화해줄 수 있나요?"
> "오늘은 밤이 늦었는데, 내일 ○○동에 위치한 상담소로 나와 줄 수 있나요? 만나서 더 자세한 얘기를 듣고 싶군요."

구체적 지시　위기 상황에 처한 사람을 설득할 때는 가급적이면 구체적인 지시를 할 필요가 있다. '희망을 가져라', '치료를 받아라'는 식의 두루뭉술한 얘기보다는, '내일 집 근처 ○○ 병원이 있으니 방문해보자', '밤 12시 이후에 잠이 안 올 때는 생명의 전화에 전화 걸어 30분 이상 상담을 한다'는 식의 구체적 지시를 하는 것이다.

위로와 애도

심리적 상처를 입은 자아에게 필요한 것은 위로이다. 위로consolation는 괴롭고 고통스런 마음을 달래주는 것이다. 슬픔을 당한 사람을 위로하는 마음은 상대에게 전달되며, 상대는 이해받고 함께 있는 느낌을 느낀다. 슬픔 중에서 상실이나 죽음의 슬픔을 위로하는 경우를 애도mourning라고 한다. 상실했을 땐 충분한 슬픔의 기간을 거쳐야 한다. 흔히 사랑하는 사람이 사망할 때 최소 2개월 이상의 애도 기간이 필요하다고 한다. 충분히 슬퍼하면 다시 회복할 수 있다. 따라서 상담자는 위로와 애도를 전하면서 충분히 슬퍼할 수 있도록 기다려주어야 하며, 슬퍼하지 못하도록 억지로 막으려 해서는 안될 것이다.

조직이나 공동체 차원의 애도   조직이나 공동체 차원에서 애도 작업을 해주는 것은 피해자나 희생자 가족에게 큰 도움이 된다. 그들은 사회나 조직으로부터 단절되지 않았고 보호받고 있다고 여길 것이다. 조직이나 공동체 차원의 애도는 응집성의 붕괴를 막기 위한 측면도 있지만 기본적으로 인간적인 측면이 있다. 즉 끔찍한 사건은 누구에게나 벌어질 수 있는 사건이므로 내 일이 아니라고 외면하지는 말자는 것이다. 만일 사건이 그에게 벌어지지 않았다면 내게 벌어질 수도 있었다. 따라서 타인의 불행에 관심을 갖는 인간애를 발휘하는 것이다.

버지니아 공대의 추모 촛불

집단적인 애도 분위기가 희생자 및 가족들을 덜 외롭게 만들고 힘을 준다.

섣부른 격려나 비판은 조심하기

그런데 어떤 사람들은 상대방이 슬픈 것을 본인이 견디지 못한다. 충분히 슬퍼하면 다시 회복할 수 있을텐데 그 과정을 지켜보며 기다리기 어려워한다. 슬픔의 감정이 본인에게 영향을 미칠 것이 두렵기 때문이다. 그래서 상대방에게 섣부른 격려를 하게 되는데, '다 잘 될거다', '다 지나갔다', '다 잊어라'는 식으로 격려하게 된다. 그러나 현재의 마음 상태와 너무나 동떨어진 격려는 결코 받아들여지지 않을 것이다.

아울러 위기 상황에 현명하게 대처하지 못한다고 질책하거나 비판하는 것도 안된다. 위기 상황에서 개인은 감정적으로 혼란되어 있으며, 무력감, 우울, 분노, 깊은 절망감, 죄책감등의 강력한 감정을 복합적으로 느끼고 있다. 이런 상황에서는 감정의 수용이 우선이지 갈등을 직면시키거나 비판하는 것은 결코 바람직하지 않다.

외상후 반응 교육

충격적 사건을 경험한 후에는 앞에서 언급한 재경험, 마비, 각성증가와 같은 증상이 생긴다. 그런데 정신건강 전문가가 아닌 보통 사람들은 이런 것을 잘 알지 못하며, 충격적 사건을 경험한 것도 힘든데 그 이후에 이런 증상들이 생기면 더욱 더 당황스러워하고 힘들어한다. 따라서 사전에 외상후 반응에 대해 교육해주면 도움이 된다. 앞으로 이러저러한 증상이 나타날 수 있다고 미리 알려주는 것이다. 교육을 받은 사건 피해자들은 자신에게서 일어나는 반응이 외상성 사건을 경험한 사람들에게서 나타나는 일반적이고 자연스러운 반응임을 알고 더 차분하게 받아들일 수 있다.

외상후 반응 교육 시에 외상후 반응의 특징과 지속 기간에 대해 미리 알려주는 것은 귀인 재조정reaffribution의 효과가 있다. 어떤 사람들은 외상성 반응이 나타나는 것을 자신이 나약한 탓으로 돌리고 더 괴로워하는데, 교육을 통해 나약함 때문이 아니라 외상이 원인임을 알게 된다. 또 외상후 반응에 대한 약물치료와 심리치료에는 어떤 것들이 있는지, 주변 사람들은 어떻게 행동해야 하는지, 만일 도움이 필요하다면 지원해줄 수 있는 기관은 어떤 곳이 있는지를 알려주어야 한다.

체계적 노출

앞에서 외상 관련 자극을 회피하는 것이 문제를 더 악화시킨다고 하였다. 인지행동치료 cognitive-behavior therapy 입장에서는 외상 관련 단서trauma-reated cue에 점진적으로 노출되어 편안 해지는 것이 중요하다고 본다. 노출 치료법exposure therapy은 환자가 외상과 관련된 단서에 의도적으로 자신을 노출시키면서 각성이 사라질 때까지 의도적으로 기억을 유지하는 것이 다. 처음에는 그 때의 기억이 되살아나므로 매우 힘들지만 강렬했던 각성도 점차 약해진다는 것을 경험하게 된다. 최근에는 방법도 다양해져서 실제 노출 외에도 상상이나 기억해 보는 방법을 쓰기도 하고, 눈동자를 움직이면서 기억을 떠올리는 안구운동 둔감화 재처리법(EMDR)[28]을 사용하기도 한다. 노출 치료는 전쟁, 성 학대, 자동차 사고 등과 관련된 외상후스트레스장애PTSD 증상 치료에 사용되어 왔다.

그런데 노출을 시킬 때도 무방비 상태에서 갑작스럽게 노출시키는 것보다는 차근차근 체계적으로 노출을 시키는 것이 중요하다. 지연된 노출법이라고도 알려진 치료법은 외상 적 사건을 단계적으로 떠올리게 하여 불안한 기억에 반복적으로 노출시킴으로써 궁극 적으로 외상적 사건을 큰 불안 없이 직면하도록 유도한다. 단계적으로 노출시킨다는 게 핵심인데, 먼저 신체를 충분히 이완시킨 후에 피하고 있는 상황이나 대상에 상상적으로 노출을 시키고, 추후 조금씩 더 강도를 높여 반복적으로 노출을 시키는 것이다. 생생한 노출의 목표는 외상과 관련된 기억과 상황에 직면하는 것을 도움으로써 외상 사건의 정 서적 처리emotional processing를 향상시키는 것이다. 이렇게 함으로써 그 기억에 관련된 상황 이나 활동이 외상 그 자체와 같지 않음을 배우게 된다. 그들은 안전하게 외상 기억을 경 험할 수 있게 되고, 노출로 인해 생긴 처음의 불안과 스트레스는 시간이 지남에 따라 감 소하게 된다.

28　안구운동 둔감화 재처리법(EMDR; Eye Movement Desensitization Reprocessing) : 좌우로 움직이는 치료과의 손가락 또는 시각신호장치를 따라 눈동자를 움직이는 동시에 외상 기억을 마음 속에 떠올리는 것으로, 미국의 심리학자 샤피로(Shapiro)가 제안한 방법이다.

표현하기와 간직하기의 균형   충격과 슬픔, 분노 등 인간의 감정은 처리되어야만 한다. 처리가 완료될 때까지 감정은 끊임없이 재경험 될 것이다. 감정의 처리를 위해서는 다양한 방법이 시행될 수 있다. 외상trauma을 떠올리며 대화를 나누는 상담이 일반적으로 시도될 수 있는데, 외상과 관련된 혼란감, 슬픔, 당황, 분노, 절망, 무력감 등을 표현하게 하는 것이다. 감정을 표현해내면 감정이 해소될 수 있다. 이것을 카타르시스catharsis라 한다. 노출법은 감정표현 및 카타르시스를 촉진시키려는 것이다. 충격적 사건 단서에 의도적으로 노출시키면서 당시에 느꼈던 혼란감, 슬픔, 당황, 분노, 절망, 무력감 등을 덜어낼 수 있도록 유도하는 것이다.

그런데 앞에서도 언급했듯이, 준비되지 않은 채 억지로 시행되는 감정발산은 부작용이 있을 수 있다. 예를 들어 충격적인 차사고를 목격한 사람에게 억지로 사고장면을 보여주고 소감을 말하라는 것은 오히려 위험할 것이다. 따라서 단계적이고 체계적으로 노출이 시행되어야 할 것이다. 그리고 표현하는 것도 중요하지만 감정을 발산하는 것으로 다 해결되는 것은 아니며, 감당할 수 있다면 고통을 간직하고 고통 속에서 새로운 의미를 찾는 것도 중요하다. 표현하기와 간직하기의 균형을 통해 정서조절력을 회복하고 자신에게 벌어진 일의 의미를 찾은 사람들은 개인적인 고통을 승화시켜 공동체에 이익이 되는 건설적인 일을 하기도 한다. 학교폭력으로 자녀를 잃은 부모가 학교폭력예방활동을 전개한다든지, 전쟁으로 고통 받은 참전용사가 전쟁군인의 슬픔에 관심을 촉구하는 캠페인을 벌인다든지 등의 좋은 예가 있다.

자원의 연결

위기 상황 중에서는 대화를 통한 상담 치료만으로 해결할 수 없는 상황도 있다. 예를 들어 성폭행 피해자가 위급하게 상담을 요청하였을 때 산부인과 병원의 시급한 도움이 필요할 수 있다. 또 가정 폭력으로 도망 나온 피해자의 경우 쉼터가 필요할 수 있다. 이처럼 위기상담에서는 피해자에게 필요한 법률적, 의료적, 환경적 지원을 연결해주는 것

이 중요하다. 그리고 같은 어려움을 겪은 사람이 모여 만든 단체를 연결해 줄 수도 있다. 또 어느 정도 위기를 극복한 후에는 위기예방 활동에 함께 참여하도록 권유할 수도 있다. 이처럼 위기개입모델은 기본적으로 심리적 위기개입과 환경적 지원을 둘 다 강조한다.

위기개입모델

$$위기개입모델 = 심리적\ 위기개입 + 환경적\ 지원$$

위기상담자가 되기 위한 훈련

위기상담자가 되기 위해서는 어떤 훈련을 하면 좋을까? 이 질문에 답을 하기는 쉽지 않다. 위기상담자는 생명이 위급하거나 충격적인 사건의 피해자를 다루게 되므로 고도의 전문성이 필요할 것이다. 앞 장에서 언급한 치료적 상담자 수준의 훈련을 거치면 충분히 위기 장면에서 효과적으로 대응할 수 있을 것이다. 그런데 현실적으로 볼 때 대개의 위기상담자는 단기간의 교육을 거쳐 위기상담 장면에 배치된다. 공공기관에 고용된 위기상담자의 경우 전화상담 업무를 맡는 경우가 많은데, 아직까지 전화를 통한 위기상담자에 대한 처우가 좋은 편은 아니다 보니 충분히 전문성이 보장되지 않는 경우가 많다. 회사나 부대 내의 상급자가 위기상담을 하는 경우에도 비슷한데 이들 역시 업무에 바쁜 나머지 체계적인 교육을 받을 기회가 부족하다. 이론은 전문성을 요구하지만 현실은 그렇지 못한 것이다.

전문성의 확보가 어려운 이유는 위기상담의 구조 자체에도 존재한다. 대개 위기상담은 장기상담이 아니라 단기상담이다. 1회 이내로 끝나는 경우도 많다. 따라서 충분한 라포를 형성한 후 다양한 기법을 전개할 기회도 없다.

침착함과 전문성

이런 사정을 감안하고 위기상담자가 훈련할 부분에 대해서 간략히 언급한다면, 먼저 자살시도와 같은 긴급한 상황에서는 침착함을 유지하는 훈련과 대화를 연장하는 훈련이 중요하다고 본다. 대화를 연장할 때는 상담자가 훈계하면서 연장하는 것이 아니라 상대방으로 하여금 극단적인 선택을 하려는 동기나 상처 입은 감정을 충분히 말할 수 있도록 기회를 주면서 연장하는 것이 필요하다. 속마음을 충분히 털어놓은 사람은 감정적으로 안정되고 상담자의 위로나 설득을 받아들일 가능성이 높아진다.

그리고 충격적 외상사건으로 위기에 처한 사람들을 대할 때는 표현하기와 간직하기를 동시에 유도할 수 있는 전문성이 중요하다. 앞에서도 언급했듯이, 섣불리 안심시키려는 것은 상대가 아니라 자기 마음이 불안하기 때문이다. 막연하게 '괜찮아질 것이다', '희망을 잃지 마라'고 격려하는 것보다 당사자가 느낀 좌절, 절망, 고통, 분노, 무력감, 당황, 슬픔 등의 감정을 공감하고 이를 표현할 수 있도록 기회를 주는 것이 중요하다. 이때 너무 앞서나가서 인위적인 감정발산을 유도하거나 또는 상대가 고통스러워하는데도 너무 뒤처져서 상대의 감정을 놓치거나 하면 안될 것이다. 보조를 맞춰 공감해야 한다. 아울러 준비되지 않은 사람을 억지로 감정발산 시키는 것이 아니라 수용할 수 있을 만큼 단계적이고 체계적으로 표현하도록 유도해야 한다. 아울러 감정이 충분히 발산되었다면 어느 정도 간직하기를 유도해야 한다. 감정의 발산만으로 다 해결되는 것은 아니기 때문이다. 결국 스스로 고통을 감당하고 의미를 찾아야 상처에서 벗어날 수 있다.

안전우선주의

위기개입의 기본목표는 심리적 안정상태를 유지할 수 없는 위기상황에서 최소한 위기 이전의 기능 수준으로 회복하도록 돕는 것이다. 달리 말하면 치료적 상담에서 추구하는 내면의 성찰이나 정신적 성장과 같은 장기적 목표보다는 단기적으로 위기 이전의 수준으로 되돌려 놓자는 것이다. 자살시도, 타살충동, 외상후스트레스장애, 가정폭력피해, 성폭력피해, 임신과 낙태 문제 등 급박한 위기 상황을 다룰 때 상담자는 피해자에게 긴급하고 적극적으로 지지, 지원하며 개입해야 한다. 그리고 이것은 피해자의 안전을 확보하기 위한 조치여야 한다. 안전확보 조치는 위기상담에서 최우선이며, 이 조치 없이는 다른 어떤 작업도 수행될 수 없다. 간혹 어떤 상담자는 과감한 시도를 좋아하며 상대방을 자극함으로써 깨달음을 주려고 시도할 수 있다. 그러나 위기 상황에서 혼란스런 사람은 깨달음을 얻기 어렵다. 만의 하나 피해자가 극단적인 선택을 결행하여 죽어버린다면 어떤 기회도 없을 것이다. 따라서 위기상담자는 피해자를 자극하지 말고, 공감적으로 지지하고, 표현하도록 유도하고, 주변사람들로부터 도움을 얻을 수 있도록 연결하는데 우선순위를 두어야 한다.

안전을 확보하기 위한 또 하나의 조치로써 전문가 공동대처를 염두에 두어야 한다. 급박한 위기에 상담자는 혼자 대처할 수밖에 없을 것이다. 그러나 일단 급박한 상황이 끝난 후에는 반드시 상급자에게 보고하거나 동료와 의논하여 공동대처하는 것이 필요하다. 급박한 상황에서 미처 고려하지 못했던 것을 동료나 상급자가 알려줄 수 있다. 또한 이 조치는 상담자를 보호하는데도 중요하다. 대개 위기상담자는 관리자 위치에 있지 않고 피고용자 위치에 있다. 조직 내 위기상담자의 경우에는 지휘계통에서 중간급 관리자인 경우가 많다. 따라서 만의 하나라도 극단적인 상황이 발생했을 때 자신을 보호해줄 상급자에게 주요 사항을 사전에 보고해야 한다. 이를 위해 위기상담자는 특별히 동료나 상급자와 돈독한 관계를 유지하도록 노력해야 할 것이다. 참고로 급박한 위기상황이라면 자살방지 서약서를 받거나 상담내용을 녹음해놓는 것도 필요하다.

정 리 하 기

1 / 어떤 일의 진행 과정이나 생활 과정에서 급작스럽게 악화된 상황을 위기라 할 수 있다. 위기상담은 엄청난 문제로 위험한 상태에 직면해 있는 사람을 도와주는 전문적이고도 가치 있는 활동이다.

2 / 자살 충동은 위기상담자가 다룰 주요한 문제이다. 죽으면 안된다 라고 섣불리 설득하는 것보다 먼저 죽고 싶은 마음, 즉 좌절감이나 무력감, 슬픔을 끝까지 경청하고 공감해야 한다. 그 다음 구체적인 지시를 주며 설득하는 것이 필요하다.

3 / 충격적 사건의 희생자들은 트라우마 반응을 겪게 된다. 주요 트라우마 반응은 충격적 사건의 재경험, 각성증가 그리고 회피이다. 트라우마 반응을 해소하기 위해서는 충격적 사건과 관련된 느낌, 생각 등을 차분하게 표현하도록 도와주어야 한다.

4 / 위기상황에 처한 사람을 대할 때는 안전이 최우선이다. 섣부른 비판이나 충격요법 같은 자극적인 조치는 삼가며, 동료 전문가들과 협의하면서 위기 조치가 이루어져야 한다.

5 / 위기상황에 처한 사람을 회복시키기 위해서는 상담 외에도 자원 연결이 필요할 수 있다. 법적, 환경적, 의료적 지원을 받을 수 있도록 도와주어야 한다.

CHAPTER 10

분쟁과
조정상담

CHAP
TER 10

분쟁과
조정상담

조정mediation(□□)이란 분쟁 당사자 사이에 제3자가 개입하여 화해에 이르도록 함으로써 분쟁의 해결을 도모하는 것을 의미한다. 구체적인 조정상담 장면으로 볼 수 있는 것은 가족 및 부부상담, 이혼상담이나 학교폭력 조정상담과 같은 것이 있다. 넓게 봐서 개인 간 분쟁을 조정하기 위한 제3자의 모든 개입을 갈등조정, 혹은 조정상담이라 할 수 있다.

문제는 무엇이고 왜 생기는가?

분쟁과 이익충돌

심리상담에서는 개인의 내적 갈등inner conflict을 어루만지는 것을 중요하게 여긴다. 예를 들어 화내고 싶은 마음과 화내면 안될 것 같은 마음이 동시에 존재할 때 이를 어루만져 주는 것이다. 내적갈등이 있는 사람은 이러지도 저러지도 못하여 괴로운데, 갈등이 심해지면 강박, 불안, 신체화, 분노폭발 등 다양한 증상이 나타나게 된다. 그런데 갈등에는 모순된 두 마음이 동시에 존재하는 내적 갈등도 있지만 상반된 입장을 가진 두 사람이 만드는 외적 갈등도 있다. 이것을 내적 갈등과 구분하기 위해 개인 간 분쟁이라 부를 수 있다.

분쟁은 두 사람 간 이익 충돌의 문제로 볼 수 있다. 이들의 관계는 윈윈win-win 관계가 아니라 어느 한 쪽이 이기면 다른 쪽은 지게 되어 있다. 즉 어느 한 쪽이 이익을 더 가져가면 다른 쪽은 손해를 보게 되는 관계이다. 적어도 분쟁 당사자의 눈에는 그렇게 보인다.

예를 들어 설명해보자. 학교폭력 가해자 부모와 피해자 부모가 만났다. 이들의 목표는 합의이다. 가해학생의 부모는 자녀의 잘못을 인정하며 피해학생의 치료비를 부담하려고 한다. 그런데 치료비를 산정할 때 어느 정도가 적당할까? 가해학생의 부모와 달리 피해학생의 부모는 당장의 치료비뿐 아니라 혹시 추후에 생길지 모르는 후유증을 걱정할 수 있다. 따라서 피해학생의 부모는 더 많은 치료비를 요구하게 되고 가해학생의 부모는 그것을 과도하다고 여길 수 있다. 이 경우 적정 치료비에 대해 합의점을 찾기 어려울 것이다.

감정 충돌의 문제　　앞의 예를 계속 들어보자. 대개 이익 충돌의 문제에는 감정적인 부분이 개입되어 있다. 가해학생 부모가 치료비를 기꺼이 부담하려고 함에도 불구하고 피해학생 부모는 이익 불균형을 느낄 수 있다. 그 이유는 신체적 상해 외에도 정신적 피해에 대하여 보상받고 싶은 마음이 있기 때문이다. 또한 사람들은 피해를 당했다면 그만큼 되돌려 주고 싶어한다. 즉 당한 것에 대한 분노를 표현하고 상대방에게 상처를 주고 싶어한다. 이 같은 감정적 충돌로 인해 분쟁은 더욱 커지고 강도는 강렬해진다.

성격 차이의 문제

이익–손해 분쟁이 아닌 성격 차이로 인한 갈등도 있을 수 있다. 흔히 부부나 가족갈등의 경우 성격 차이가 주요 원인이 된다. 성격personality(性格)은 시간이나 장소가 달라져도 한 사람을 다른 사람과 구별짓는 특징적인 생각, 감정, 행동의 패턴을 말한다. 이것은 감정이나 동기 또는 행동의 지속적인 경향성이다. 성격은 타고난 기질의 바탕과 생후 초기 환경의 상호작용으로 형성된다. 일단 성격이 어느 한 방향으로 형성되면 추진력을 얻게 되어 남은 일생 동안 내내 그 방향으로 굳어지기 쉽다. 그러면 자신과 다른 방향으로 형성된 성격의 소유자는 이해하기 어렵게 된다.

　예를 들어 설명해보자. 앞에서 든 예 중에 상대방에게 관심이 있을 때 장난을 치려는 사람과 조심스럽게 대하려는 사람은 서로 다르다고 하였다. 만일 후자의 사람이라면, 누군가 자기에게 장난을 치면 자신을 깔본다고 여길 것이다. 이것이 특히 이성관계에서 흔히 발생하는데, 자신을 애틋하게 사랑해주기 바라는 사람의 경우 상대방이 장난을 치면

고객상담과 심리상담의 길잡이

자기를 좋아하지 않는다고 여기게 된다. 더 나아가 자신을 존중하지 않거나 무시한다고 여기게 되며, 때에 따라서는 상대방에게 자신의 방식을 강요하기도 한다. 그는 장난치는 것이 관심의 표현이라는 것을 이해할 수 없다. 또 애틋하고 진지하게 대하려고 해도 수줍고 손발이 오그라드는 느낌에 그렇게 못하는 것을 이해할 수 없다. 또 다른 예를 들어보자. 간섭을 관심의 표현으로 받아들이는 사람과 간섭을 주체성의 훼손으로 받아들이는 사람이 있다. 전자의 경우 상대가 간섭하지 않으면 관심이 없다고 여기고, 후자의 경우 상대가 간섭하면 나를 무시한다고 여긴다. 신기하게도 이런 두 사람이 연애를 할 때는 서로 매력적으로 여기지만, 막상 결혼하면서 살게 되면 성격 차이가 갈등의 씨앗이 된다.

갈등의 반복   가벼운 성격 차이의 문제라면 그때 그때 넘기면 될 것이다. 그런데 가족이나 부부 사이에서는 이런 성격 차이의 문제가 반복된다. 특히 부부나 가족들은 생활환경을 공유하기 때문에 문제가 반복될 수 있다. 예를 들어서 공간을 깔끔하게 치우고 정리하는 것을 좋아하는 사람과 그렇지 않은 사람이 부부 또는 가족으로 만났다고 하면, 어느 한 쪽이 양보하지 않는 한 문제는 해결될 수 없다. 사람들은 사랑하는 사람의 스타일에 기꺼이 맞춰주겠다고 호언장담하지만, 생활습관이나 생활환경 면에서 상대의 스타일에 맞춰 양보하는 것은 결코 쉽지 않다. 자신이 익숙함을 포기하고 불편함을 감수해야 하기 때문이다.

또 다른 예를 들어보자. 성격 차이로 인해 자녀 양육에서 갈등이 반복될 수 있다. 무엇이든지 스스로 깨우치는 것이 중요하다고 여기는 남편과 혼자보다는 보호자가 챙겨주며 습관을 들이는게 중요하다고 여기는 아내는 자녀 양육 상황에서 사사건건 부딪힐 수 있다. 자녀가 공부할 때 남편은 관여하려 하지 않을 것이고 아내는 이 점이 불만일 것이다. 만일 자녀가 말썽을 피운다면 남편은 아내의 과잉보호 때문에 자녀를 망쳤다고 아내를 비난할 수 있다. 이렇게 본질적으로 남편과 아내의 성격 차이에서 시작된 갈등은 자녀 양육이라는 반복되는 상황에서 더욱 커지고 심각해질 수 있다. 남편과 아내는 서로 더 원망하고 미워하며 자기를 이해하지 못하고 무시한다고 여길 것이다.

신념의 차이

신념을 지키는 것이 중요하다는 말이 있다. 그러나 대인관계에서 신념이 서로 부딪히면 갈등이 생긴다. 신념belief(믿음)이란 어떤 대상에 대해 가지고 있는 가치관이나 태도를 명제 형식으로 기술한 것을 말한다. 바로 앞의 예를 이용해서 설명하자면, 자녀 양육과 관련하여 남편에게는 '무엇이든지 스스로 깨우치는 것이 중요하다'는 신념이 있으며, 아내에게는 '부모가 관심을 갖고 자녀에게 좋은 습관을 길러주는 것이 중요하다'는 신념이 있는 것이다. 신념은 개인의 성장 과정에서 경험을 통해 획득한 것이어서 철썩 같이 믿지만, 사람마다 신념에 차이가 있어서 다른 사람이 보기에는 비합리적이고 엉뚱하며 답답하게 느껴질 수 있다.

개인적 신념을 지나치게 고수할 때의 문제를 좀 더 자세히 살펴보면, 자신의 신념을 지키는 것이 상대의 심층욕구를 좌절시키는 결과를 초래할 수 있음에 주목해야 한다. '가장은 약한 모습을 보이지 말아야 한다'는 신념을 가진 사람은 배우자에게 힘든 일을 털어놓지 않기 때문에 배우자는 감정교류 욕구가 좌절되고 외로움을 느끼게 된다. '부부끼리는 숨기는 것이 없어야 한다'는 신념을 가진 사람은 상대방의 행적에 대해 꼬치꼬치 캐묻기 때문에 배우자는 자율성과 독립성이 훼손당하는 느낌을 받으며 상대를 의심증이 있는 사람으로 보게 된다. 이처럼 각자의 신념을 지키는 것이 상대의 심층욕구를 좌절시키고, 상대방은 욕구가 좌절되었기 때문에 원망이나 분노로 반응하면 부부간 갈등은 더욱 심화될 것이다.

의사소통방식 차이로 인한 오해

여자는 문제가 생기면 대화로 해결하려 하지만, 남자는 동굴에 들어가 혼자 고민한다는 말이 있다. 남녀 간 의사소통방식의 차이를 설명하는 비유이다. 성격 차이는 의사소통방식의 차이로 확연히 드러난다. 즉 의사소통방식의 차이는 성격차이로 인한 분쟁을 더욱 심각하게 만든다. 결과 위주의 의사소통과 과정 위주의 의사소통 방식을 비교해보자. 어떤 사람은 고민을 얘기하면 반드시 해결책을 생각해내고 얘기해주어야 한다. 이들은 고민을 나누는 과정보다는 해결책이 얼마나 만족스럽냐의 결과에 집중한다. 한편 어떤 사람은 고민을 얘기하면서 상대방과 함께 한

고객상담과 심리상담의 길잡이

다는 그 자체를 원한다. 문제의 해결책을 듣는 것에는 관심이 없다. 그저 상대가 자신을 좋아하고 있는지 확인하면 된다. 전자의 방식은 로봇의 의사소통이라 할 수 있다. 로봇처럼 오로지 결과물을 남기는데 집중하기 때문이다. 후자의 방식은 유아의 의사소통이라 할 수 있다. 이들은 상대가 자신을 사랑하고 있음을 확인하기만 하면 된다.

의사소통 방식의 차이는 두 사람 사이에선 언제라도 존재한다. 그런데 의사소통 방식의 차이를 서로 인정하고 존중하면 더 이상 문제는 없겠지만, 상대의 의사소통을 존중하지 않거나 또는 오해하여 나를 무시하거나 싫어한다고 여기기 시작하면 문제는 걷잡을 수 없이 커진다. 다음 대화의 예를 보자.

> 남편 : "당신 요즘 어디를 그렇게 나다니는 거야? 그렇지 않아도 요새 직장에서 스트레스 받는데 당신까지 왜 그래?"
>
> 아내 : "……." (최근 남편이 바쁘고 스트레스를 많이 받아서 친정어머니가 아픈 것을 남편에게 말하지 못하고 있다.)
>
> 남편 : "왜 아무 말이 없어? 나를 무시하는 거야? 질문을 하면 뭐라고 대답을 해야 할 거 아냐!"
>
> 아내 : "그렇게 거칠게 몰아붙이는데 무슨 말을 해? 좀 부드럽게 물어보면 안 돼?"
>
> 남편 : "왜, 물어보는 방식이 그렇게 중요해? 그러면 부드럽게 대화하는 사람이랑 결혼하지 그랬어?"
>
> 아내 : "그래, 당신 같은 사람이랑 결혼한 것이 후회가 된다."
>
> 남편 : "이제 본색이 드러나는구나. 지금 이혼하자는 거야?"

대화를 살펴보면 부부의 의사소통방식 차이를 절감할 수 있을 것이다. 남편은 당장 문제를 해결하자는 식이며, 표현방식은 부드럽든 거칠든 중요하게 여기지 않는다. 반면 아내는 먼저 진정한 후 나중에 문제를 해결하자는 식이다. 또 남편은 감정보다는 의도에 민감하다. 아내는 '후회가 된다'고 감정을 전달했지만 남편은 이것을 이혼하려는 의도가 있는 것으로 받아들이고 있다.

병리적 체계의 문제

갈등이 심한 커플의 경우, 현재의 상대가 아닌 다른 사람을 만났다면 인생이 달라졌을까 하고 상상해볼 수 있다. 당연히 다른 스타일의 사람을 만났다면 다른 관계가 형성되었을 것이다. 그러나 그럴 가능성은 희박한데, 아예 처음부터 커플이 될 리가 없기 때문이다. 커플이 되기 위해서는 절묘하게 서로 부족한 점을 채워주거나 환상을 만족시켜주는 연결고리가 있어야 한다.

어쨌든 이런 상상을 통해 생각해볼 수 있는 것은, 다른 사람과 있을 때는 문제가 되지 않던 것이 왜 이 사람과 있을 때는 문제가 되냐는 것이다. 즉 각각의 사람으로서는 별 문제가 아닌 것이 둘이 만나면 문제가 된다는 것이다. 이것은 각자의 문제가 아니라 커플의 문제이다. 가족의 경우도 이와 비슷한데, 각자는 모두 좋은 사람이라 할지라도 가족이 모이면 문제가 될 수 있다. 이것은 각자의 문제가 아니라 가족의 문제이다. 이처럼 여러 명의 구성원이 모여 만든 문제를 체계system의 문제라고 한다. 부부가 매일같이 싸우고 가족들이 서로 반복하며 미워하는 것은 병리적 체계의 문제이다. 병리적 체계의 문제는 각 구성원의 약한 부분이 서로 얽혀 생긴다. 즉 각자의 약점이 절묘하게 상대의 약점을 자극하여 문제를 만들어내는 것이다. 앞의 남편과 아내 간 대화 예를 살펴보면, 남편은 상대가 반응해주지 않으면 불안해지는 약점이 있고, 아내는 상대가 거칠게 말하면 슬퍼지는 약점이 있다. 이 두 약점이 절묘하게 만나 연결고리를 이룬 것이다.

병리적 체계

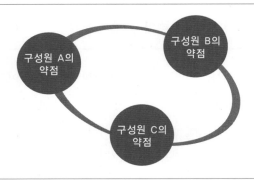

고객상담과 심리상담의 길잡이

어떻게 문제를 해결할 수 있는가?

타협을 통한 승리

분쟁의 유일한 해결책은 타협이다. 타협은 분쟁 양측이 동시에 조금씩 양보해서 중간 지점에서 만나는 것이다. 어느 한 쪽만 양보한다고 될 일은 아니다. 양측이 동시에 양보하는 타협은 결과적으로 모두 승리win-win하는 것이다. 왜 그럴까? 양측 모두 조금씩 손해를 본다고 볼 수도 있는데, 꼭 승리라고 말할 수 있을까?

타협이 양측 모두에게 승리인 이유를 몇 가지 들 수 있다. 첫째 타협이 이루어지면 양쪽 모두 어느 정도 이익을 얻을 수 있지만 타협에 실패한 경우 아무도 이익을 얻을 수 없다는 점에서 양측 모두에게 승리라고 할 수 있다. 학교폭력 가해자와 피해자의 타협을 예로 들면, 이들이 서로 타협점을 찾지 못할 때 피해자 측에서는 치료비와 같은 금전적 보상이나 사과와 같은 정신적 보상을 전혀 얻을 수 없다. 물론 가해자가 전학을 가거나 학교에서 불이익을 당하는 등 처벌받는 것을 보고 통쾌할 수는 있지만, 이것은 가해자에게도 손해요 피해자에게도 직접 이득이 될 것은 없는 것이다.

둘째, 대개 타협은 단일 안건에서 중간 지점을 찾는 작업은 아니다. 마치 시장에서 물건을 구매할 때 1000원과 500원 사이의 중간 점을 찾는 것은 아니라는 것이다. 실생활에서 발생하는 분쟁은 여러 개의 안건이 동시에 존재하는데, 이때 하나의 안건에서는 이익을 얻고 다른 안건에서는 양보하면 된다. 앞의 예를 계속 적용해보자. 만일 가해학생 가족의 경제적 형편이 넉넉하지 못할 때 금전적 보상 측면에서는 최소한의 보상으로 만족하되 대신 가해학생으로 하여금 피해학생을 지원하도록 하면 된다.

셋째, 타협이 성공적으로 이루어지면 타협에 소요된 시간이나 노력 등 타협 과정도 가치 있게 되며, 타협 당사자 간 관계가 돈독해지는 결과가 생긴다. 즉 타협을 통해 기존에는 분쟁 관계이던 것이 협력 관계로 전환되는 것이다.

자기중심성에서 벗어나 조망을 확대하기

타협이 문제의 해결책임을 알면서도 사람들은 쉽게 타협하지 않는다. 그것은 자신의 입장에서 보면 자신이 옳고 타인은 틀린 것처럼 보이기 때문이다. 그러나 그것은 상대방도 마찬가지다. 분쟁 당사자들은 각자의 입장이 있다. 그들은 각자의 입장에 갇혀 있다. 따라서 그들이 타협을 하기 위해서는 먼저 조망을 확대하여 좀 더 객관적인 조망, 또는 제3자의 조망을 가지는 것이 필요하다. 그러나 사람들은 자신의 상처가 가장 아픈 법이다. 옆의 사람이 심하게 다쳤어도 자기 손가락에 가시 박힌 것이 더 아프다고 한다. 이것이 인간의 본성이다. 그만큼 자기중심성을 벗어나는 것이 어렵다는 뜻이다. 만일 조망을 확대하여 객관적인 조망을 갖게 된다면, 사람들은 상대방이 자기보다 더 아플 수 있고 자신의 고통은 엄살이었음을 깨달을 수도 있을 것이다.

한편 조망을 확대하려면 감정을 어루만져주어야 함을 명심하자. 분쟁 상태에 있는 사람들은 대개 감정적으로 흥분되어 있다. 이것은 인지적인 유연성에도 영향을 미친다. 특히 긴장되거나 화가 난 상황에서는 인지적으로 유연성이 떨어지고 시야가 좁아지기 때문에 자신의 사고방식을 고수하게 된다. 따라서 조망을 확대하는 작업은 감정을 어루만져 긴장을 이완시키는 작업과 동시에 이루어져야 할 것이다.

조정자의 개입

개인 간 분쟁은 당사자들끼리 해결하는 것이 원칙이다. 그러나 당사자들끼리 해결이 어려울 때 제 3자가 개입하게 되는데, 과거에는 법 전문가가 개입하는 경우가 흔했다. 그런데 법적인 판결이나 중재를 통한 합의는 다소 강제적인 방식으로 분쟁당사자들은 마음속으로 동의하지 않더라도 어쩔 수 없이 따라야 했다. 이 경우 분쟁 당사자들의 관계는 더욱 소원해지고, 법적 판결에 굴복당한 사람의 경우에는 심리적으로 상처 입게 된다. 최근에는 이런 상처를 최소화하고 서로 원원win-win하기 위해서 전문 조정상담자가 개입하는 방식이 시도되고 있다. 조정상담자는 양측의 이익을 최대화 하고 손해를 최소화하

는 조정안을 제시한다.

요즘에는 이익−손해 분쟁 외에 부부갈등이나 가족갈등에도 조정자가 개입하는 추세이다. TV에서는 부부상담전문가나 가족상담전문가의 활약이 두드러진다. 대개 화목하게 보이는 부부 간이나 가족 내에서도 일시적으로 갈등이나 분쟁이 있는데, 이런 일상의 갈등이나 분쟁은 타협을 통해 또는 시간이 흐르면서 자연스레 진정되는 경향이 있다. 그러나 시간이 지날수록 분쟁이 심해지고 긴장이 증가하는 경우 당사자끼리는 도저히 해결이 안 되어 제3자의 개입을 원하는 것이다.

그렇다면 조정자는 어떻게 분쟁을 조정하는가? 이익과 관련된 분쟁이냐 아니면 성격이나 의사소통 차이로 인한 갈등이냐에 따라 조금씩 다르지만 일반적으로 조정은 다음과 같은 순서로 진행된다.[29]

조정상담 진행 단계

공감 및 개별 욕구 파악
분쟁과 갈등을 겪은 사람들은 상대방으로부터 상처 입었다고 여긴다. 따라서 먼저 감정적 상처를 공감해주어야 한다. 조정자는 경청과 반영을 통해 상처를 어루만지며 그 사람의 입장을 충분히 공감해준다. 아울러 그 사람의 욕구가 무엇인지 잘 파악한다. 어떤 사람은 손해배상을 원하지만 어떤 사람은 관계회복을 더 중시할 수 있다. 어떤 사람은 자신이 기여한 부분을 물질로 보상받기 원하지만 어떤 사

---

29 조정절차를 문제해결의 절차로 볼 수도 있다. 문용갑(2011)은 조정의 절차를 크게 6단계, 세부적으로는 24단계로 소개하였다. 6단계는 준비, 문제 규명과 분석, 갈등 분석, 생산적 갈등 처리, 조정합의안 체결, 조정 평가이다.

람은 마음으로 알아주는 것을 더 중요하게 생각할 수 있다. 이렇게 개별 욕구를 정확히 파악하는 것이야말로 원원 해결로 이르는 지름길이다. 경청을 통해 그리고 질문과 공감을 통해 심층욕구를 파악해야 할 것이다.

그런데 이때 주의해야 할 것이 있다. 대개 공감해주면 사람들은 상담자가 자신을 지지한다고 여기는데, 이때 상대방은 틀렸고 자신은 옳다고 여기게 된다. 상담자의 공감을 자기 식으로 해석하는 것이다. 따라서 공감해줄 때 당신이 옳고 상대가 틀렸다는 식의 편가르기를 조심해야 한다. 또 상처입은 마음은 위로해주더라도 그 사람의 편견이나 선입견, 자기중심적 입장을 강화시키지는 말아야 할 것이다. 다음 대화의 예를 보자.

> **공감 vs. 편가르기 대화 예 1**
>
> 피해 학부모 : "때린 놈은 억울하지나 않죠. 돈으로 보상하면 되잖아요."
> 공감반응 : (가해자에 대한 언급 대신 심리적 상처에 집중함) "폭력을 당했으니 정말 분하시겠네요."
> 편가르기 반응 : "그럼요. 때린 놈은 당한 사람 마음을 절대 알리가 없죠!"

> **공감 vs. 편가르기 대화 예 2**
>
> 내담자 : "선생님, 배우자라면 그 상황에서 제 편을 들었어야 하는 것 아닌가요?"
> 공감반응 : "음, 배우자의 사정을 들어봐야겠군요. 그렇지만 배우자가 나를 지지하지 않는다면 정말 실망스럽고 배신감도 들겠지요."
> 편가르기 반응 : "당연하죠. 남의 편을 든다면 배우자도 아니죠!"

중립적인 위치를 지키면서 공감해주는 것은 조정자가 반드시 갖추어야 할 전문적인 능력이다. 중립을 지키는 것이 그만큼 중요하기에, 어떤 조정상담자는 자리배치에서도 분쟁 당사자 사이에서 똑같은 거리에 앉기도 한다. 어느 한 쪽에 가까이 앉았을 때 다른 한 쪽은 섭섭하게 여길 수 있기 때문이다.

타인 입장 이해 및 제3자적 조망 습득

감정이 충분히 해소되면 상대방의 입장을 생각해볼 수 있다. 조정상담자는 분쟁당사자를 각각[30] 만나 충분히 공감해준 후 본격적으로 상대방의 입장에 대해서 전달하게 된다. 그런데 이 작업이 매우 어려운데, 그 이유는 상대방의 입장을 전달하는 것이 그 사람의 대변인처럼 여겨질 수 있기 때문이다. 분쟁 상태에 있는 사람들은 혹시라도 자기가 더 손해 보거나 피해보지 않을까 예민하다. 이런 상태에서 조정자가 타인의 입장을 전달하면 조정자가 상대방 편이 아닌가 의심하기 쉽다. 따라서 조정자는 라포가 충분히 형성되었는지 그리고 조정자의 말을 받아들일 준비가 되었는지를 점검한 후에 상대방의 입장을 전달해야 한다.

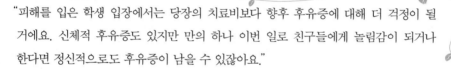

타인 입장 이해시키기 예 1

"피해를 입은 학생 입장에서는 당장의 치료비보다 향후 후유증에 대해 더 걱정이 될 거에요. 신체적 후유증도 있지만 만의 하나 이번 일로 친구들에게 놀림감이 되거나 한다면 정신적으로도 후유증이 남을 수 있잖아요."

아울러 상대의 입장을 전달하는 것은 궁극적으로 갈등 당사자가 상대를 심층적으로 이해하도록 돕는 것임을 명심해야 한다. 이익-손해 분쟁이 아니라 부부나 가족 갈등에서는 더욱 그렇다. 여기서 중요한 것은 서로 이해하는 것이다. 조정자는 서로 이해하도록 다리가 되어주는 것이다. 따라서 표면적인 입장이나 요구사항으로는 부족하며, 상대가 얼마나 외로웠는지, 얼마나 간절히 노력했는지, 근본적인 인정욕구나 돌봄의 욕구가 좌절되어 상처받은 것 등을 전달하거나, 또는 당사자끼리 속내를 꺼내놓을 수 있도록 자리를 만들어주어야 한다.

---

30 이익-손해 분쟁의 경우 분쟁 당사자가 서로 대면하기 꺼려 하므로 각각 만나서 공감하며 입장을 들을 수 있다. 그런데 부부나 가족갈등과 같은 경우는 개별적으로 만나는 것보다 모두 함께 만나는 동시 작업이 더 나을 수 있다. 부부치료 모델에 대해 연구한 Cookerly(1973)는 부부를 함께 만났을 때 가장 좋은 성과를 냈음을 보고한 적이 있다.

"○○씨 눈에는 남편이 아이에게 큰 소리를 지르는 게 못마땅할 수 있겠네요. 좀 더 어른스럽게 달래고 설득해서 아이에게 좋은 가르침을 주면 좋겠지요. 하지만 제가 보기에는 남편도 나름대로 최선을 다하고 있고, 그럼에도 불구하고 아이와 관계개선이 잘 안되니까 어쩔 줄 몰라 하는 것 같아요. 분명히 남편에게도 자녀와 잘 지내고 싶은 소망이 있겠죠. 그러나 일 때문에 늘 늦게 들어오던 아빠가 이제부터 자녀와 시간을 갖겠다고 해도 갑자기 호흡을 맞추기는 어렵겠지요. 둘 사이에 티격태격하는 시간이 지나면 남편도 자녀와 잘 지내는 법을 터득하게 될 거에요. 그런데 그것을 기다리지 못하고 조급한 마음에 지적하면 남편은 어떤 마음이 들까요? 남편이 어떤 마음인지 두 분이 진지하게 대화해 보세요."

그런데 간혹 분쟁 당사자가 조정의 필요성은 인정하면서도 계속 자기중심적 생각에서 벗어나지 못하고 자기 입장만 내세우며 상대를 비난할 수 있다. 충분히 각자의 입장을 경청하고 공감하였음에도 불구하고 여전히 자기 입장만 앞세울 때 상담자는 양자 모두에게 제3자적 조망을 가지도록 촉구해야 할 것이다. 어떤 식이든 간에 양측이 조금이라도 자신의 입장에서 벗어나 상대의 입장을 이해하기 시작한다면 이후에 본격적으로 조정안을 제시하며 타협을 유도할 수 있다.

상담자 : "아내가 이해심이 부족하다고 하셨는데, 예를 하나 들어주시겠어요?"

남 편 : "어제 회식 후 집에 들어가는데, 현관에 나와보지도 않더군요. 밤 10시 조금 지난 시간이었는데…… 일찍 들어오지 않았다고 삐진 거예요. 남자가 사회생활을 하다 보면 그럴 수도 있고, 또 10시는 그렇게 늦은 시간도 아니잖아요."

상담자 : "많이 늦은 것도 아닌데 현관에 나와보지도 않다니 너무하다고 느끼셨겠군요."

남 편 : "네, 아내는 자기 화난 것만 중요한가 봐요. 저는 많이 참는데, 아내는 자기 하고 싶은 대로 하지요."

(계속)

상담자 : "일단 여기까지 듣겠습니다. 아내에 대한 생각을 말씀해주셨으니간, 이번에는 아내에게 남편에 대한 생각을 들어보죠."

아　내 : "어제 남편이 일찍 들어오길 바라는 마음이 있었지요. 하루 종일 애들과 씨름 하느라 피곤했으니깐요. 9시가 넘어가자 점점 짜증이 올라왔어요. 이 상태로 계속 있다가 남편이 들어오면 틀림없이 싸울 것 같더군요. 그래서 싸우느니 그냥 자는 게 낫겠다 싶어서 일찍 잠자리에 들었어요."

상담자 : "싸움을 피하기 위해 일찍 잠자리에 든 거군요."

아　내 : "네, 저도 나름대로 참고 있는데, 남편이야말로 자기 생각만 하네요. 자기가 더 많이 참는다고 하는데, 선생님이 보기엔 어떠신가요?"

상담자 : "(질문에 즉답을 피하며) 남편도 아내도 서로 자기가 더 많이 참고 있다고 여기시네요. 근데 참기만 하는 것으로는 되지 않습니다. 참다가 쌓이면 폭발할 뿐이죠. 시야를 넓혀 상대편의 마음을 헤아리는 노력이 없다면 아무 소용이 없지요."

조정안 제시

분쟁 당사자가 자기중심성에서 벗어나 상대방의 입장을 이해하기 시작했다는 것이 100% 양보한다는 것을 의미하지는 않는다. 상대의 입장을 이해하여 일부는 양보하더라도 여전히 양보할 수 없는 부분이 있다. 따라서 조정 상담자는 타협을 시도할 때 각자의 요구사항을 정리해 준 후 알맞은 조정안을 제시한다. 이때 이익분쟁의 경우보다 성격차이로 갈등이 생겼을 때가 좀 더 어려울 수 있다. 한 번 타협하는 것으로 문제가 다 해결되지 않고 꾸준히 반복적으로 노력해야 하기 때문이다. 상대의 스타일을 존중하고 단점보다 장점을 발견할 수 있어야 근본적으로 문제가 해결될 것이다.

"가해자 부모님이 현재 병원비를 대고 만일 후유증이 생기면 그것도 책임지겠다고 합니다. 그리고 가해 학생은 전학시키기로 했습니다. 이 정도면 진정성 있는 모습이 아닌가 싶은데요. 혹시 더 원하시는 부분이 있나요? 만일 없다면 고소를 취하하고 합의하는 타협안은 어떨까요?"

"남편은 결혼 후 형성된 재산의 절반을 위자료로 지급하는데 동의했습니다. 다만 시부모님의 성화가 있고 또 본인도 자녀를 잘 키우고 싶으니 양육권을 갖고 싶다고 하는데요. 이혼 후에도 주1회 이상의 면담을 보장하며 양육비를 받지 않는 조건을 제시하였는데, 남편이 자녀를 양육하도록 합의하는 타협안은 어떻게 생각하세요?"

앞에서 병리적 체계에 대해 언급하였는데, 병리적 체계는 구성원들의 약점이 연결고리처럼 얽혀 생겨나는 것이다. 그런데 사람에게는 약점도 있지만 강점도 존재하며, 만일 약점들의 연결고리 대신에 강점을 서로 연결시켜 줄 수 있다면 병리적 체계를 건강한 체계로 변화시킬 수 있을 것이다. 이를 위해 조정상담자는 구성원의 강점과 약점을 분석하여 서로의 약점을 자극하지 않는 새로운 행동, 즉 일종의 해결책solution을 제시할 수 있다. 상담자는 각자가 장점을 발휘할 수 있도록 상황을 설정하거나 새로운 행동을 시도하도록 촉구할 수 있다. 만일 한 사람의 새로운 시도에 대해 다른 사람이 부정적으로 반응할 경우, 상담자는 리더십을 발휘하여 좀 더 협력적으로 반응하도록 설득할 수 있다.

"아내는 속상하면 일단 대화를 피하고 다음 날 마음을 가라앉힌 후 얘기하는 스타일이지만, 남편은 불만이 있으면 바로바로 얘기해주길 바라네요. 아내가 대화를 피하는 것은 남편을 무시해서가 아니라 차분하게 다시 얘기하려고 하는 것이니 남편이 하루만 기다려주면 어떨까요? 단 다음날 대화는 아내가 먼저 꺼내야 할 겁니다."

> **양육태도 갈등 해결책 제안**
>
> "남편께서는 아내가 아이를 교육시키는 방식이 마음에 안 드나 보군요. 그러나 현실적으로 자녀교육에 신경쓸 시간이 부족하고, 자녀 입장에서는 부모가 서로 다른 말을 하면 혼란이 생길 수 있습니다. 지금 자녀와 많은 시간을 보내는 사람은 엄마이므로, 남편은 아내의 양육방식이 마음에 안 들어도 자녀 앞에서 대놓고 지적하는 것을 삼가주시면 어떨까요? 자녀 앞에서는 일단 엄마의 말이 맞다고 지지해주세요. 그리고 아내는 반드시 지지해주어 고맙다고 말을 해야 합니다."

조정의 완성　　공감 및 개별 욕구 파악, 타인 이해와 제3자적 조망 획득, 조정안 제시의 과정을 통해 최종 조정이 완성된다. 그러나 이 과정은 결코 쉽게 달성되지 않는다. 특히 갑작스레 생겨난 이익-손해 분쟁이 아니라 성격이나 스타일 차이로 생겨난 장기간의 가족갈등, 부부갈등의 경우에는 더욱 그렇다. 사람은 자기 생각대로 수십 년을 살아오기 때문에 타인의 입장을 쉽게 이해하지 못한다. 조정상담자는 서로에게 상대방을 이해시키려고 노력하지만, 자기중심성에서 벗어나 상대의 심층욕구를 완전히 이해하고 수용하려면 시간이 많이 필요하다. 따라서 인내심을 갖고 일희일비하지 않으며 꾸준히 조정상담을 진행해나가야 한다.

아울러 조정의 완성이 갖는 의미에 대해 더 언급해보자. 조정은 분쟁 당사자가 양보나 타협함으로써 분쟁이 종결되는 것만을 의미하지는 않으며, 이전보다 더욱 돈독하고 협력적인 관계로 발전한다는 의미가 있다. 갈등의 고비를 넘기면 새로운 관계가 창조되는 것이다. 서로 비난하거나 무관심하거나 상처 주는 관계에서 서로 감싸주고 보살펴주고 치유해주는 관계로 발전하는 것이다. 이것은 기존과 다른 새로운 부부문화나 가족문화가 생성된다는 의미이다. 개인 차원에서도 고지식하고 비합리적인 신념이 유연하고 합리적인 신념으로 바뀌어 더 성숙해진다는 의미가 있다.

조정상담자가 되기 위한 훈련

조정이론 공부하기

조정상담자가 되기 위해서는 먼저 분쟁의 문제와 조정의 의미에 대해 잘 이해해야 할 것이다. 분쟁이나 갈등의 문제는 본질적으로 당사자가 해결하는데, 이때 조정자는 당사자들이 해결할 수 있도록 다리를 놓아 준다. 조정상담자가 되기 위해서는 먼저 양측의 갈등이 무엇 때문에 생겼는지 날카롭게 파악할 수 있어야 한다. 각자의 심층욕구를 제대로 파악해야 하며, 각자의 약점이 어떻게 서로 물려있는지를 알아야 한다. 이를 위해 인생이나 인간관계 경험도 중요하겠지만 대인관계 갈등 및 조정과 관련된 심리학 이론을 공부할 필요가 있다.

조정은 전문적인 과정이다. 친구의 싸움을 말리는 것처럼 단순하게 볼 일이 아니다. 특히 이익–손해 분쟁이 아니라 부부나 가족 갈등의 경우, 각자의 성격적 약점이 맞물려 병리적 체계를 이루는 전 과정을 날카롭게 파악할 수 있어야 한다. 이를 위해 이론을 공부할 필요가 있는데, 성격심리학, 의사소통이론, 대인관계이론 등을 공부해야 하며, 또 부부치료, 가족치료, 갈등조정이론 등을 공부해야 할 것이다.

균형감과 리더십

조정에는 에너지가 많이 든다. 양측이 싸우는 긴장 상태에 끼여 있는 것 자체가 힘든 일이다. 거기다가 양 측을 선도하여 타협에 이르게 하려면 얼마나 에너지가 많이 들 것인가? 이런 이유로 조정상담자는 긴장을 견디는 능력, 적극성, 리더십 및 카리스마가 필요하다. 아울러 균형감을 익히는 것이 중요하다. 중립적인 자세는 조정상담자가 갖추어야 할 핵심 덕목이다. 상담을 하다 보면 어느 한 쪽에 더 마음이 끌리거나 자기도 모르게

고객상담과 심리상담의 길잡이

한 쪽 편을 들 수 있다. 그러나 분쟁이 생기는 것은 어느 한 쪽 때문만은 아니다. 손바닥이 마주쳐야 소리가 나는 법이다. 조정상담자는 중립성을 유지하면서 왜 문제가 생겼는지, 왜 문제가 악화되는지, 무엇이 문제해결을 가로막고 있는지 냉철하게 분석해야 할 것이다. 그리고 어느 한 쪽 편을 드는 것이 결코 문제해결에 도움이 안되며 상담자 자신뿐 아니라 분쟁 당사자들의 관계를 더 악화시킬 수 있음을 명심해야 한다.

그리고 조정을 진행할 때 상담자와 분쟁 당사자가 각각 따로 만나는 경우도 있지만 상담자와 분쟁 당사자가 모두 모여 진행하는 경우도 있는데, 모두 모여서 진행하는 경우에 필요한 덕목으로 리더십이 있다. 분쟁 상태의 두 사람은 서로 자기 입장에서 더 많이 얘기하고 싶어한다. 이때 조정자가 리더십이 부족하다면 상황을 통제하지 못하고 각자 말할 때마다 이리저리 끌려가게 된다. 조정을 위해서는 잘 들어주는 것만이 능사가 아니며, 조정에 필요한 것이 무엇인지 파악하고 어떻게 진행할 것인지 미리 계획한 후에 계획대로 진행할 수 있어야 한다. 만일 조정자의 진행 계획을 방해하며 불필요한 말이 계속 이어질 때는 이를 부드럽게 막아낼 수도 있어야 할 것이다.

조정팀의 운영

분쟁과 갈등 조정은 종합예술이라 할 수 있다. 당사자들의 심층욕구를 파악하고 공감해야 하며, 각자의 약점이 어떻게 연결고리를 이루고 있는지 분석하여 해결책을 제시해야 한다. 상담자는 다양한 체계와 구성원을 만나게 된다. 때로는 폭력이나 욕설이 난무하는 체계를 만날 수도 있지만 때로는 모두가 회피하고 대화가 단절된 체계를 만날 수도 있다. 당사자들의 성격이나 잠재력도 천차만별이어서 어떤 사람은 자기표현을 잘 하지만 어떤 사람은 표현력이 부족하며, 어떤 사람은 이성과 합리를 중시하지만 어떤 사람은 감정을 중시하고, 어떤 사람은 똑똑하고 세련되었지만 어떤 사람은 무지하고 말귀를 알아듣지 못할 수도 있다. 이렇게 다양한 체계와 사람들을 만날 때 상담자 한 사람의 힘으로는 어려울 수 있다. 따라서 조정팀을 운영하며 조정 작업에 임할 필요가 있다. 조정팀에는 상담전문가뿐 아니라 건강이나 법률 분야의 전문가, 사회복지 전문가, 행정분야 전문가 등 다양한 전문가가 참여할 수 있다. 상담자는 조정팀의 리더로서 전체 조정 계획을 세우고 세부 활동을 조직화해야 할 것이다.

　사람과 사람 사이의 갈등은 언제나 존재했지만 현대 사회에서는 갈등 양상이 다양하고 복잡해지고 있다. 이익-손해 분쟁, 부부 갈등, 세대 갈등, 계층 갈등, 민족 갈등, 조직 갈등 등 복잡해진 양상은 조정상담자에게 더 많은 역량을 요구한다. 만일 조정팀을 운영할 수만 있다면 조정상담자의 소진을 막고 다양한 유형의 갈등에 효과적으로 대응할 수 있을 것이다.

선도적 갈등조정과 예방

갈등의 싹이 보인다면 갈등이 곪아 터지기를 기다릴 필요는 없다. 특히 기업, 학교, 군부대와 같은 조직에서는 조직응집성을 지키고 조직생산성을 높이기 위해 갈등이 터지기 전에 예방하는 것이 중요하다. 만일 회사에서 갈등조정 전문가를 초빙한다면 구성원 간 상호 이해와 공감을 증진하는 프로그램을 실시할 수 있을 것이다. 상대가 나와 다름을 인정하는 것, 즉 상황을 지각하고 행동을 해석하는 방식이 다를 수 있음을 알게 될 때 오해를 줄이고 갈등을 예방할 수 있다.

10

정 리 하 기

1 / 마음 속 갈등을 해소하는 것도 상담의 활동이지만 사람과 사람의 분쟁을 해소하는 분야도 있다. 이것을 조정이라고 한다. 과거에는 법적 중재의 방법이 흔히 사용되었으나 강제력에 의한 중재는 양측에 상처를 남길 수 있다. 조정은 제3자가 개입하여 분쟁을 합의로 이끄는 매력적인 작업이다.

2 / 대개 분쟁은 이익 충돌로 인해 생겨나는 것 같지만 그 안에는 감정 충돌의 요소도 강하다. 성격 차이나 의사소통 방식의 차이로도 갈등이 생겨나는데, 조정자는 양측 사이에서 균형감을 유지하며 조정안을 제시해야 한다.

3 / 성공적인 조정을 위해서는 분쟁 당사자에게 경청, 공감, 질문하면서 심층욕구와 감정을 자세하게 파악해야 한다. 물질적인 이익 충돌 이면에 개인마다 심층욕구가 다른데, 여기에 주목하면 모두가 원원하는 타협으로 이끌 수 있기 때문이다.

4 / 조정상담자가 되기 위해서는 분쟁 당사자 사이에서 중립을 유지하는 균형감 및 조정 상황에서 각자를 이끄는 리더십을 갖추어야 한다. 분쟁 당사자들에게 끌려 다니지 않고 끈질기게 당사자들을 설득하여 계획한 대로 조정을 진행해나가야 할 것이다.

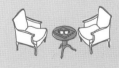

국내문헌

김계현, 김창대, 권경인, 황매향, 이상민(2011). 상담학개론. 학지사

김환, 이장호(2006). 상담면접의 기초. 학지사

남승규(2009). 소비자 분석. 학지사

문용갑(2011). 갈등조정의 심리학. 학지사

유영권, 최해림, 이수용, 금명자, 안현의(2010). 전문적 상담 현장의 윤리. 학지사

이장호(2011). 상담심리학. 박영사

이철(1995). 고객지향 경영 & 고객지향 마케팅. 명진출판

국외문헌

Beauchamp, T. L. &Childress, J. F.(2001). *Principles of biomedical ethics, 5th edition*. New York: Oxford University Press.

Cookerly, J. R.(1973). The outcome of the six major forms of marriage counseling compared: a pilot study. *Journal of Marriage and the Family, 35*, 608-612.

Hochschild, A. R.(1983) The Managed Heart: The Commercialization of Human Feeling. Berkeley: The University of California Press.

Holmes, T. H. &Rahe, R. H.(1967). The social readjustment rating scale. *Journal of Psychosomatic Research, 11*, 213-218.

Kitchener, K.(1984). Intuition, critical evaluation, and ethical principles: The foundation for ethical decisions in counseling psychology. *Counseling Psychologist, 12*, 43-55.

Lazarus, R. S.(1977). Psychological stress and coping in adaptation and ilness. In Lipowski, Lipsi, &Whybrow(Eds.), *Psychosomatic Medicine: Current Trends*(pp. 14-26). New York: Oxford University Press.

Morris W. N., &Reilly, N. P.(1987). Toward the self-regulation of mood: Theory and research. *Motivation and Emotion, 11*, 215-249.

Wysocki, A. F., Kepner, K. W., &Glasser, M. W.(2005). Customer Complaints and Types of Customers. *University of Florida Institute of Food and Agricultural Sciences*. Dec 2005. http://edis.ifas.ufl.edu/BODY.

Idex 찾 아 보 기

AUTHOR INTRODUCTION
지은이

김 환

서울대학교 심리학과를 졸업하고 동 대학원에서 임상심리학으로 박사학위를 취득했다.
서울아산병원에서 임상심리사 수련을 마쳤고, 정신보건임상심리사 1급과 한국심리학회 임상심리전문가 자격을 획득했다.
〈서울임상심리연구소〉에서 개인 심리상담을 꾸준히 하였으며, 〈EBS 가족이 달라졌어요〉에 전문가로 참여하였다.
현재 서울사이버대학교 상담심리학과 교수로 재직 중이며, 다양한 사람들의 마음을 만나기 위해 저술과 강연 활동을 하고 있다.
지은 책으로는『끝나지 않은 기억-외상후스트레스장애』,『상담면접의 기초』,『심리학자가 만난 아이마음 부모생각』외 다수가 있다.

고객상담과 심리상담의
길잡이

2013년 1월 15일 초판 발행 | 2021년 4월 12일 6쇄 발행

지은이 김환 | 펴낸이 류원식 | 펴낸곳 교문사

편집팀장 모은영 | 책임진행 김선형 | 디자인 신나리 | 본문편집 에바다에딧

주소 (10881)경기도 파주시 문발로 116 | 전화 031-955-6111 | 팩스 031-955-0955
홈페이지 www.gyomoon.com | E-mail genie@gyomoon.com
등록 1960. 10. 28. 제406-2006-000035호
ISBN 978-89-363-1326-5(03180) | 값 18,000원